司马光易学宇宙观研究

以《潜虚》为核心

A Study on Sima Guang's Yi-ology

陈睿超 著

北京大学出版社
PEKING UNIVERSITY PRESS

图书在版编目(CIP)数据

司马光易学宇宙观研究：以《潜虚》为核心／陈睿超著. —北京：北京大学出版社，2020.5
（近思文丛）
ISBN 978-7-301-31067-0

Ⅰ.①司… Ⅱ.①陈… Ⅲ.①司马光（1019-1086）—思想评论 Ⅳ.①B244.99

中国版本图书馆 CIP 数据核字（2020）第 017545 号

书　　　名	司马光易学宇宙观研究——以《潜虚》为核心 SIMA GUANG YIXUE YUZHOUGUAN YANJIU ——YI《QIANXU》WEI HEXIN
著作责任者	陈睿超　著
责 任 编 辑	田　炜
标 准 书 号	ISBN 978-7-301-31067-0
出 版 发 行	北京大学出版社
地　　　址	北京市海淀区成府路 205 号　100871
网　　　址	http://www.pup.cn　新浪微博：@北京大学出版社
电 子 信 箱	pkuwsz@126.com
电　　　话	邮购部 010-62752015　发行部 010-62750672 编辑部 010-62750577
印 刷 者	大厂回族自治县彩虹印刷有限公司
经 销 者	新华书店
	965 毫米×1300 毫米　16 开本　17 印张　218 千字 2020 年 5 月第 1 版　2020 年 5 月第 1 次印刷
定　　　价	59.00 元

未经许可，不得以任何方式复制或抄袭本书之部分或全部内容。
版权所有，侵权必究
举报电话：010-62752024　电子邮箱：fd@pup.pku.edu.cn
图书如有印装质量问题，请与出版部联系，电话：010-62756370

序

杨立华

读司马光的易学著述，常有一种错位的时代感。作为北宋政治、文化和思想的高峰之一，他始终处在时代的核心，然而其《易》学体系的建构却未能预时代之主流。与王安石和苏轼不同，司马光与邵雍、二程交游甚密。《二程集》里有程颐与司马光关于《通鉴》如何评价魏征的议论，而对于司马光沉潜数十年的《易》和《太玄》，却未有一语及之。《邵氏闻见录》记熙宁间司马光与邵雍的相与："公一日登崇德阁，约康节久未至，有诗曰：'淡日浓云合复开，碧伊清洛远萦迴。林间高阁望已久，花外小车犹未来。'"《伊川击壤集》中与司马光酬答者十数韵，也没有涉及《易》理。在那样一个同道间思想交流普遍且深入的时代，这样的沉默只能归诸根本性的思想隔阂。

由《温公易说》《太玄集注》和《潜虚》构成的易学体系，充分体现了司马光"述""作"并举的思想格局。《通鉴》之编，概亦有续写《春秋》之意。司马光极重扬雄，其《集注扬子序》曰："韩文公称荀子，以为在轲、雄之间。又曰：'孟子醇乎醇者也，荀与扬大醇而小疵。'三子皆大贤，祖六艺而师孔子。孟子好《诗》《书》，荀子好《礼》，扬子好《易》。古今之人共所宗仰。如光之愚，固不敢议其等差。然扬子之生最后，监于二子而折衷于圣人，潜心以求道之极致，至于白首，然后著书，故其所得为多，后之立言者，莫能加也。虽未能无小疵，然其所潜最深矣，恐文公所云亦未可以为定论也。"司马光既推尊扬雄，则人性论亦主"善恶混"："故扬子以为人之性善恶混。混者，善恶杂处于身中之谓也。顾人择而修之何如耳。修其善则为善人,修其恶则为恶人。斯理也,岂不晓然明白矣哉!如孟子之言,所谓长善者也;如荀子之言,所谓去恶者也;扬子则兼之矣。"(《善恶混辨》)以价值确信为指向的思考,人性论是枢纽所在。"善恶杂处于身中",也就是各有根源的。"一本"之义无从建立。司马光的体系建构既然不以"一本"为准的,精义入神的思辨也就不是必需的了。其友关洛诸贤而无"莫逆于心"之契,实非偶然。司马光的易学,虽于义理之精微处有所未尽,但其规模宏大,次第严正,亦一代精神之标榜。

睿超本科阶段就读于北京大学生命科学院。大学期间确立了以中国哲学研究为毕生志业的目标。2009年保送入北大哲学系中国哲学专业。在钻研中国哲学经典的同时,于西方哲学亦有广泛涉猎。每与同系诸友谈及,于其资质之厚、用心之专,皆称许有加。2012年硕士毕业,开始在我的指导下从事博士阶段的学习和研究,是我的第一个博士研究生。入学之初,我让他以北宋道学的易学哲学基础为方向,展开研究和思考。因为他的硕士论文《胡瑗周易口义研究》也是在我的指导下完成的,所以对他的学术潜力知之甚深。2016年,《北宋道学的易学哲学基础》以匿名评阅全优的成绩,获北京大学优秀博士论文。在北大读书的时候,遇到疑难处,睿超会在课后来找我,常常就是回我办公室的路上,三言五语,已有领会。其间难处,往往对我也有启发。睿超平时话少。谈到哲学时,才流畅自如起来。我很高兴看到他找到了一生的安顿之所。

本书是睿超的第一部专著,以其博士后阶段的研究为基础撰写完成。《潜虚》拟《太玄》而作,本即司马光师心独造。作为未完成的作品,其版本众多,且真本、续作舛杂。本书在令人信服的文本考证和梳理的基础上,完整地呈现了司马光的易学宇宙观,并准确地揭示出其根本的价值指向,是北宋思想研究的新成果。对于真正有学术和思想兴趣的读者,这是一本值得深入阅读的好书。

2020年5月1日

目 录

序/杨立华 …………………………………………………………… 1

前 言 ……………………………………………………………… 1
  一、研究背景 ………………………………………………… 1
  二、研究综述 ………………………………………………… 2
  三、主要内容及研究方法 …………………………………… 7

第一章 《潜虚》版本略考 ………………………………………… 1
  第一节 《潜虚》各版本之流传情况 ……………………… 1
  第二节 续补《潜虚》之人及其所续之内容 ……………… 9
  第三节 于《潜虚》今本中分判温公原作与后人续作之尝试 …… 16

第二章 《潜虚》与《太玄》：《太玄》作为《潜虚》易学宇宙观的
       重要思想资源 ……………………………………… 23
  第一节 北宋中期的太玄学以及《太玄》对司马光思想
          的影响 ……………………………………………… 23
  第二节 《太玄》模仿《周易》的方式及其不足 ………… 30
  第三节 《潜虚》对《太玄》拟《易》方式的继承与调整 …… 41
  第四节 《太玄》之"玄"与《潜虚》之"虚" ……………… 51

第三章 《气图》与五行之数 …… 61
第一节 五行、天地之数与《潜虚·气图》 …… 61
第二节 《气图》五行之数的符号、名义及其所示世界的
时空方向性 …… 69
第三节 《气图》的世界定向特征与周敦颐《太极图》、
邵雍《先天图》的比较 …… 73

第四章 《体图》与"纲纪" …… 78
第一节 从天地十数到"五十有五之数" …… 78
第二节 《体图》之"纲纪"与价值奠基意涵 …… 82
第三节 《体图》体现的价值原则 …… 89

第五章 《性图》与物性 …… 93
第一节 《性图》所谓"性"的含义 …… 93
第二节 《性图》符号排列的数学规律 …… 97
第三节 《性图》所示物性分类与邵雍先天易学分类体系
的异同 …… 103

第六章 《名图》与"中和" …… 107
第一节 《名图》形制的基本特征 …… 107
第二节 《名图》符号排布对"中和"原则的彰显 …… 114
第三节 司马光哲学思想中的"中和"观念 …… 124
第四节 "中和"观念面临的理论困难及其与二程、张载
思想的比较 …… 133

第七章 《行图》《命图》与人事 …… 141
第一节 《行》《变》《解》《命》诸图排布的特征与规律 …… 141

第二节 《行图》《变图》的文辞风格及其相对《易》
《玄》之不足 ………………………………………… 151

第三节 《潜虚》筮法及其与《易》《玄》筮法的比较 ………… 157

第八章 从《潜虚》易学宇宙观的哲学品质看司马光道学家身份的争议问题 ……………………… 164

第一节 《潜虚》作为象数易学系统与易学宇宙观建构的
总体特质 ……………………………………………… 165

第二节 《潜虚》的宇宙生成论图式相对周敦颐、邵雍的不足 …… 167

第三节 《潜虚》基于"中和"原则的价值奠基方式相对
张载、二程的不足 ……………………………………… 169

第四节 司马光未被纳入北宋道学谱系的思想原因 ………… 173

参考文献 …………………………………………………………… 180

附錄 《潛虛·行圖》文字校勘及用韻考訂 …………………… 187

前　言

一、研究背景

宋代哲学研究中,司马光是一个极易被忽略的人物。以往的研究者通常关注司马光在史学方面的重大成就,对于他作为哲学家尤其是易学家的身份则并未过多留意。实际上,司马光在易学研究方面硕果颇丰:他注释《周易》而成《温公易说》,注释汉代扬雄拟《易》之作《太玄》而成《太玄集注》,又仿拟《太玄》创立《潜虚》。尽管三部著作皆著述未竟,却已勾勒出一个庞大的易学哲学体系的蓝图。其中,《潜虚》作为司马光独创的易学系统,是其贯通天道人道的易学宇宙观建构的集中体现,在司马光的易学体系乃至整个哲学体系中处于基础性的地位。因此,以《潜虚》为核心研究、探讨司马光的易学宇宙观,对于深入了解司马光哲学的特质,拓展宋代易学史、哲学史研究的疆域,无疑是具有其意义的。

对于司马光易学宇宙观的研究,又牵涉到另一重要的学术问题,即司马光与道学的关系问题。道学之兴,实以易学哲学为其思想基础。[①] 北宋道学在思想形态上虽有图学(周敦颐)、数学(邵雍)、气学(张载)、理学

[①] 朱伯崑先生即指出,"宋明道学作为中国古代哲学的一种形态,从周敦颐到朱熹,再到王夫之,就其哲学体系赖以出发的思想资料和理论思维形式说,是通过其易学而形成和发展起来的",道学的一些重要概念,如太极、阴阳、道器、理气、形而上和形而下等等,都是"易学哲学所提出的范畴"。参见朱伯崑:《易学哲学史》第一卷,"北大版序言",昆仑出版社2005年版,第40—41页。

(二程)的分异,但其根本皆在于《易》,道学"五子"皆通过易学哲学的阐发建立其宇宙观系统,达成以形上天道为儒家生活方式与人世价值奠定根基的思想意图。而司马光创制《潜虚》之思想宗旨,也恰恰是欲通过易学宇宙观的构建为儒家价值立根,呈现出与道学"五子"颇为近似的问题意识与思想格局,似乎足以进入道学家的行列。然而,南宋朱子在回溯北宋道学谱系时,尽管曾一度将司马光与周敦颐、邵雍、张载、二程并称为"六先生"(见《六先生画象赞》《沧州精舍告先圣文》)①,但在《伊洛渊源录》这一重要道学文献中却又将之排除在外;后世流传的北宋道学"五子"之中,亦无司马光之名。这样,司马光究竟称不称得上是道学家,便成为道学史研究中一个长期存在争议的话题。② 那么,从哲学史研究的角度分析,与北宋"五子"思想相近的司马光未能切实地赢得道学家身份,其原因何在？这是否意味着,司马光在哲学理论体系方面,尤其在作为其理论根基的易学宇宙观建构方面,与公认的道学思想仍存在某些重要的差异？本书对于司马光《潜虚》易学宇宙观的研究,亦期待能为这一道学史领域的重要学术问题提供解答。

二、研究综述

司马光《潜虚》作为拟经之作,在后世造成的影响十分有限,基本处于湮没无闻的状态。古人注释《潜虚》的著作,见于书目者仅有南宋张行成《潜虚衍义》、张敦实《潜虚发微论》、蔡元定《太玄潜虚指要》,以及清人苏天木《潜虚述义》、焦袁熹《潜虚解》几种。除张敦实《发微论》附于全本《潜虚》之后得以流传、清人两部著作收于《丛书集成初编》尚可得见外,

---

① 朱熹:《六先生画象赞》,《朱文公文集》卷八十五,《朱子全书》(修订本)第24册,上海古籍出版社、安徽教育出版社2010年版,第4001—4003页;《沧州精舍告先圣文》,《朱文公文集》卷八十六,《朱子全书》(修订本)第24册,第4050页。
② 关于司马光究竟是否是道学家的争论意见,参见魏涛:《司马光与理学关系问题辨析》,《郑州大学学报》(哲学社会科学版)2013年第6期,第32页。

其余各本均已逸散。

从当前学界研究的状况看,关于司马光易学和哲学的研究专著甚为罕见,涉及《潜虚》一书的更是寥寥无几。现将目前可见的研究成果综述如下:

易学研究方面,潘雨庭《读易提要》中有《司马光〈潜虚〉提要》一节专论《潜虚》[1]。此节文字对"潜虚"题名之意、《潜虚》诸图主要内容及其与《周易》经传结构上的对应、《潜虚》筮法等都做了简要介绍,并且给出了司马光以五十五行、一行七变之数合于周天三百六十五日四分之一之日数的计算公式,对于理解《潜虚》仿效《太玄》所建立的易学宇宙观的总体框架很有帮助。不过此文毕竟属提要性质,故其论述尚嫌粗略。另外王铁《宋代易学》中亦有"司马光的易学及《潜虚》"一节论及《潜虚》[2],对今本《潜虚》所涉文献问题作了初步考证,对《潜虚》之气、体、性、名、命各图的象数特征作了更详细的分析,并指出《潜虚》以五行为基础构造,可能受到刘牧的影响。由于上述两部著作皆属于纯粹的易学经学史研究,因此对于《潜虚》的讨论皆更多着眼于其象数层面,而并未深入发掘司马光的象数构造与其背后所要传达之义理的关系,这是其缺憾所在。

哲学研究方面,陈克明著《司马光学述》有一节专论《潜虚》。[3] 此书对《潜虚》的版本情况作了简要考订,将《潜虚》之"虚"的观念与北宋道学家周敦颐的"太极"观念做了简单的比较,并初步分析了《潜虚·行图》的文字内容。不过,此书对《潜虚》的探讨基本是概述性的,未能深入其易学宇宙观的思想细节。李昌宪著《司马光评传》亦论及《潜虚》。[4] 此书从"虚""气"两范畴出发概述了《潜虚》的宇宙论思想,提出司马光是气本原论者,并与道学家张载、周敦颐的思想做了比较,但所论仍较为简略,不够

---

[1] 潘雨廷:《读易提要》,上海古籍出版社2003年版,第115—117页。
[2] 王铁:《宋代易学》,上海古籍出版社2005年版,第87—95页。
[3] 陈克明:《司马光学述》,湖北人民出版社1990年版,第365—380页。
[4] 李昌宪:《司马光评传》,南京大学出版社1998年版,第338—342页。

深入。董根洪著《司马光哲学思想述评》一书中也对《潜虚》有专题性研讨。① 首先，此书在文献上详细考辨了《潜虚》的写作年代及版本问题，认为《潜虚》成书于《太玄集注》之后，可能作于元丰七年至八年之间。今本《潜虚》虽有部分是后人赝补，但其思想框架应是司马光自己确定的，其思想符合司马光的哲学倾向。其次，此书将《潜虚》的宇宙观建构把握为"司马光的自然哲学"加以讨论，对于《潜虚》诸图蕴涵的哲学思想进行了细致透辟的分析，指出《潜虚》创作的动机在于"从世界观的高度上去完善发展儒家的圣人之道"，认为《潜虚》宇宙观是与张载哲学类似的气本论宇宙观，其中渗透着司马光极为重视的"中和"观念，最终形成了一个"有机地将自然、社会和人生结合在一起的宇宙总画面"。此书之论《潜虚》，最大的优点就是深入到司马光易学宇宙观的哲学内核中，揭示出了《潜虚》以天道为人世价值奠基的本旨；其缺点则在于具体分析上过于偏重哲学史理路而忽视了《潜虚》作为拟《易》之作的象数因素，未能确切回答：司马光是如何通过对一套自创的数字、图象符号体系的特定设计与安排完成其"尽天人之奥、窥仁义之原"的易学思想目标的。此外，本书完全以朴素唯物主义的"气本体论"的框架解释司马光的宇宙观，也有可商榷之处。张晶晶著《司马光哲学研究——以荀学与自然气本论为进路》亦集中讨论了《潜虚》。② 此书的独到之处是着眼于司马光与荀子之学的相似性，将其宇宙观作为一种自然气本论来处理。其中提出司马光所说之气并非纯物质，而是"未分化时就已蕴涵着相当显明的条理与秩序"，宇宙的化生就是气蕴涵的五行四方的潜藏秩序充分展开的结果。又提出，气潜藏的内在原则是"中"，"中"即是气的终极规律与价值倾向，价值并非先天现在，而是在气的发展中逐渐呈现为万物的均衡合宜状态。此书尽管在以司马光易学宇宙观为气本论这一基本观点上与前述董氏之书

---

① 董根洪：《司马光哲学思想述评》，山西人民出版社1993年版，第26—31、62—85页。
② 张晶晶：《司马光哲学研究——以荀学与自然气本论为进路》，花木兰文化出版社2013年版，第23—39、199—204页。

相近,但却能突破朴素唯物主义框架的局限,对于《潜虚》易学从自然天道向人世价值之落实的探讨有所创发,实为难能可贵。不过其问题仍在于对《潜虚》的象数部分涉猎有限,对于《潜虚》符号图式构造如何具体体现出"中"之价值原则的问题仍未明了。

另外,有关《潜虚》的专门研究尚有叶福翔著《易玄虚研究》一书。[①]此书虽号称"对《周易》《太玄》《潜虚》的首次综合研究",但其对《潜虚》文本的讨论多以大段堆砌原文语句敷衍,而对"易、玄、虚"哲学思想的"合论"或空疏无物、或牵强附会,基本不具备参考价值。

除上述专著之外,另有数篇学术论文涉及对《潜虚》的探讨。其中刘蔚华《略论司马光的〈潜虚〉》一文[②],主要是站在科学唯物主义立场上对《潜虚》宇宙观的批评,这种研究框架已经过时,并不可取。张立文《司马光的潜虚之学的价值》一文[③],从"潜虚之道""心性情说""中和论"三方面总结了《潜虚》的思想价值,指出"司马光的推天道以明人事、穷理尽性以至于命的心性情话题,是宋明理体学哲学思潮所共同探索的话题",因此虽然朱子最终未将司马光纳入北宋道学谱系之列,但仍不妨碍其为理学之同道。其细节讨论颇多可取处,不过在揭示《潜虚》象数层面与其思想层面之关联方面仍显不足。赵瑞民《论司马光〈易〉学思想的两个支点》一文[④],指出"义"与"数"是司马光易学的两个支点,司马光易学在义理层面以"中正"为依归,认为"义出于数",象数层面则认为义理由象数派生,世界的统一性在于其基本的数学模式,《潜虚》即是此数学模式的体现。此文将温公易学之义理归结为"中正"是十分得当的,但对于《潜虚》之数学模式究竟具体如何体现中正之义理,仍然语焉不详。张民权

---

① 叶福翔:《易玄虚研究》,上海古籍出版社2005年版。
② 刘蔚华:《略论司马光的〈潜虚〉》,《中州学刊》1984年第1期,第78—81页。
③ 张立文:《司马光的潜虚之学的价值》,《晋阳学刊》2012年第2期,第44—50页。
④ 赵瑞民:《论司马光〈易〉学思想的两个支点》,《山西大学学报》(哲学社会科学版)1992年第4期,第38—41页。

《司马光〈潜虚图〉用韵与宋代语音史问题》一文①，主要从音韵学角度归纳总结了《潜虚·行图》（包括《变图》《解图》）文字的用韵情况，对《潜虚》的思想内容并无涉猎。

而方诚峰《司马光〈潜虚〉的世界》一文②，则可谓是近年来《潜虚》研究中分量最重的一篇文章。该文广泛征引了自古至今有关《潜虚》的研究文献，借助余嘉锡《四库提要辨证》中的考辨，明确指出足本《潜虚》的真正续补者是南宋张行成，而宋代以来即附于足本《潜虚》之后的张敦实《潜虚发微论》，实际上是一部抄袭剽窃的著作。此外又对南宋林希逸《潜虚精语》引用《潜虚》阙本的情况进行了分析，对于《潜虚》文字真伪的甄别工作提出了很重要的参考意见。此文对于《潜虚》思想内容的探讨，其特色所在是"跳出道学谱系，重点研究了《潜虚》的理论与现实语境"，从象数易学的角度揭示出《潜虚》图式与汉代《易纬》的联系与差别，并指出《潜虚》体系创制的意旨在于回应天人如何统合这一北宋中期的普遍理论问题，其答案则是"天人法则的一致性"。此文还重点探讨了《潜虚·体图》的形制，指出其与司马光《体要疏》中政治思想的紧密联系，认为司马光创作《体图》的意义在于"以'政体'说回答了他晚年所面临的最大政治困境——王安石变法"。总结来看，此文的最大优点在于一定程度上做到了结合象数易学要素来分析《潜虚》的哲学思想，但由于篇幅所限，这种结合尚显单薄。比如，作者指出《潜虚》以"天人法则的一致性"回应天人如何统合的理论问题，但对于此种天人一致的法则具体是通过怎样的象数安排而在《潜虚》图式中凸显出来的，仍缺乏透彻的论述。另外，此文分析《体图》象数形式提出的一些观点，比如认为第七行开始出现的"讪"（符号左右颠倒）的现象意味着"王（君主）在卿以下的政治等

---

① 张民权：《司马光〈潜虚图〉用韵与宋代语音史问题》，《民俗典籍与文字研究》第8辑，商务印书馆2011年版，第249—266页。
② 方诚峰：《司马光〈潜虚〉的世界》，《清华大学学报》（哲学社会科学版）2017年第1期，第167—182页。

级中始终居于从位",恐怕并不符合司马光的本义,值得商榷。

综合来看,目前对司马光《潜虚》易学宇宙观的研究,尽管也取得了一些成果,但仍普遍存在易学研究与哲学研究歧而为二的情况:对于其象数成分的着重讨论往往忽视象数背后的思想义理,而对其哲学思想的探讨又往往无法与其象数体系构造紧密结合起来,即使有所结合,其程度亦不够深入。因此,唯有重新细致研讨《潜虚》符号系统的构造特征与司马光哲学思想的联系,揭示人世价值的天道奠基这一司马光易学的思想宗旨如何通过《潜虚》易学宇宙观的建构得以落实,方能克服以往研究的缺点,对司马光《潜虚》研究有所推进。

三、主要内容及研究方法

本书对于《潜虚》的研究,将处理两方面的问题:首先,从象数角度探寻司马光《潜虚》易学宇宙观是以怎样的方式和特征建构起来的;其次,在回答上一问题的基础上,讨论司马光是如何通过其易学宇宙观的建构实现人世价值的天道奠基这一思想意旨的。由于《潜虚》是仿拟《太玄》和《周易》构造的易学系统,故其象数特征需要通过与《易》《玄》的比较来把握。同时,关于司马光学术地位的争论主要在于其是否应被纳入北宋道学谱系中,因此司马光易学宇宙观也必须放在与北宋"五子"易学的比较视野中加以考察,通过与司马光在易学宇宙观建构方式上具有相似理路的周敦颐、邵雍,以及在价值奠基方式上采纳相近思路的张载、二程之易学哲学的异同比较,我们才能揭橥出朱子因"微嫌其格物之未精"[1]而将司马光排除在五子道学谱系之外这一思想抉择的合理性根据。

本书在研究方法上,主要注重以下四个方面:

其一是哲学史研究与易学史研究的紧密结合。以往对《潜虚》研究

---

[1] 黄宗羲原著,全祖望补修:《宋元学案》卷七《涑水学案上·涑水学案序录》,中华书局1986年版,第275页。

的重要不足,就是象数易学研究与哲学思想分析分道而行、两相割裂,这样的研究方式显然无法窥见《潜虚》这样以象数易学为骨干建构的哲学宇宙论体系的全貌。因此本书在方法上将特别注重哲学史与易学史研究的有机结合,亦即,面对《潜虚》体系的任何独特象数形式,都要竭力去寻找其背后所要表达的哲学含义;而对于司马光宇宙论中的重要观念、命题,也都要努力思考其是如何通过《潜虚》体系的独到象数安排具体加以彰显的。唯其如此,我们才不会错失《潜虚》所表达的司马光易学宇宙观的某些关键点,而尽可能还原其哲学思想的真实面目。

其二是对于易学图式的分析解读。《潜虚》诞生于北宋图书之学勃兴的思想环境之下,其图式的重要性实过于文字,司马光的易学宇宙观几乎全部是依托象数图式的设计呈现在这部拟《易》之作中的,因此图式分析对于《潜虚》研究来说可谓重中之重。《潜虚》诸图的复杂性在于,各图虽共享同一套象数符号系统(十个基础符号,两两组合为五十五个符号对),但符号的排列方式却各个不同,相应的象征意义也各有差别;各幅图式虽然如此不同,但又存在紧密的关联,并为同一核心象数原则(即五行生成之序)所贯穿;各图虽遵循同一象数原则而创制,但又存在诸多变例(如《体图》七至十行之"诎",《名图》五十五名右数在五行生成数之间前后跳转),而这些变例的引入背后又均有特定的思想考量。《潜虚》之繁难,更甚于其所仿拟的《太玄》,原因就在于此。《潜虚》这些繁难的内容,都需要对其图式在形制安排、符号规则、象征含义等方面做出全面而细致的考察辨析,以期获得合理、明晰的梳解和阐释。

其三是数学方法的适当运用。《潜虚》作为一个象数易学体系,其建构涉及很多数算的内容,相较于文字解说,这些内容实可以通过现代数学的代数公式表达及证明更清楚地呈现出来。如按《性图》的排列规律可知《潜虚》五十五符号之左右数组合必须满足某种条件,可以用一个数学上的条件不等式来表述;《命图》吉臧平否凶之占每五《行》一循环,可以用《变图》三百六十四《变》与五行生成之序的对应关系中蕴涵的数学规律加以合理说明;《潜虚》与《易》《玄》占法的本质区别可以从是否运用了数学上的同余原理这一角度加以分析,等等。当然,对数学方法的运用也必须限制在特定范围内,不能单纯关注数算,而忽略了对《潜虚》图式思想内涵、价值内涵的发掘,这也是研究中必须留意的。

其四是比较研究视野的建立。《潜虚》是拟《易》仿《玄》而作,其象数特征必须通过与《周易》《太玄》体系的比较才能揭示。《潜虚》易学宇宙观又关系着司马光道学家身份的争议,所以对其哲学内涵的探讨又必须放在与北宋"五子"易学哲学的比较中进行。孤立地考察《潜虚》,我们看到的只是一个庞大复杂、自成一体的易学宇宙观建构;而唯有通过比较,一些重要的理论问题才得以凸显,《潜虚》易学体系的特色与优势、不足与矛盾,才能洞悉无遗。在比较的视野下研究《潜虚》易学宇宙观,我们方有望对司马光哲学的学术地位、思想品质做出公允的评判。

本书正文分为八章:第一章为关于《潜虚》的文献考证;第二章通过《潜虚》与《太玄》的比较,揭示《潜虚》如何承继、超越《太玄》而构造其拟易体系及易学宇宙观系统;第三章至第七章分别为对《潜虚》之《气图》《体图》《性图》《名图》《行图》与《命图》的细致研究探讨;第八章总结前文研究,并通过分析比较司马光《潜虚》易学宇宙观在哲学品质上与道学易学哲学的差异,尝试对司马光道学家身份的争议提出解答。

第一章 《潜虚》版本略考

《潜虚》为温公晚年未竟之作,当为一残缺不全之本[①];后经他人续补,遂成首尾完具之本流传于世,造成了今本之中温公原作、后人续作混杂难分的局面。因此,考镜版本源流、辨别材料真伪,便成为《潜虚》研究需要先行处理的难题。本章对《潜虚》版本的考辨,主要涉及三方面问题:首先,《潜虚》自宋以来的版本流传情况如何;其次,《潜虚》全本之续作者为谁,所续内容为何;最后,我们能否依据今日可见之《潜虚》文本,对于何者为温公真本之文、何者为后人赝续之辞作出分判。就此三问题,我们依次敷陈如下。

第一节 《潜虚》各版本之流传情况

历史上出现的《潜虚》诸版本,可区分为温公真作之阙本及掺杂后人伪作之全本两类。其中,阙本之类据史料记载,包括晁公武所见在其侄子健房之温公"手写藁草"[②],朱子自洛人范仲彪处所得"温公遗墨"之别本[③],泉

---

① 《郡斋读书志》云:"光拟《太玄》撰此书,……然其辞有阙者,盖未成也。"(晁公武撰、孙猛校证:《郡斋读书志校证》卷十,上海古籍出版社2011年版,第450页)朱子《书张氏所刻〈潜虚图〉后》:"洛人范仲彪……多藏文正公遗墨,尝示予以《潜虚》别本,则其所阙之文尚多。问之,云温公晚著此书,未竟而薨,故所传止此。"(朱熹:《朱文公文集》卷八十一,《朱子全书》[修订本]第24册,上海古籍出版社、安徽教育出版社2010年版,第3831页)
② 《郡斋读书志校证》,第450页。
③ 《书张氏所刻〈潜虚图〉后》,《朱文公文集》卷八十一,《朱子全书》(修订本)第24册,第3832页。

州州学教授陈应行所见建阳、邵武刻本①,元代吴师道坊得之孙氏写本、许氏藏本②等。以上诸本早已湮没不见,现今可见唯一存留《潜虚》阙本文字者为宋林希逸《潜虚精语》一书,而正如四库馆臣所说,此书"于阙本中亦不全取"③,殊为憾事。林希逸自述其所得阙本之《变》辞"共一百七十六,今所摘录者,六十七而已"④,尚不及总数之半。尽管如此,《精语》之摘引至少使我们得以窥见温公真本之一隅,亦可谓不幸中的万幸。

《潜虚》阙本虽已难睹其全貌,但根据史料可以推断,不同阙本实差异甚大、无有定准。宋时朱子曾依据范氏阙本对作伪之全本加以校订;至元代,吴师道依据孙氏、许氏之阙本重加校勘,与"朱子所记《行》《变》《解》之数""亦不合,未有所考"。另朱子所说阙本"《命图》之后、跋语之前一条凡例二十六字,记占四十三字,注六字",为孙氏本所有而许氏本所无。⑤ 这表明朱子、吴师道访得之三种阙本版本各个不同,未知孰是。纵使林希逸《精语》中存留的阙本之语,亦很难归为善本,其中可见多处讹误,如《哀行》之二《变》"人倮而繁,兽猛而殚"误作六《变》,《聆行》之四《变》"苦言刺耳,惟身之利"误作二《变》。⑥ 阙本所以出现如此复杂的版

---

① 《四部丛刊》本《潜虚》卷末陈应行跋语云:"尝恨建阳书肆所刊脱略至多,几不可读,及得邵武本虽校正无差而繇辞多阙。"(《四部丛刊》三编第 218 册,商务印书馆 1936 年版,第 1 页右)可知建阳、邵武本刊刻的皆为《潜虚》阙本。

② 吴师道云:"得里中孙氏写本,盖提刑公宪文故物……见其文阙",有云:"因与许君益之言之,君遂出藏本,亦阙文者"。见吴师道:《〈潜虚〉旧本后题》,转引自朱彝尊著、林庆彰等点校:《经义考新校》卷二百七十《拟经三》,上海古籍出版社 2010 年版,第 4842 页。

③ 纪昀:《四库全书总目提要》卷一百八《子部十八·术数类一》,河北人民出版社 2000 年版,第 2761 页。

④ 林希逸:《竹溪鬳斋十一稿续集》卷二十七《潜虚精语》,《宋集珍本丛刊》第八十三册,线装书局 2004 年版,第 624 页。按林氏之统计似有误,《精语》所录内容实包括《变》辞六十六、《元》《余》《变图》之文二(林氏依《潜虚》占法认为《元》《余》无变,故其对应《变图》之文不算在《变》辞内),《行》辞六。

⑤ 《〈潜虚〉旧本后题》,转引自《经义考新校》卷二百七十《拟经三》,第 4872 页。

⑥ 《竹溪鬳斋十一稿续集》卷二十七,《宋集珍本丛刊》第八十三册,第 619、620 页。按之《命图》,《哀》之六当为吉、二为平,而此变之辞非全吉,其意近于平。《聆》二为吉,四为臧。观此名七变,其辞最吉者显然为二《变》"舜聪四达",四《变》为苦言刺耳利身,仅为次吉,合于《命图》之臧。可知《精语》本皆误。

本状况,按照潘雨廷先生《读易提要》中的推测,恐是因为朱子辨别真伪后世人皆贵阙本,部分书商故意将全本"抄成阙本以善其价"①而造成的。

至于《潜虚》之全本,则有朱子所见乡人张氏印本、泉州司马伋(季思)刻本②,泉州教授陈应行刻本,元代吴师道所购得《潜虚》完本③等。这些刻本今亦不传,所可见者唯数种影宋抄本及明清书坊刻本。清代校勘名家卢文弨曾以其所借得的一种宋抄本,对当时的坊间俗刻加以校对,写成《潜虚校正》一文,收录在《群书拾补》中。借助此文,我们可以对《潜虚》全本的版本情况加以辨别。今日可见之全本主要有以下几种:

(1)《四部丛刊》收《铁琴铜剑楼》影宋抄本

此本题为影宋抄本,本为瞿镛铁琴铜剑楼所藏,《四部丛刊》三编所收《潜虚》据此影印。国家图书馆另藏有《潜虚》影宋抄本一种,经比较与此本无别,系同一本。此本除《潜虚》全文外,末后还附有张敦实《潜虚发微论》一卷。最末有泉州州学教授陈应行淳熙九年刊刻《潜虚》完本之跋语,跋语中提到刊刻之时已将"张氏《发微论》附之",抄本与之体制相同,可见其版本来源即是陈应行之宋刻。另据瞿氏《铁琴铜剑楼藏书目录》的记述,此本"旧为钱尊王藏书,继归泰兴季氏"④,从此流传情况看,与卢文弨自冯彦渊处借得之影抄大字宋本,当非一本。但若将此本与卢氏《潜虚校正》对照,会发现两者极为相似。如《虑》五《解》"无不辏也","辏"字《校正》云宋作"凑",此本亦作"凑"。《觌》六《变》"因微知著","因微"宋倒,此本亦倒作"微因"。《宜》五《变》"李催杀身",宋本作"李瑾",此本亦作"李瑾"。《宜》上《变》"手足无爱",宋本下衍"惟心所安"一句,

---

① 《读易提要》,第178页。
② 《书张氏所刻〈潜虚图〉后》,《朱文公文集》卷八十一,《朱子全书》(修订本)第24册,第3832页。按从朱子文题可推知张敦实最初印制《潜虚》之时所冠之名当为《潜虚图》,恐是因为张氏之《发微论》本以《潜虚》各图为单位加以总论,故取此名。
③ 吴师道云:"某少好占筮等书,尝购得司马公《潜虚》,附以张敦实《发微》诸论者,不知何人所刻,其书完具无缺。"《〈潜虚〉旧本后题》,转引自《经义考新校》卷二百七十《拟经三》,第4872页。
④ 瞿镛:《铁琴铜剑楼藏书目录》卷十五《子部·术数类》,上海古籍出版社2000年版,第381页。

此本亦衍。《续》之《行》辞"祀夏配天","祀夏"宋作"夏祖",此本亦作"夏祖"。《敩》初《变》"去母从父"、三《解》"择师长也","从"后、"则"后宋皆衍其字,此本两处亦衍。《校正》又云,宋本"多古字",此本亦多古字,如"禮"皆作"礼","萬"皆作"万"。而作为验证宋本真伪之重要特征的避讳情况,两本也极相近。如《宜》之《行》辞"君子有义,利以制事",《校正》依宋本所定正字"义"作"谊",避宋太宗名讳,《丛刊》本此处亦避为"谊"。《偶》之《行》辞"所以咸先于恒","恒"字宋作"常",为避宋真宗讳,此本亦作"常"。此外,两本的排版格式也基本相同。《湛》之《行》辞"情有七而虚其五"之后,《林》之《行》辞"夫民之所资者道也"之后,《校正》指出此两段皆"不与上文连属",《丛刊》本亦不连。《校正》又云,《命图》"五行相乘","宋本前空两行";《跋语》"玄以准易","宋本前空一行";此本空行情况亦同。这些都表明《丛刊》本完全符合宋抄本的特征,其与卢氏所见宋抄本极可能是依据相同底本抄录所成。

当然,《丛刊》本与卢氏宋抄本差异处也不少。如《校正》云宋本"無"字皆作"无",此本则多用"無"字,与之不符。另有部分文字版本为此本所有而卢氏宋本所无者,如《繇》三《变》"神清心与",《丛刊》本"清"作"亲";《禋》二《解》"心傲忽也",《丛刊》本"傲忽"作"彻息"等等。另外,此本虽确为宋抄,但抄录并不完善,错讹处不在少数,如《聆》六《解》、《宾》初《解》、《隆》六《解》之末,《丛刊》本并脱"也"字;《雍》上《变》"万物雍雍",《丛刊》本"万"讹作"为";《范》五《解》"准矩绳规",《丛刊》本"规矩"二字倒错;《痛》六《变》"剂审其方"后,《丛刊》本脱"医用其良"一句,等等。而以俗字替代本字的情况也时有发生,如"亂"作"乱","體"作"体","國"作"国"等。抄录本之质量受抄写之人主观影响甚大,卢文弨亦云其所借宋抄本"间有脱句讹字,乃写者漏略,非异同所系,不具著",此概为抄本所难免。因此,尽管《丛刊》本作为宋抄版本价值很高,但仍不适于用作校勘的底本。

(2)《知不足斋丛书》重雕宋本

依《知不足斋丛书目录》,此本为依据宋淳熙刊本重新刻板印制而成,《丛书集成初编》所收《潜虚》据此本排印。此本《潜虚》全文之后附有张氏《发微论》,末亦有淳熙九年陈应行跋语,表明其版本来源亦为淳熙陈应行刻本,与《四部丛刊》本、卢氏所见宋抄本同。而对照《丛刊》本及卢氏《校正》可知,《知不足斋》本与《丛刊》本、卢氏本文字版本多有同处。且就避讳情况看,《宜》之《行》辞"君子有义,利以制事,事无常时,务在得宜,知宜而通,惟义之功,闇宜而执,亦义之贼"一段,《丛刊》本尚只避首句"义"字,此本则全部三处"义"字皆避作"谊"字,避讳更为彻底。另外《偶》之《行》辞"所以咸先于恒"之"恒"此本亦避为"常"。而从排版方式看,卢氏所云宋本的几个排版特征,如《湛》和《林》之《行》辞中皆有一段与前文不连属,《命图》"五行相乘"前空两行,《跋语》"玄以准易"前空一行,此本皆与之一一相符。可见《知不足斋》本为依据宋本重雕,当是确凿无疑的。

不过,此本文字与《丛刊》、卢氏宋抄本之差异,又较其同处为多。如《虑》五《解》"无不輳也",宋作"凑",此本仍作"輳"。《覜》六《变》"因微知著","因微"宋倒,此本未倒。《敦》初《变》:"去母从父","从"后宋衍"其"字,此本不衍。《续》之《行》辞"祀夏配天",宋作"夏祖",此本仍作"祀夏"。可见,虽同源于陈应行之宋刻,但相较于《丛刊》本,《知不足斋》本距离卢氏所见宋抄本更远,或许是在重雕之时参照他本进行过校改,亦未可知。这样,对于反映宋刻原貌来说,《知不足斋》本的忠实程度恐怕是略低于《四部丛刊》本的。

(3)范氏《天一阁奇书》本、《唐宋丛书》本、《说郛》本

三本皆为明刻本。关于前两版本,卢文弨《潜虚校正》云:"《潜虚》,明范钦所订《二十种奇书》内有此书,余借得冯彦渊影抄大字宋本,校于《唐宋丛书》内,凡范书及《丛书》之讹皆考正焉。正字大书,以两本讹字注其下。"[1]可知此两本即是卢氏用宋本加以校对者。此两本

---

[1] 卢文弨:《群书拾补》第十八册《潜虚校正》,《抱经堂丛书》北京直隶书局1932年影印本。以下所引《校正》文字皆出于此本,不具列出处。

笔者未能亲见,但依周中孚《郑堂读书记》,《唐宋丛书》本未附张氏《发微论》①,与宋抄本体制已不同。而从卢氏校正结果看,此两本不但文字错讹甚众,图式亦有差,如《体图》,卢氏云:"此图后半第七层至第十层,宋本与范本全不符,乃后来传写信意纷乱之失,以《行图》证之,宋本为是。今故具列全图,毋使复为坊本所淆焉。"可推知这两本刊刻时多经书坊恣意篡改,版本价值是比较低的。两本存在的问题,皆可参见卢氏《校正》,此不再赘述。对于《说郛》本,张民权在《司马光〈潜虚图〉用韵与宋代语音史问题》一文中做过校勘,其所校讹字情况与卢氏《校正》提及的俗本讹字有相同处,如《哀》二《解》"善以道群也","群"作"可"②,卢校俗本此处亦讹为"可"。亦有不同者,如《哀》上解"聚极必分",此本"分"作"散"③,卢校俗本则脱"分"字。可见此本与前两本一样属坊间俗刻之流,版本来源相近,其讹字异同恐为相互传抄所致,皆无太大版本价值。

(4)《文渊阁四库全书》本

依《四库总目提要》,《四库全书》所收入之本为"浙江巡抚采进本"④,其卷末亦附有张氏《发微论》但无陈应行跋,来源无法进一步考证。而参照卢氏《校正》可知,《四库》此本与前列《天一阁奇书》本、《唐宋丛书》本十分接近,当皆属坊刻之流。《四库》本《体图》与卢氏《校正》中所述俗本图式一样,第七层至第十层与宋本不符。《性图》本应一列十行,《四库》本讹为一列九行。而卢氏校出的俗本文字错讹、衍文、脱文、倒错处,十之七八皆可在《四库》本中寻得。如《柔》六《变》:"倾榱脱辐","榱"字卢校俗本讹作"攘",《四库》本亦作"攘"。《刚》之《行》辞"君之守也","君"后衍"子"字,《四库》本亦衍"子"字作"君子"。《庸》之《行》

---

① 周中孚:《郑堂读书记》卷四十六《子部》七之上,《清人书目题跋丛刊》第八辑,中华书局1992年版,第224页上。
② 张民权:《司马光〈潜虚图〉用韵与宋代语音史问题》,《民俗典籍与文字研究》第8辑,第255页。
③ 同上。
④ 《四库全书总目提要》卷一百八《子部十八·术数类一》,第2760页。

辞"通而行之","通而"俗本误倒,《四库》本亦倒作"而通"。《特》上《变》:"蛇入燕巢,惟雏之悲","惟雏"二字脱,《四库》本亦脱此两字作"蛇入燕巢之悲"。《考》六《变》:"锡汝圭瓒,贻汝圣喆",此两句俗本倒,《四库》本此两句顺序亦颠倒。可见,《四库》本与范本、《唐宋丛书》本恐是同出一系,版本价值亦不高。不过,此本也非全无是处,其中部分文字实可校正宋抄本之误。如《偶》六《变》,《四部丛刊》本、《知不足斋》本皆作"康王晏起,姜后请罪",而《四库》本"康王"作"宣王",按之《列女传》确有周宣王常夜卧晏起,姜后请罪,戒君王勿乐色忘德之事,故当以《四库》本为是。

(5)《宋元学案》所录《潜虚》本

除上述单行本外,全祖望补本《宋元学案·涑水学案》中,亦全文收录了温公《潜虚》之全本,并节录了张敦实《发微论》分散于《潜虚》本文之下作为注解。中华书局点校出版的《宋元学案》则依照《四部丛刊》本及清苏天木所作《潜虚述义》本对此本《潜虚》进行了校勘。① 此《潜虚》本之版本来源,《学案》无任何说明,而对照卢氏《校正》来看,此本绝非宋抄,宋抄本之重要特征,《学案》本皆与之不符。如前述《宜》之《行》辞之"义"字、《偶》之《行》辞之"恒"字,《学案》本皆不避。《湛》和《林》之《行》辞各有一段与前文不连者,《学案》本皆相连。《命图》、跋语相关文字前之空行,《学案》本皆不空。可知《学案》本亦当采自某种坊间刻本。不过由于中华书局出版的点校版《学案》已经过校勘,与以上所列诸种《潜虚》版本对照,此本之错讹是最少的,因此若作为进一步校对之底本,倒是比较合适。

(6)苏天木《潜虚述义》本

清乾隆年间肇庆府人苏天木晚年精研《潜虚》,著成《潜虚述义》(收入《丛书集成初编》),其中也收录了《潜虚》足本全文。苏氏在书中并未指明其所依据的《潜虚》版本来源,但观此本体例,绝非宋刻。其《体图》与卢校

---

① 《学案》本《潜虚》全文见《宋元学案》卷八《涑水学案》下,第295—344页。

明刻俗本及《四库》本一样,第七层以下与宋本不符;而且《行》《变》《解》之文并未像其他版本那样列成三层图表,而是将《变》辞散于对应《行》辞之下,《解》辞散于《变》辞之下,如今传《易》《玄》经传合一的体例,与宋本全异。此本讹字、倒错、脱漏亦甚多,且多与卢校明刻及《四库》本相同,可见其源头也在明代坊刻。不过,苏氏曾将自己所用版本与明刻《唐宋丛书》本作过对勘(见此书文末所附《潜虚考异》),找出不少字句差异。若再与他本对校,会发现这些差异之处多为此本独有。如《刚行》五《变》"介洁自守",各本皆同,唯此本作"介然自守";《庸行》五《解》"益寡损多也",唯此本倒为"损多益寡也";《虑行》初《解》"不可不慎也",唯此本变文作"切宜慎也";《湛行》辞"其乐也诚"之后,各本均有"情有七而虚其五"一段,唯此本缺;《敦》四《变》"汉光厉俗",唯此本作"光武厉俗";《泯行》辞末两句"可不戒哉,可不惧哉",唯此本合为一句"可不戒惧乎哉"。此种情况,或是因为清代书坊翻刻明本时,又加妄改窜乱所致,惜乎苏氏之不察也。此本问题如此之多,便不宜用以校正他本之失。前述中华书局版《宋元学案》,以《四部丛刊》及《潜虚述义》本勘校《学案》本《潜虚》,竟两处依《述义》本变改《学案》本原文:其一为《续行》初《解》"初易驯也",各本均作"初",唯《述义》作"幼",而中华书局版《学案》据之改原文"初"为"幼";其二为《声行》辞"人闻而至","至"字《述义》本与卢校明刻、《四库》本皆讹为"广",导致与后句"业之所以始"之"始"字无法叶韵,而中华书局版《学案》据之改原文"至"为"广"。① 凡此皆为校勘失误,理当更正。

总结上述诸种《潜虚》全本之版本源流可知,不同于阙本之复杂版本状况,全本之流传是相对稳定的。今日所见之宋抄,皆可明确追溯到淳熙陈应行刻本,各抄本间差距不甚大。而坊本相对抄本虽多后世篡改之迹,但也仅是个别文字、图象、排版上的异同,而并无特别重大的版本差别,这表明坊本的最终源头大概也不离于陈刻。既然今传各本《潜虚》之来源如此一致,通过参校比对,庶几有望得一较为完善之全本《潜虚》版本。故本研究以文字

---

① 见《宋元学案》卷八《涑水学案》下,第321页注2,第332页注1。

讹误最少的中华书局版《学案》本《潜虚》为底本,用《四部丛刊》本、《知不足斋》本、《四库》本、《潜虚述义》本加以校对,标志其文字异同(参见本书附录)①,以此作为分判《潜虚》文字真伪之尝试的文本依据。

第二节 续补《潜虚》之人及其所续之内容

朱子于宋淳熙三年所作之《书张氏所刻〈潜虚图〉后》一文②,已通过《解》辞之不韵判定全本《潜虚》为后人续补所成,此结论盖颠扑不破。③而全本究竟为何人所续,则是一桩待解的公案。考于朱子之文,断定"近得泉州季思侍郎(司马伋,司马光之曾孙)所刻"为赝本后,又云"今复得乡人张氏印本,乃泉本之所自出"④,按"乡人"即故乡人之意,朱子祖籍婺源,而张敦实亦婺源人,故"乡人张氏"即指张敦实无疑。张敦实之印本为司马伋泉州刻本所自出,的确有极大的作伪嫌疑。且自淳熙九年陈应行刊刻《潜虚》始,《潜虚》之全本多附有张氏之《发微论》,更加重了这种嫌疑。一些学者由此推定张敦实即是补全完本之人。⑤

---

① 按本书附录所主要校正者实为《潜虚·行图》(含《变》《解》)之文字,此为后人所续补之主要部分。而其《体》《性》《名》诸图之图示,各版本互有异同,《名图》各本舛误尤多,几乎没有一本是完全画对的。关于《潜虚》图示,张晶晶在其硕士论文中已做过详细校对,参见《司马光哲学研究·附录:〈潜虚〉诸图》,第199—204页。
② 此文末题"淳熙丙申十一月丁卯朱熹谨书"(《朱文公文集》卷八十一,《朱子全书》[修订本]第24册,第3833页),"淳熙丙申"即孝宗淳熙三年(1176)。
③ 部分清代学者仍试图为全本《潜虚》翻案,其论据多依宋本陈应行跋语所云"亲得公(司马伋)家传善本"(《潜虚跋》,《四部丛刊》三编第218册,第1页右),实则朱子文中记述,司马伋自己都承认此本"非家世之旧传",而是"得之某人"(《朱子公文集》卷八十一,《朱子全书》[修订本]第24册,第3832页),陈氏跋语不可信,此论不攻自破。钱大昕甚至推断朱子所以定全本为赝本是因为"考亭不喜杨子云,而温公是书全学《太玄》,故有意抑之"(钱大昕《潜研堂集》卷二十七《跋潜虚》,上海古籍出版社1989年版,第481页),更属妄意揣度,不值一辩。
④ 《朱文公文集》卷八十一,《朱子全书》(修订本)第24册,第3832页。
⑤ 如清代瞿镛即说:"此乃泉州教授陈应行乞诸公曾孙温陵守某得家藏全本,合张氏《发微论》以刊者云。繇辞悉备,岂温公后人所增入者欤?抑张氏作《发微论》时为之补全耶?"(《铁琴铜剑楼藏书目录》卷十五《子部·术数类》,第381页)潘雨庭亦云:"距温公之卒几近百年,有泉州州学教授陈应行刻于郡库,末附有张敦实之《潜虚发微论》。若补全之者,或即张氏欤?"(《读易提要》,第115页)

但是,若仔细考察张敦实自述其访得《潜虚》全本之原委,便会发现张氏作伪之结论实不宜轻下。张氏《发微论》篇首《总论》云:"敦实自幼得《潜虚》稿本于其裔孙伋,首尾多阙",这表明张敦实幼年即与司马伋相识,而从司马伋处所得当为其家传之阙本。数年后张氏自谓"始得全文"并"即其图各为总论"而著成《潜虚发微论》①,至淳熙三年(朱子作《书〈潜虚图〉后》时)之前司马伋复因张氏得此全本刻印,大概也是出于对张敦实这位早年旧友的信任。既然张敦实与司马伋为故交,则张敦实若真的造作伪书,即是悍然冒用其故交曾祖之名义,岂非过于胆大妄为?且张敦实之兄敦颐与朱子之父朱松为莫逆之交,曾为朱松赎田,卒后附祀朱文公家庙②,可见张氏门风颇为正派,敦实当不至于做此欺世盗名之事。故以人之常情推断,张敦实不大可能作伪,续作《潜虚》者恐另有其人。

实际上,朱子在《书〈潜虚图〉后》一文中并未明确提及作伪者之姓名,而是在他处别有说法。《朱子语类》中便可找到这样一条记载:

  《潜虚》后截是张行成续,不押韵,见得。③

此条语录中朱子直指作伪者为张行成。按张行成为邵雍后学、南宋象数易学大家,《宋元学案·张祝诸儒学案》中记载其生平事迹云:

  张行成,字文饶,临邛人。乾道间,由成都府路铃辖司干办公事,丐祠归。梓材案:下文云"乾道二年,表进其书",中间著述十年,则其丐祠当在绍兴间。杜门十年,著成《述衍》十八卷,以明三圣之《易》;《翼玄》十二卷,以明杨氏之《易》;《元包数义》三卷,以明卫氏之《易》;《潜虚衍义》十六卷,以明司马氏之《易》;《皇极经世索隐》二卷,《观物外篇衍义》九卷,以明邵氏之《易》。先生之学,归宿在康节,故又别著《周易通变》四十卷,取自陈希夷至邵氏所传《先天卦数》等四十图,敷演解释,以

---

① 张敦实:《潜虚发微论》,《四部丛刊》三编第218册,商务印书馆1936年版,第38页左。
② 张敦颐之事迹见于《弘治徽州府志》。参见胡可先:《张敦颐及其著作考》,《古籍研究》1999年第2期,第40—42页。
③ 黎靖德编:《朱子语类》卷六十七,中华书局1986年版,第1675页。

通诸《易》之变,始若殊涂,终归一致,共七种,凡七十九卷。……乾道二年六月,表进其书。诏奖之,除直徽猷阁。①

从此段记述来看,张行成于绍兴至乾道十年间闭门所著书包括注释《潜虚》的《潜虚衍义》,则他的确亦有赓续《潜虚》的可能。《潜虚衍义》今虽不传,但张行成所作同名为"衍义"的《观物外篇衍义》尚可见,其书录有邵雍《观物外篇》全文并作逐条详注,由此推断,《潜虚衍义》应当也是对《潜虚》之图式文字的详细注释,其卷数达到十六卷之多,便很可能包含了《潜虚》全本之文,而此全本自当是他人或张行成自己补成的。另外,观其所著《易》书之目,既有解读《周易》之《述衍》,又有推演《太玄》之《翼玄》,表明其不仅明《易》,而且通《玄》。而温公《潜虚》正是拟照扬雄《太玄》而作,其文字风格亦刻意模仿《太玄》,故能续补《潜虚》者必对《太玄》极为精通。这样,通晓《太玄》著有演《玄》之书的张行成,相较于除《潜虚发微论》以外别无任何《易》《玄》注本见于史录的张敦实,显然更具备续补《潜虚》的资格和能力。

从上述分析可见,朱子主张的张行成补《潜虚》之说当有所本。而与朱子同时代的南宋人楼钥文集中的一篇跋文,又为这一说法提供了极有力的支持。楼氏《攻媿集》卷七十二《跋张深德〈辨虚〉》云:

> 余少时尝得仪真所刊司马氏《潜虚》,中多阙文,不能遽解。隆兴改元,先光禄官奏邸,检详新安张公为僚,同寓直舍,时在侍旁,日从之游。自言家有《潜虚》全书,亟借而传之。……检详又云:"《虚》之书未成而已传,温公晚始以全书授范太史淳夫,遂传于蜀。"后以问蜀士,曰:"非也。观物先生张公兵部行成所补,托为此言耳。"观物穷象数之学,著《述衍》、《翼玄》、《元包总义》、《潜虚演义》、《经世索隐》、《外篇衍义》、《通变》等七书近百卷,世号精博。尝取《演义》读之,为卷十六,《潜虚》之书,章分句析,尤为详尽。……果如蜀士之

---

① 《宋元学案》卷七十八《张祝诸儒学案》,第2616—2617页。

言,非此人亦不能补此书。①

　　余嘉锡先生在《四库提要辨证》卷十三《子部·术数类·潜虚》中,引楼氏此文详加考证,指出文中所说"检详新安张公"即为张敦实。② 这样,按照楼钥的记述,自己少时所见温公《潜虚》皆为阙本,唯在孝宗隆兴初年,其先父与张敦实为同僚时,从张氏处得到过《潜虚》全本。当时张氏的说法是,"《虚》之书未成而已传",即温公创作《潜虚》未完成时已经流传开了,所以有阙本面世;而自己的全本则是"温公晚始以全书授范太史淳夫,遂传于蜀",即温公晚年完成全书后授给范淳夫,后来又流传到蜀地。也就是说,张敦实自述其全本是得自蜀地的。楼钥为验证张氏之说,找来蜀地之人("蜀士")询问,却得知原来全本《潜虚》是"观物先生张公兵部行成所补,托为此言耳"。"观物先生"就是张行成之号,也就是说,其实是张行成擅自补全《潜虚》阙本为完本,又编造了一套温公晚年传授全书的托词。张行成本为四川临邛人,故编造说《潜虚》全本最终流传到了蜀地。楼氏后面又分析说,张行成"穷象数之学",其易学方面的著述有七部近百卷之众,因而感叹"果如蜀士之言,非此人亦不能补此书",可见他也完全认同张行成具有续补《潜虚》完书的高超实力。这也表明,楼氏从"蜀士"处得到的张行成续补《潜虚》之说是极为可信的,可谓坐实了张行成作伪的嫌疑。

　　不过,楼氏之说尚有一令人疑惑之处。按照其说,张敦实早在孝宗隆兴之初就得到了《潜虚》的全本,相比张行成入朝献书的乾道二年早了至少三年。那么在行成尚未将其包含《潜虚》完本的《潜虚衍义》③公诸于世之前,张敦实是如何得见全本的呢?对此,余嘉锡先生作了一个合理的推测,指出:"盖行成先取《潜虚》不全本补缀之,使其书单行,而后徐出其

---

① 楼钥:《跋张德深〈辨虚〉》,《攻媿集》卷七十二,《四部丛刊》初编第 1146 册,商务印书馆 1919 年版,第 14 页右—第 15 页右。
② 余嘉锡:《四库提要辨证》卷十三《子部·术数类·潜虚》,中华书局 1980 年版,第 724 页。下文考证多参考余氏《辨证》之说。
③ 按照上文所引楼钥的记述,张行成《潜虚衍义》(即文中之《演义》)将"《潜虚》之书章分句析,尤为详尽",可见确实包含了《潜虚》全本。

《演义》以掩作伪之迹。"①也就是说，张行成很可能是先放出了补全的《潜虚》单行本，又编造出温公晚年授书的传言，然后才慢慢拿出其自己研究《潜虚》的著作，这样就让人觉得全本《潜虚》似乎在《衍义》出现很久前就已经在流传了，而他也是访得《潜虚》完书方作《衍义》，以便达到掩盖造假痕迹的目的。而张敦实则显然是上了张行成的当，得续补之本信以为真，当成了温公的原作，据此创作了《潜虚发微论》②并出版《潜虚》全本之印本，名之为《潜虚图》。后在淳熙三年之前司马伋从敦实处访得全本再度刻印出版③，至淳熙九年泉州教授陈应行将《潜虚》全本与《发微论》合刻，方成后世所见《潜虚》之面貌。而朱子断定"《潜虚》后截是张行成续"，很可能也是从楼钥处获知了关于《潜虚》全本行成造伪、敦实传伪之事的本末曲折才做出的判断。总之，全本《潜虚》的真正续补者并非张敦

---

① 《四库提要辨证》卷十三，第724页。
② 需要指出的是，按楼氏跋文中他处的说法，张敦实自称"始得全文"（即张行成作伪的《潜虚》全本）所创作的《潜虚发微论》，其实也是一部抄袭剽窃的作品，其剽窃对象是慈溪人张汉（字深德）的《辨虚》。楼氏此跋之作正欲为原作者鸣冤。余嘉锡先生在《四库提要辨证》中对此辨之甚精，见《四库提要辨证》卷十三，第724、725—728页。当然，尽管敦实剽窃之过基本可以坐实，原作者张汉之《辨虚》却早已湮没，今日可见者唯有敦实《发微论》，故本书在讨论中仍将此作权且归在张敦实名下。
③ 按楼钥《跋张德深〈辨虚〉》的记述，"检详为察院时，以《发微》授司马侍郎伋，其兄倬为湖广总领，遂以版行，实乾道二年也。"（《攻媿集》卷七十二，《四部丛刊》初编第1146册，第15页左—16页右）可知早在乾道二年司马伋便从张敦实那里得到了《发微论》，表明《发微论》当作于（准确说是剽窃成书于）此年敦实尚在"察院"即任监察御史之时，《四部丛刊》本此书末尾题名"左朝奉郎监察御史"可为佐证。而且司马伋拿到张氏《发微论》时，《潜虚》全本也可能一并获得，并交于其兄司马倬付梓刊印。洪迈《容斋四笔》载"司马倬跋温公《潜虚》，其末云：'乾道二年，岁在柔兆阉茂、玄默执徐月、极大渊献日。'"（洪迈《容斋随笔·四笔》卷十五《岁阳岁名》，中华书局2005年版，第817页）亦可旁证司马倬确曾在乾道二年刊刻《潜虚》并作跋，其所刊刻者当为得自张敦实之全本。另据前引朱子《潜虚》后跋所云"近得泉州季思侍郎（司马伋）所刻"，知淳熙三年朱子作跋时司马伋曾知泉州，并曾再度刻印《潜虚》全本，此即朱子所谓"泉本"。而余嘉锡《四库提要辨证》以淳熙九年泉州教授陈应行所刻本为"朱子所得之泉州本"（《四库提要辨证》卷十三，第728页），实误，因朱子跋文作于淳熙三年丙申，远在淳熙九年之前。至于张敦实自己所印《潜虚》完本，即朱子所称"乡人张氏印本"，刊印时间则难以断定，可能在隆兴初年得张行成补本之后，直至淳熙三年司马伋刻泉州本之前的任何时间。而余氏《辨证》据前引楼钥跋文后句所云"淳熙十一年，检详之子南金又刻之"，断定朱子所得"张氏印本"即为此敦实之子南金淳熙十一年所刻本（《四库提要辨证》卷十三，第728页），仍未注意到朱子之跋的写作时间是淳熙三年，再度失考。

实而是蜀人张行成这一点,基本是无可怀疑的事实了。

以上我们通过较强的文献证据确证了续补《玄虚》之人,下面来讨论所续补之内容的问题。依照朱子《书〈潜虚图〉后》一文的说法,朱子阅读司马伋刻本"至《刚行》"方出现"《行》《变》尚协,而《解》独不韵"的现象,从而辨出全本之伪①,这就表明,全本自《行图·刚行》以前诸图及文字皆与阙本相同,续补之处集中在《刚》以后之《行》《变》《解》辞中。《语类》所谓"《潜虚》后截"盖亦指此。泉州教授陈应行刊刻《潜虚》全本之跋语中也提到邵武所刻阙本"繇辞多缺",全本则"繇辞悉备",所谓"繇辞"即是分别对应《易》之《彖》《爻》《象》辞及《太玄》《首》《赞》《测》辞的《潜虚》《行》《变》《解》辞。这样看来,阙本所缺与全本所补者,皆为《行》《变》《解》之文句。

不过此问题仍存在几方面的争议。首先存在争议的是《潜虚》篇章结构。今本《潜虚》全本以图象为单位划分为八部分,即《气》《体》《性》《名》《行》《变》《解》《命》八图。其中《行》《变》《解》三图连缀为一,故亦有数为六图者。② 但是最早收录《潜虚》一书的晁公武《郡斋读书志》中却说此书"首有《气》《体》《性》《名》《行》《变》《解》七图"③,未言有《命图》。四库馆臣据此推定"《命图》为后人所补"④。然而朱子在《书〈潜虚图〉后》一文中记录其以阙本校正全本之结果,明言"补《命图》九,凡例、记占之阙大小七十有四字"⑤。盖阙本《命图》后"别有凡例二十六字,尤为《命图》之关纽;而记占四十二字、注六字,又足以见占法之变焉"⑥,反为全本所无,这证明

---

① 《朱文公文集》卷八十一,《朱子全书》(修订本)第24册,第3832页。
② 南宋熊朋来即说:"故《潜虚》有《气图》,其次《体图》,又其次《性图》,又其次《名图》又其次《行图》,又其次《命图》,其目凡六;而张氏或言八图者,《行图》中有《变图》《解图》也。"转引自《经义考新校》卷二百七十《拟经三》,第4871页。
③ 《郡斋读书志校证》,第450页。
④ 《四库全书总目提要》卷一百八《子部十八·术数类一》,第2760页。
⑤ 《朱文公文集》卷八十一,《朱子全书》(修订本)第24册,第3832页。按朱子校订之张氏印本为《潜虚》全本,《命图》不当有阙(《潜虚》今本《命图》皆无阙可证),且朱子上文云阙本《命图》比全本所多之内容有"凡例二十六字""记占四十二字、注六字",大小相加正为七十四字,不当另有所补者。可知《文集》此句"九"字盖因形近"凡例"之"凡"字而衍,当作"补《命图》凡例、记占之阙大小七十四字。"
⑥ 《朱文公文集》卷八十一,《朱子全书》(修订本)第24册,第3832页。

朱子所见阙本必有《命图》。而后来访得阙本之林希逸、吴师道，亦未见其有阙本无《命图》之论。至于晁氏为何未见《潜虚》之《命图》，恐怕是因为《读书志》采录之本为"手写藁草一通"，仅为温公创作《潜虚》的部分手稿，尚非阙本之全者，其遗漏《命图》亦属自然。总之，已有的文献材料皆不足以证实《潜虚》之《命图》部分亦全为后人补作，四库馆臣之论恐非是。

其次，《潜虚》仿拟《周易》六十四卦、《太玄》八十一首创作的卦象符号数目亦有争议。今本《潜虚》《行图》之数皆为五十五。而四库馆臣因晁氏《读书志》"光拟《太玄》撰此书，以五行为本，五五相乘为二十五，两之得五十"之说，推测《潜虚》原本仅有五十《行》，今本多出之"五《行》亦后人所补，不止增其文句已也"。① 但是，《潜虚》之《体》《性》《名》《行》诸图卦象数目皆一致，若续补之人在《行图》中增添五数，则之前的《体》《性》《名》图皆要更易，全本中此诸图必与温公原作阙本不同。若果真如此，则朱子当在读至《体图》之时便已察觉全本、阙本之异，何至于读至《刚行》方释然辨其伪，其校勘《潜虚》之记录亦全然不涉《体》《性》诸图呢？可见《潜虚》仅有五十行之说绝无可能成立。至于晁氏之说，或实与《潜虚》卦象数目无关，而是在讲《潜虚》筮法所用之策数。今本《潜虚·命图》后所记占法云："五行相乘得二十五，又以三才乘之得七十五以为策"②，晁氏之说与此相类，不过《潜虚》本以二十五数三之为七十五策，晁氏云两之得五十，恐是误记。

综合上述讨论，我们基本可以确定，《潜虚》全本相对阙本所增补者仅为《行》《变》《解》三图之部分文句。而所续补三图文句之数目，亦可通过朱子的校勘记录获知。朱子云：

> 今复得乡人张氏印本，乃泉本之所自出，于是始出旧书，授学者使以相参。凡非温公之旧者，悉朱识以别之。凡《行》之全者七，补者二十有六，《变》百八十有八，《解》二百一十有二。③

---

① 《四库全书总目提要》卷一百八《子部十八·术数类一》，第2760页。
② 《潜虚·命图》，《四部丛刊》三编第218册，第35页左—36页。
③ 《朱文公文集》卷八十一，《朱子全书》（修订本）第24册，第3832页。

值得注意的是,朱子并没有明言其罗列的《变》《解》条目究竟是记数阙本原有者还是全本检出的增补者。观其数目特征似不当为阙本之数,因为其中《解》辞有二百一十二,多于《变》辞之一百八十八。《解》辞实为解释《变》辞者,温公著书是必定先写《变》辞后写《解》辞,出现《变》辞写成后未及配以《解》辞的情况是比较正常的,《解》反多于《变》则不合常理,可知这两个数字当是张氏全本中检出"非温公之旧者,悉朱识以别之"的条数。故知经朱子的校勘,《行》辞中有七条全为温公原作("全者七"),二十六条是在温公既有文句基础上补续的("补者二十有六"),可推得五十五《行》辞中尚余二十二条纯为他人伪作。《变》辞、《解》辞中增补之数则分别为一百八十八、二百一十二。按《潜虚》之体例《元》《余》《齐》三《行》无变,余五十二《行》每《行》七《变》,每《变》配一《解》,共计《变》《解》之辞各有三百六十四条,排除全本增补之数,可推知《潜虚》阙本之《变》当有一百七十六,《解》当有一百五十二,《解》少于《变》,可见确有《变》辞未配《解》辞者。而林希逸《潜虚精语》所记阙本《变》辞之目,"有七变皆有词者,有七变皆无辞者,有一行一变者,二变者,三、四变者,总而计之,共一百七十六"①,与朱子统计之数正合。这些数目皆可为我们分判今本《潜虚》文字真伪提供重要的参照。

第三节　于《潜虚》今本中分判温公原作与后人续作之尝试

上面我们既已考证出《潜虚》全本可认定是张行成所续,以及其所续之内容仅限于《行》《变》《解》之文句,故本节尝试分辨《潜虚》材料真伪之工作亦在此范围内进行。由于《潜虚》阙本皆已不传,所遗存者仅为林希逸《精语》中摘录的寥寥数语,故通过阙本与全本文字校勘的方式严格分辨温公原作与补者续作已无希望。而唯一可行的思路便是借助朱子当初发现全本之赝的方法——考察《潜虚》的用韵。就此朱子于《书〈潜虚

---

① 《竹溪鬳斋十一稿续集》卷二十七,《宋集珍本丛刊》第八十三册,第624页。

图〉后》一文中说：

> 读至《刚行》，遂释然曰："此赝本也。"人问何以知之，予曰：本书所有句皆协韵，如《易》《彖》、《文》、《象》、《玄》《首》、《赞》、《测》，其今有而昔无者，《行》《变》尚协，而《解》独不韵，此盖不知'也'字处末，则上字为韵之例尔。此人好作伪书，而尚不识其体制，固为可笑。然亦幸其如此，不然，则几何而不遂至于逼真也耶？①

朱子敏锐地发现，《潜虚》及其准拟之《太玄》《周易》，其文辞皆为用韵之文。如《易》之《彖传》、爻辞多为一《彖》、一爻文句内部叶韵②，《象》（解释爻辞的《小象传》）则为一卦六爻之《象》共同叶韵③。《太玄》以《首》拟《彖传》④，以《赞》拟爻辞，以《测》拟《象传》，叶韵方式皆与之同。⑤因此温公原作之《潜虚》中对应的《行》《变》《解》三图文字皆当有韵。观林氏《潜虚精语》中保存的阙本之《行》辞六、《变》辞六十六⑥，无一不韵者，也证实了这一点。而补作之人似不明此用韵体例，全本《潜虚·行图》自《刚行》开始便多有不押韵处，故朱子读至此遂释然判其为续补之伪。验之今本《潜虚》，《刚》之前的《元》《哀》《柔》文辞皆韵，确实是从《刚行》开始出现不用韵的现象，与朱子所见无异。可见，理论上讲，如果我们在参校今传《潜虚》各版本的基础上用朱子法判断《行》《变》《解》是否押韵，筛除其不韵者，便可达到保留原作、去伪存真的目的。不过，这种方法之可行性究竟如何，是否有其局限，尚需更细致的检讨。

---

① 《朱文公文集》卷八十一，《朱子全书》（修订本）第24册，第3832页。
② 按朱子书原文作"《易》《彖》、《文》、《象》"，其中"文"字恐为"爻"字之讹，因唯有易之《爻》方对应下文《玄》之《赞》。
③ 因《象传》本单独成篇，至魏王弼时方分裂《象传》散于诸爻下，故其叶韵必以一卦诸爻《象》辞之整体为单位。
④ 按《太玄》之《首》非拟卦辞而拟《彖传》，郑万耕先生已言之（郑万耕：《扬雄及其太玄》，北京师范大学出版社2009年版，第32页）。就此本书于下章会有进一步讨论。
⑤ 关于《太玄》之用韵，刘韶军已有详尽考察，见氏著《太玄校注》，华中师范大学出版社1996年版。
⑥ 林希逸自云于阙本《变》辞"一百七十六"中"今所摘录者，六十七而已"（《竹溪鬳斋十一稿续集》卷二十七，《宋集珍本丛刊》第八十三册，第624页），但实际仅有六十六条。或因引《林》《行》辞"三人无主，不能共处"句首之"三"而误为《林》之三《变》，故多记一条欤？

首先，对于《行》辞，以押韵法分判真伪，其作用便不大。因朱子明言，全本中后人续补之辞的特征是"《行》《变》尚协，而《解》独不韵"，这说明作伪者并非全然不知用韵之例，其所造《行》《变》之辞仍皆有韵，这样单纯以用韵判断便真伪难辨了。况且温公原作《行》辞，并非句句用韵，有前句韵而末句不韵者①，这样即使作伪者在本来用韵之《行》辞中混入不韵之文，亦无从判断究竟是否属于温公原作部分用韵之例。考察今本《潜虚》全部《行》辞，绝大多数都至少部分有韵，不过确有数《行》之辞全然无韵者②，这大概是因为续补者对用韵体例坚持不够彻底所致，此等不韵者皆可断定为伪作。另外，前文提到卢文弨发现宋抄本《湛》《林》之《行》辞中皆有一段与前文不连属者，此不连属之段落皆无韵，很可能是后人注释窜入正文所致，或即是张行成《潜虚衍义》之逸文。③ 既然《行》辞真伪基本不能以押韵法判定，那么目前能够确保为温公真作的《行》辞便仅有《潜虚精语》所引的六条了④。

对于《变》辞，情况亦与《行》辞类似。今本《潜虚》三百六十四《变》

---

① 如《精语》所引《余》之《行》辞自"天过其度，日之余也"至"功德垂后，圣贤之余也"，皆同"余"字韵。末两句"故天地无余，则不能变化矣；圣贤无余，则光泽不远矣"，则无韵。《竹溪鬳斋十一稿续集》卷二十七，《宋集珍本丛刊》第八十三册，第624页。
② 典型的如《痛》之《行》辞："官病于上，民病于下，国以陵夷。"其辞完全无韵，且文意粗浅，不似温公手笔。
③ 《湛》《行》辞不连属之段落为："情有七而虚其五，何也？人喜斯爱之，怒斯恶之，故喜怒所以兼爱恶也。"《林》《行》辞不连属之段落为："夫民之所资者，道也，不可斯须去也。是以君臣相与议于朝，师友相与讲于野，然后道存而国可治也。"从内容看确实比较近似注释文字。
④ 此六条分别为《元》《哀》《昧》《隶》《林》《余》之《行》。其中《元》《林》仅部分摘录。《精语》引《行》辞虽寡，却保留了大量对《潜虚》五十五名之义的一字训诂，大概是温公草稿中预先写好以待进一步创作《行》辞之用的。这些训诂与今本《潜虚》每段《行》辞之首的训义大多相同，唯《聆》《觌》两名《精语》本训为闻、见，今本则训为听、视。又于无变之《元》《余》《齐》，《元》《余》两行《精语》皆录其《行》辞，唯《齐》未录《行》辞，只录《变图》对应之文，后注云"《元》《余》《齐》无变，只此数语"（《竹溪鬳斋十一稿续集》卷二十七，《宋集珍本丛刊》第八十三册，第624页），可推知今本《齐》之《行》辞为阙本所无，当为伪作。另外，方诚峰统计《精语》所引《行》辞的条数，得出"完整或基本完整"的有6条，只"简单地提及某行的字义"即上文所说一字训诂者有26条，剩有22《行》一字未及，与朱子跋文所云"全者七，补者二十有六"的校勘结果在数字上相当吻合。由此可推断，《精语》引用的三种情况就对应着朱子所谓阙本全部完成、部分完成而有他人增补、完全空缺而全为他人续补的情形。（《司马光〈潜虚〉的世界》，第170页）以此判定《行》辞真伪，其说可取。

中《变》辞押韵者达三百五十一条之多,远超林希逸《精语》统计的阙本原有《变》辞之数,可见作伪者亦熟知《变》辞当韵之体例,单纯以韵读判断必难分真伪。少数不韵之《变》辞,其作伪痕迹倒是颇为明显,如《虑》上《变》:"孔子从心,不踰矩",直接套用《论语》之文;《禋》初《变》:"圣人知幽明之故,死生之说,鬼神之情状",也是拼凑《系辞》语句所得;既无设象、也无占断,全然不似拟《易》文字。大概是造伪时韵脚难觅,只能拿经典成句凑数。类似情况皆可直接判定为伪作。

既然《行》《变》之辞皆难以用韵读分判,那么《潜虚》全本中有望以押韵法区分真伪的部分,便唯有《解》辞了。实际上,朱子所谓作伪之人之"不识其体制",主要说的也是他不熟悉《解》辞及其准拟的《易》之《小象》、《玄》之《测》押韵的体制,亦即"'也'字处末,则上字为韵之例"。按《解》辞模仿《象》《测》,皆以"也"字结句,其韵实落在倒数第二字处,音韵学上称为"富韵"①。大概作伪者是认为"也"字在句末即可作为同字押韵的韵脚,因此完全没有用"也"字之前一字押韵的意识。今本《潜虚》三百六四条《解》辞中,不韵者过半,无疑佐证了这一点。而按照朱子校勘张氏《潜虚》全本的结果,阙本原有之《变》辞数略多于《解》辞,表明温公原作中凡有《解》辞者必已与《变》辞相配,这样有韵之《解》辞其对应的《变》辞亦必为真,如此便可同时检出《变》《解》之真伪,可谓一举而两得。

考察今本《潜虚》留存的押韵《解》辞之韵脚特征,多为一韵到底,也有中途换韵者。② 无论哪种情况,其用韵皆连续无交杂,以此特征可对各《行》之《解》辞用韵加以判断。其中一《行》七句《解》辞全有韵者颇少,多数为三句、四句、五句叶韵,余《解》不与之叶。林氏《精语》中记载阙本

---

① 关于"富韵",王力先生论述说:"如果句尾是一个虚字,韵就常常落在倒数第二字上,这样就构成了'富韵',因为句尾虚字本来已经可以押韵了,但同字押韵还不够好,所以要在前面再加韵字,实际上构成了两字韵脚,所以叫富韵。"(王力:《诗经韵读》,上海古籍出版社2014年版,第46页)由此可知造伪者之失在于把"富韵"的两字韵脚当成了虚字的同字韵。
② 前者如《柔》之七句《解》辞即为宜、为、知、危、支、违、微,非同押支微部韵。后者如《讵》之七句《解》辞,初至三以祖、与、度押鱼模部韵,四至上则以义、避、大、遂换为皆咍、支微部混押。

《变》辞的状况也说："有七变皆有词者,有七变皆无辞者,有一行一变者,二变者,三、四变者"①,可见《变》辞本不全,与之相配之《解》辞亦当不全,今本之全而落韵者皆可断为伪作。

但是,在《解》辞中应用上述方法,其局限性也非常显著。首先,依朱子校勘,温公原作当有一百七十六《变》、一百五十二《解》,表明有二十四《变》是无《解》辞相配的。而全本《潜虚》既将全部《解》辞补全,此等无《解》之《变》必定已配上了不韵伪作之《解》辞,若仅凭《解》辞之叶韵筛选《变》辞之真者,必然会遗漏这部分内容。而以《精语》摘引之阙本六十六《变》文对照今本,其所配《解》辞有韵者五十一条,无韵者十五条,此十五条或可充原本《变》辞无《解》之数,但其数量仍不足二十四,终无可考。其次,判断《解》辞是否有韵,数量至少要在两句以上方可,而如林氏《精语》提及的阙本中"一行一变"只配一条《解》辞的情况,押韵法将无从甄别。

除上述可能造成遗漏的情形外,还有一些更复杂的情况需加考量。如作伪之人虽无《解》辞押韵的意识,但其续补之文句却仍可能偶然有韵。如《暆行》之《解》辞,其三、四、六《解》本以多、柯、它、何押歌戈部韵,但初与五之《解》辞倒数第二字分别为从、同,为东钟部叶韵。这显然不属中途换韵之例(因两韵相互交杂不连续),唯一的解释便是此《行》《解》辞除三、四、六外皆为续补,而续补时偶然出现了两句《解》辞叶韵的现象。这样看来,如果某一《行》仅有两句《解》辞叶韵,它《解》皆不叶,将不能排除这仅仅是续补者偶然所作的可能;而如果一《行》中多组《解》辞两两叶韵且其韵各不相同,也将无从甄别何者为温公真作、何者为补者偶成。② 因此,遇到类似的仅有两句《解》辞叶韵的情况皆只能存疑。当然,三句以上《解》辞之叶韵则不必考虑这种复杂性,因为无意识中写出三句以上韵句的概率显然是相当低的。

---

① 《竹溪鬳斋十一稿续集》卷二十七,《宋集珍本丛刊》第八十三册,第624页。
② 前者如《昭》行仅三、五两《解》辞以骇、懈叶韵;后者如《造》行七句《解》辞中有三组两两叶韵者:初、二以为、之叶,三、六以德、极叶,四、五以利、弃叶。

尽管存在局限性,但押韵法毕竟是目前唯一有望鉴别今本《潜虚》真伪的方法。考察《潜虚》韵读的主要音韵学依据,自然是为反映宋代中古音韵特征的《广韵》,但实际考察过程中发现,《潜虚》之用韵其实并不严格依据《广韵》韵部。温公(可能包括其续补者)对音韵学颇有研究,故《潜虚》在少数情况下会用上古音韵部叶韵。① 温公本人为晋地人,续补者张行成为四川人,两人均曾在朝为官,故《潜虚》的用韵更多时候会受到当时中原官话及地域方言的影响,出现不同韵部混押的情形,如相近韵摄(曾梗、江宕等)之间的同用②、止、蟹两韵摄部分韵部之合流③、-n、-ng二尾之混押④,不同韵尾入声字之混押⑤,上声、去声字之通叶⑥,等等。⑦这些复杂的用韵状况,在判断《潜虚》之用韵时也是务必加以考虑的。

综合以上各种因素,本书考察《潜虚》韵读得出的结果为:《行》辞至少部分押韵者五十一,全无韵者四;《变》辞有韵者三百五十一,单句无韵者四⑧,不韵者八,存疑者一⑨;《解》辞有韵者一百五十五,无韵者一百七十三,

---

① 如可断定为温公真作的《柔》《行》辞中"天为刚矣,不逆四时;君为刚矣,不却嘉谋",时、谋两字依中古音则无韵,依上古音则同霭之部叶韵。
② 如《刚》之三《变》"目瞆耳塞,拔木触石;一跌而踣,蝼蚁之食":石,入二二昔韵,属梗摄;食,入二四职韵,属曾摄;此为梗、曾二韵摄韵部之同用。
③ 如《懎》之二《变》"自怒自解,人不之畏":解,去十五卦韵,属蟹韵摄;畏,去八未韵,属止韵摄。此为唐宋以来止摄、蟹摄合流的现象。
④ 如《昭》之初《变》"衾其鉴,拂其尘,觌其形":尘,上平十七真韵,臻摄,-n韵尾;形,下平十五青韵,梗摄,-ng韵尾;此为二尾混押。
⑤ 如《虑》之五《变》"林甫月室,愠人笑出,匪躬之益":角室,入五质韵;出,入六术韵;益,入二二昔韵。此为臻摄韵尾-t的入声字与梗摄韵尾-k的入声字混押。
⑥ 如《聆》之四《变》"苦言刺耳,惟身之利":耳,上六止韵;利,去六至韵;此为上声去声通叶。
⑦ 张民权《司马光〈潜虚图〉用韵与宋代语音史问题》一文(《民俗典籍与文字研究》第8辑,第249—266页)从音韵学的角度对《潜虚》的《行》《变》《解图》的用韵情况做了非常细致的讨论,总结了韵字表与韵谱,并分析了一些特殊的音韵现象,非常具有参考价值。不过此文在考察《潜虚》用韵时存在一些不够严谨之处,比如《雍》行二《变》"柳下惠不易其介,伯夷怨是用希",各本文字皆同,本不叶韵。此文则却认为原文均有脱漏,当按《论语》补作"柳下惠,不易其介;伯夷叔齐,怨是用希",这样便可使"惠介"为韵、"齐希"为韵。(同上书,第255页)这种无版本依据、擅改原文以寻韵脚的做法恐怕是不太可取的。
⑧ 如《昭》之上《变》:"宿火于灰"仅为单句无须押韵,仍算在有韵之列。
⑨ 此存疑者为《偶》之上《变》"君王后治齐,不可用正,吕,武用□",各本末字皆缺,无法判断是否有韵。

存疑者三十六。① 又《变》辞为《精语》所引,而对应《解》辞不韵者十五。《解》辞有韵者对应《变》辞皆韵,故可甄别为温公原作之《潜虚》《变》辞者共计一百七十,《解》辞一百五十五。《变》辞之总数较朱子、林希逸阙六,《解》辞之数复较朱子多三,且有《变》无《解》之数亦不能相合,故其中必有舛误。盖《潜虚》用韵之宽严尺度实难把握,韵读判断之差在所难免,且如前所述押韵法又多有局限,因而本书所做之《潜虚》真伪鉴别只能为一初步尝试,尚不可作为定论。本人非汉语专业出身,对音韵了解实浅,今仍将此不成熟之成果尽列于本书附录,以待教于方家。②

---

① 按《元》《余》《齐》三行虽不变,但《变图》《解图》中皆有对应文字,今本《潜虚》中这些文字皆有韵,但其数目未计入此处所列《变》《解》数中。
② 按押韵法统计,《衷》《柔》《容》《愤》《茻》《卸》《切》《隶》《林》《准》《兴》《泯》《隆》十三《行》,七《变》七《解》皆有韵(计91条),基本可断定为温公原作;《庸》《昧》《湛》《暶》四《行》,有连续的四至六句《变》《解》辞押韵(计18条),可信度亦比较高。再算上《精语》所引《变》辞有韵《解》辞无韵15条,总计《变》124条、《解》109条,可较有把握地判定为《潜虚》原本之文。具体结果参见本书附录。

第二章 《潜虚》与《太玄》:《太玄》作为《潜虚》易学宇宙观的重要思想资源

温公于《潜虚》卷末云:"《玄》以准《易》,《虚》以拟《玄》。"①可见,《潜虚》宏大的易学宇宙图景,实际上是通过仿拟汉代扬雄的《太玄》体系建立起来的。我们知道,司马光对于《太玄》一直抱有浓厚的研究兴趣,不仅专门为《太玄》作集注,而且将之作为其易学宇宙观建构的范本。因此,研讨司马光之《太玄》研究的时代背景、《太玄》自身准拟《周易》的结构特征、《潜虚》对《太玄》拟《易》方式的继承与调整等问题,正有助于我们寻得深入温公《潜虚》易学思想的门径。这便是本章我们将讨论的内容。

第一节 北宋中期的太玄学以及《太玄》对司马光思想的影响

温公对《太玄》的格外关注,需要放到北宋中期易学的时代背景中去考察。正如王铁所指出的,这一时期在易学领域掀起了一股《太玄》研究的热潮。② 王铁统计了《通志》《郡斋读书志》《玉海》等书目对《太玄》研究的著录情况,发现仅北宋时期专门注释《太玄》的著作就有十余种之多③,足见其

---

① 《潜虚》卷末,《四部丛刊》三编第218册,第36页左。
② 王铁说:"自北宋真宗朝起,《太玄》越来越受到学者们的重视,至仁宗朝形成了一个《太玄》研究的热潮。"《宋代易学》,第104页。
③ 同上。

风气之盛。

这股《太玄》热,对于北宋中期易学的两大派别——图书派与义理派,均有深刻的影响。就图书派而言,其代表人物刘牧所传的《洛书》(五十五点图,即后来朱子所谓《河图》),经考证可以确定是来源于《玄数》所言"三、八为木,四、九为金,二、七为火,一、六为水,五、五为土"的天地生成数与五行对应关系,以及《玄图》所言"一与六共宗,二与七并朋,三与八成友,四与九同道,五与五相守"的图式结构。① 而对图书派持批评态度的义理派学者李觏,在其《删定易图序论》中回答"《易纬》所主之日取卦象乎,取卦名乎"的问题时亦引证《太玄》首名准拟卦名,以证《易纬》分卦主日皆取自卦名②;回答五行是否一定"相生则吉,相克则凶"的问题时,复引证《太玄》与五行数相应的九赞其吉凶"决在昼夜,当昼则相克亦吉,当夜则相生亦凶",以及《玄告》"五生不相疢,五克不相逆,不相疢乃能相继也,不相逆乃能相治也"的观点,以证明五行"相生未必吉,相克未必凶"③。《太玄》研究影响之广泛,由此可见一斑。

另外,对有宋一代学术尤其是宋代道学有肇始之功的"宋初三先生",也同样喜言《太玄》。其中,胡瑗在由其学生倪天隐编纂成书的易著《周易口义》中多次直接引述《太玄》原文。如《乾》上九爻辞"亢龙有悔",《口义》云:"《太玄·中》首之上九曰'巅灵气形反',正此谓也"④,此引《中》首上九《赞》辞;《复·彖传》"复其见天地之心乎",《口义》云:

---

① 参见王铁:《宋代易学》,第104—105页;郑万耕:《扬雄及其太玄》,第79页。
② 《删定易图序论》论五:《易纬》"所主之日取卦象乎?取卦名乎?"曰:"取诸卦名而已。《太玄》所以准《易》者也,起自冬至,其首曰《中》……于《易》则《中孚》。"李觏:《李觏集》卷四,中华书局2011年第2版,第66页。
③ 《删定易图序论》论六:"敢问五行相生则吉,相克则凶,信乎?"《太玄》之赞,决在昼夜,当昼则相克亦吉,当夜则相生亦凶。《玄告》曰:'五生不相疢,五克不相逆,不相疢乃能相继也,不相逆乃能相治也,相继则父子之道也,相治则君臣之宝也。'……吾故曰:'相生未必吉,相克未必凶'也。"《李觏集》卷四,第68页。
④ 胡瑗:《周易口义》卷一,《儒藏》精华编第3册,北京大学出版社2009年版,第20页。

"《太玄·中》首曰'昆仑旁薄幽'。……扬子又为之辞曰:'"昆仑旁薄幽",何为也?曰:贤人天地思而包群类也'"①,此是引《中》首初一《赞》辞及《玄文》之语;《否》上九爻辞"倾否,先否后喜",《口义》云:"扬子曰:'阴不极则阳不生,乱不极则治不成'"②,此是引《玄文》之语。胡瑗在注《易》过程中如此频繁地引用《太玄》,可见其于《太玄》研究是颇有心得的。而与之同列"三先生"之位的石介,则不仅将《太玄》的作者扬雄与孟子、荀子、王通、韩愈并列为五贤,纳入儒家的道统谱系③,更盛赞扬雄于"炎灵中歇,贼莽盗国"的危急历史境遇中"以一枝木扶之,著《太玄》五万言,以明天地人之道"④,对扬雄与《太玄》维系道统、传承儒家价值的历史功绩给予了极高的评价。

《太玄》之影响亦延及于北宋道学。道学五子之一的邵雍曾著有《太玄准易图》⑤,其赖以建立先天易学的数理原则即"加一倍法",即明显取法于《太玄》以三相生的统一数字关系。张载则在其所著《横渠易说》对《系辞》"大衍之数五十,其用四十有九"的注释中引用《玄图》"五与五相守"之语以证"数止于九,九是阳极也,十也者姑为五之耦焉尔"⑥。二程兄弟中的明道,曾引《太玄·中·首辞》"阳气潜萌于黄宫,信无不在乎中"及《养》首初一《赞》辞"藏心于渊,美厥灵根",以赞"杨子云之学,盖尝至此地位"⑦;伊川则批评"《太玄》本要明《易》,却尤晦如《易》,其实无

---

① 《周易口义》卷五,《儒藏》精华编第3册,第157页。
② 《周易口义》卷三,《儒藏》精华编第3册,第104页。
③ 石介于《尊韩》一文云:"若孟轲氏、扬雄氏、王通氏、韩愈氏,祖述孔子而尊师之,其智足以为贤。……孟轲氏、荀况氏、扬雄氏、王通氏、韩愈氏五贤人,吏部为贤人而卓。"见石介:《徂徕石先生文集》卷七,中华书局1984年版,第79页。
④ 石介《与士建中秀才书》云:"炎灵中歇,贼莽盗国,衣冠坠地,王道尽矣。扬雄以一枝木扶之,著《太玄》五万言,以明天地人之道,作《法言》十三篇,以阐扬正教。"《徂徕石先生文集》卷十四,第163页。
⑤ 关于此图的讨论参见王铁《宋代易学》,第106—110页。
⑥ 张载:《横渠易说·系辞上》,《张载集》,中华书局1978年版,第194页。按《易说》原文作"扬雄亦曰'五复于五行'",校点者根据《太玄》原文校改。
⑦ 程颢、程颐:《河南程氏遗书》卷十一,明道先生语一,《二程集》,中华书局1981年版,第130—131页。

益,真屋下架屋,床上叠床",并指出"他只是于《易》中得一数为之,于历法虽有合,只是无益"①,这一批评可说是把握到了《太玄》体系缺陷的命门。由此可见,邵、张、二程几位道学家尽管对扬雄之学态度不同,但于《太玄》皆有所钻研这一点则无例外。

《太玄》学之流风所以如是之广,其原因或正在于北宋易学诸家共有的时代问题意识。北宋学术在其发展过程中始终面对着一个共同的时代问题:如何在五代衰乱之后,对抗佛道思想的浸淫,在新的历史环境下重新建立人伦价值的稳固基础。这一问题的解答正有赖于"推天道以明人事"的易学研究,亦即通过诠释、发挥《周易》经传的思想构建易学宇宙观,从而将人伦价值奠定在客观天道的根基之上,为中国固有之生活方式作一形上天道的论证。② 而汉代扬雄的《太玄》,正是借助易学资源建立的包容天道人事各方面要素为一体的宇宙观体系,其最终的归旨恰恰在于人世价值的天道奠基。扬雄云:"夫天地设,故贵贱序;四时行,故父子继;律历陈,故君臣理;常变错,故百事析",可见《太玄》所描绘的方位、气运、历法、音律相统一的宇宙图景,正为人世"君臣父子夫妇之道辨"提供了牢靠的天道根据。③ 如是问题意识与思想宗旨的契合,无疑使得《太玄》成为北宋易学家建构其自身的易学宇宙观时可资效法的典范,他们如此热衷于研习《太玄》也便毫无可怪了。

而身处北宋中期、同样怀有人世价值之天道奠基这一时代问题意识的司马光,自不能免于此热衷《太玄》之时风的侵染,对《太玄》研究尤为着力。温公于《太玄集注序》中自述"庆历中,光始得《太玄》而读之,作《读玄》",后"疲精劳神三十余年",于元丰五年方著成《太玄集注》④,足

---

① 《河南程氏遗书》卷十九,伊川先生语五,《二程集》,第251页。
② 对此北宋中期易学问题意识的讨论,参见拙作《北宋道学的易学哲学基础》,北京大学2012届博士论文(未出版),导论第一节。
③ 扬雄撰、司马光集注:《太玄集注》卷七《玄摛》,中华书局1998年版,第187、185页。
④ 温公云:"庆历中,光始得《太玄》而读之,作《读玄》。……疲精劳神三十余年,……元丰五年六月丁丑,司马光序。"《太玄集注·太玄集注序》,第1页。

见其用力之深。温公精研《太玄》的过程中,扬雄之学对其造成的影响已不限于易学,可以说司马光哲学的各个层面皆可见《太玄》思想的烙印。兹列举三例。

其一是对《老子》的关注。前辈学者已指出。扬雄《太玄》的宇宙论是"《老子》与《易传》学说之混合"①,扬雄在其易学宇宙观建构方面吸收了很多源自《老子》的思想元素,这或受其以解《老》著称的老师严尊的影响。② 比如,《太玄》宇宙观称宇宙之本根为"太玄","玄"字取于《老子》首章"玄之又玄","太"字则取于《老子》二十五章"吾不知其名,字之曰道,强名之曰大",即"太玄"一名实源自《老子》对"道"的称谓。③ 其体系的核心数字"三"以及《玄告》所述"玄生神象二,神象二生规,规生三摹"④之宇宙化生过程,都明显有《老子》"道生一,一生二,二生三,三生万物"之生成论宇宙观的印迹。而司马光同样对《老子》颇为留意,专为《老子》作《道德真经论》,其易学宇宙观的建构以及对一些重要易学观念如"太极"与"中"的理解也与《老子》诠释相关,这在北宋儒者中是不多见的,很可能是受到了扬雄的影响。当然,扬雄《太玄》虽然借助了《老子》的思想元素,但其意旨仍是要建立一套儒家的天道秩序与人伦价值体系。⑤ 同样,司马光之注《老》,其最终目的仍然是为儒家价值做论证,因此《道德真经论》的《老子》诠释呈现出非常明显的将《老子》儒家化的倾向。如温公于《老子》首章解释有无之关系时说"苟专用无而弃有,则荡然流散,无复边际,所谓有之以为利,无之以为用也"⑥,实际上是在破除道家虚无之论,将之扭转到儒家提倡的"有"的观念上;有如《老子》二十

---

① 张岱年:《中国哲学大纲·序论》,中国社会科学出版社1982年版,第17页。
② 郑万耕教授指出:"扬雄崇尚老庄自然论,实系受严君平的影响。严君平是扬雄青少年时代的老师。"《扬雄及其太玄》,第40页。
③ 相关论述参见郑万耕《扬雄及其太玄》,第41—42页。
④ 《太玄集注》卷十,第215页。
⑤ 张岱年先生指出:"扬雄的宇宙论是《老子》与《易传》学说之混合,其人生论则重述孔子的思想。"《中国哲学大纲·序论》,第17页。
⑥ 司马光:《道德真经论》,《正统道藏》第12册,上海书店1988年版,第262页中至下。

二章"蔽则新",温公以《中庸》之"衣锦尚絅"注之,"不自见故明"则以"暗然而日彰"注之①,将道家的生活态度转化为儒家的君子之德;再如六十二章"是以圣人终不为大,故能成其大",温公注云:"兢兢业业,一日二日万机,故能无为而治"②,这是将道家的无为政治转化为儒家的有为治道。可以说,温公融合《老子》思想元素服务于儒家理论建构的态度,与扬雄《太玄》是一脉相承的。

其二是对"中"之观念的注重。扬雄《太玄》体系格外看重易学的"中"之观念。在象数结构上,《太玄》八十一首之第一首即名为《中》(准《易·中孚》),其《首》辞云:"阳气潜萌于黄宫,信无不在乎中",可见扬雄以"中"为天道人事之首统原则③;《太玄》一首分三表,复分为九赞,以二、五、八三位各为三表之中位④,其中五位最处正中,故《玄图》述九赞之象征义云:"中和莫盛乎五"⑤,以此盛赞中和之道。在《玄赞》中,扬雄亦多处凸显中和思想,如《永》首次五《赞》云"三纲得于中极,天永厥福",言王者居五位有中和之德,以此正三纲、建皇极,可永保天禄⑥;又如《中》首次八《赞》云:"黄不黄,覆秋常",《测》云:"黄不黄,失中德也",八本为第三表之中位,当有中德,而《中》之次八当夜,失其中德,颠覆常道而不吉⑦,这便从反面体现了"中"之可贵。⑧ 受《太玄》重"中"观念的影响,司马光亦以"中和"为其哲学思想的核心理念。他在《答景仁论养生及乐书》中说:"夫中者,天地之所以立也,在《易》为太极,在《书》为皇极,在

---

① 司马光:《道德真经论》,第265页中。
② 同上书,第270页下。
③ 司马光《集注》云:"扬子叹三仪万物变化云为,原其造端,无不在乎中心也。"《太玄集注》卷一,第4页。
④ 对于《太玄》一首分三表,三表分九赞的体例,参见刘韶军:《扬雄与〈太玄〉研究》,人民出版社2011年版,第124页。(引者按:刘韶军采信清代学者段玉裁、王念孙及现代学者王荣宝、杨树达的考证结果,认为扬雄之姓当写作"杨"而非"扬",故其书中皆写作"扬雄"。)
⑤ 《太玄集注》卷十,第213页。
⑥ 《太玄集注》卷四,第111页。
⑦ 《太玄集注》卷一,第7页。
⑧ 关于扬雄的中和思想,参见董根洪:《"动化天下,莫尚于中和"——论扬雄的中和哲学》,《社会科学研究》1999年第6期,76—79页。

《礼》为中庸。"①以"中"为天地定立的根基，《五经》共有之标的。在与二程的交流中，温公自述其修养的心得在于"只管念个中字""只有一个中字，著心于中，甚觉安乐"，此修养方法虽为二程所讥②，却也可从侧面看出温公对"中和"观念之执着。而《潜虚》象数结构的安排同样注重"中和"原则之彰显，构成了司马光易学宇宙观之价值奠基的重要方式，对此我们将在后面的章节中详加讨论。

其三是对"格物"的诠释。我们知道，出自《大学》的"格物"观念自宋以来始受重视，在宋明道学话语体系中占据极重要的位置，但对于其中"格"字的训释及"格物"之意的诠解却是众说纷纭。在北宋思想家中，温公之"格物"义颇为独特，他在《致知在格物论》中说："《大学》曰：'致知在格物。'格犹扞也，御也。能扞御外物，然后能知至道矣。"③温公以"格"为扞御，以"格物"为扞御外物、摒除物欲，这一训解既不同于汉代郑玄之以"格物"为"来物"④，也不同于后来程朱之以"格物"为"即物穷理"。究其根源，实在于《太玄》中"格"字之训义。《太玄》第二十二首名为《格》，其《首》辞云："阳气内壮，能格乎群阴，攘而却之"，可见扬雄将"格"理解为"攘却"即扞拒之意，故司马光《集注》亦云："格，拒也。"⑤按此首之所以名"格"，是因其对应孟喜卦气次序中的《大壮》卦，象征阳气发展壮大，

---

① 司马光：《司马光集》卷六二，书启五，四川大学出版社2010年版，第1289页。
② 《二程遗书》记载说："君实自谓'吾得术矣，只管念个中字'，此则又为中系缚。且中字亦何形象？若愚夫不思虑，冥然无知，此又过与不及之分也。"（《河南程氏遗书》卷二下，二先生语二下，《二程集》，第53页）《二程外书》引《和靖语录》云："一日，温公谓明道：'某近日有个著心处，甚安'，明道曰：'何谓也？'温公曰：'只有一个中字，著心于中，甚觉安乐。'明道举似伊川。伊川曰：'司马端明，却只是拣得一个好字，却不如只教他常把一串念珠，却省力。试说与时，他必不受也。'"（《河南程氏外书》卷十二，《二程集》，第433页）
③ 《司马光集》卷七一，论二，第1450页。
④ 《礼记·大学》"致知在格物"郑玄注云："格，来也。物犹事也。其知于善深则来善物，知于恶深则来恶物，言事缘人所好来也。"《礼记》郑玄注卷十九，宋淳熙四年抚州公使库刻本，第9页右。
⑤ 《太玄集注》卷二，第47页。

不容于阴气而格拒之。① 其与《礼记·大学》中的"格物"本无关系,而司马光则直以此意解《大学》之"格物"为"御物"。《太玄》对"格"字的训释竟然直接影响到了对"格物"这一非易学观念的理解,足见温公对《太玄》之醉心。

从以上这些例证可以看出,扬雄《太玄》思想对司马光的影响是全方位的。而对于自己如此看重的《太玄》一书的宗旨,司马光在《读玄》一文中明确概括为"合天地人之道为一,括其根本"②,即揭示天地人所共由的根本之道,由此以天道为人世价值立根,这也正是温公《潜虚》易学宇宙观建构的思想意图所在。此思想意图的达成,正有赖于《虚》之"拟《玄》"而来之宇宙图景的创建,而其"拟《玄》"又必以《玄》之"准《易》"为标准。下面我们就来对扬雄《太玄》准拟《周易》的方式作一探讨。

第二节 《太玄》模仿《周易》的方式及其不足

扬雄《太玄》对《周易》的模拟,可分为文本形式与思想方法两个方面。在文本形式方面,《太玄》对于《周易》经传的符号系统、篇章结构、重要观念都做了仿拟。其中,就符号系统说,《太玄》以━一、╌╌二、╌╌╌三之基本符号准《周易》━阳、╌╌阴之基本爻画,以方州部家四位之八十一玄首符号准《易》六位之六十四卦象符号。就篇章结构说,《玄》以《首》辞准《易》之卦象,以《赞》辞准《易》之爻辞,以《测》辞准《易》之《象传》,以《攡》《莹》《棿》《图》《告》准《易》之上下《系辞》,以《玄文》准《易·文言》,《玄数》准《易·说卦》,《玄衡》准《易·序卦》,《玄错》准《易·杂卦》。就重要易学观念说,《易》有"乾之四德""元、亨、利、贞",《玄》准以"玄之五德"罔、直、蒙、酋、冥;《易》之筮法以大衍之数五十用其四十九、

---

① 郑万耕教授引《玄错》"《格》不容"以证此首名之义,见郑万耕:《太玄校释》,北京师范大学出版社1989年版,第69页。
② 《太玄集注·读玄》,第1页。

揲之以四,《玄》之筮法准之以三十六策用其三十三、揲之以三;《易》占有七八九六,为四象,《玄》准以一、二、三,为三摹;《周易》占筮之步骤,如分两、挂一、过揲、挂扐等,《太玄》筮法皆一一仿效之。凡此种种,司马光于其《说玄》一文皆有清晰的论述。①

不过《玄》拟《易》之文本形式尚有一处待辨者,那就是《玄首》所准《易》之"象",究竟是指《周易》经文的卦辞还是指"十翼"中的《象传》呢?司马光《说玄》"《易》有《象》,《玄》有《首》"一条下自注云:"《象》者卦辞也,《首》亦统论一卦之义也。"②认为《首》辞准卦辞,后代学者多从此说。不过今人郑万耕教授的意见则不同,他指出:"《周易》有《象传》,《太玄》则有《首》",且认为"《周易》每卦皆有卦辞,而《太玄》每首则无辞"。③ 郑教授的观点当是源自南宋校勘范望解赞《太玄经》的张寔(即张敦实)所作的校勘记④,其在《中·首辞》"阳气潜萌于黄宫,信无不在乎中"后下校记云:"此《玄》首辞也,象《易》'《象》曰大哉乾元'已下之辞也"⑤,显然认为《玄首》所准为《易》之《象传》而非卦辞。张氏作此判断的理由,则在于《汉书·扬雄传》所录扬雄《自序》对《太玄》经传结构的分判:

> 杨子作《太玄》,为其太曼漶而不可知,故作《首》《冲》《错》《测》《攡》《莹》《数》《文》《梲》《图》《告》凡十一篇,以解剥玄体。⑥

---

① 《太玄集注·说玄》,第3—5页。另参见郑万耕:《扬雄及其太玄》,第31—34页。
② 《太玄集注·说玄》,第4页。
③ 《扬雄及其太玄》,第32页。
④ 《太玄经》万玉堂翻宋本卷末有"宋右迪功郎充两浙东路提举茶盐司干办公事张寔校勘"字样,可知此本中的校记皆当为张寔所作。余嘉锡《四库提要辨证》经考证,证实了四库馆臣在《提要》中的推测,即张寔就是《潜虚发微论》的作者(实为抄袭者)张敦实,因避宋宁宗讳而去"敦"字。参见《四库提要辨证》卷十三,第725页。
⑤ 扬雄撰、范望解赞:《太玄经》卷一,《四部丛刊》初编收录上海涵芬楼影印明万玉堂翻宋本,第4页左。
⑥ 扬雄撰、范望解赞:《太玄经》卷一,《四部丛刊》初编收录上海涵芬楼影印明万玉堂翻宋本,第4页左。按此所引为班固《汉书·扬雄传》正文,原文见《汉书》卷八十七下《扬雄传下》,中华书局1962年版,第3575页。班固在此传赞语中说"雄之《自序》云尔",可见正文皆录扬雄自己所作之《自序》,非班固手笔,清代钱大昕、王念孙对此皆有辨析,见刘韶军:《扬雄与〈太玄〉研究》附录《历代学者评扬雄和〈太玄〉》,第534、542页。

张氏所引即扬雄《自序》之文,其中明确指出《玄首》与《冲》《错》《测》等篇的性质相同,都是为"解剥玄体",即皆为对《太玄》本文进行解释、剖析的文字。这样看来,《玄首》便只可能对应《周易》经传中属于传注的《彖传》,而不当对应经文之卦辞。反过来说,排除《首》《冲》等十一篇传注性质的文字,《太玄》文本中相当于经文的仅有准《易》爻辞的《玄赞》一篇,这样就没有真正对应《易经》卦辞的篇目,这也印证了郑教授"《太玄》每首无辞"的观点。而《太玄》今本在每首符号后皆先列《首》辞后列《赞》辞,很容易让人将《首》辞误解为与《易》之系于卦象符号后的卦辞性质相同,不过这并非扬雄《太玄》之本貌。张氏已指出,《玄首》"乃一篇,并《序》自为一卷",即本来《玄首》并其《玄首都序》作为传注是单独成篇、与《玄赞》经文相分离的,如同《周易》本来经传分离的面貌一样。而"至范望《解赞》时",方采宋衷、陆绩两家之义对《玄首》加以注释,并将《玄首》之文及其注释"散于八十一首之下"①,一如王弼注《易》将《彖传》《象传》散于经文卦爻辞之下。可见今本《太玄》经传合一的状态是经过范望调整后的结果,由此也可推知,对于《玄首》准《易》卦辞的误解或许从范望作《解赞》时就开始了。幸而古有张寔、今有郑万耕教授之辨正,我们才能对此问题得一正确的认识。

那么为何《太玄》经文中没有相当于《周易》卦辞的部分呢?这恐怕与卜筮有关。《周易》卦爻符号所系之卦爻辞,一个重要的功能就是通过阐发卦爻象之象征意义以用于占卜,所以卦爻辞在文字风格上通常都有设象和占断的特征。② 但《太玄》之筮法实仅能以《赞》辞占筮,所以《赞》辞有设象、占断③,而《首》辞则无此特征,如《中》之《首》辞"阳气潜萌于

---

① 《太玄经》卷一,第4页左。
② 举例来说,《履》之卦辞"履虎尾,不咥人,亨","履虎尾,不咥人"为设象,"亨"为占断。《屯》六三之爻辞"即鹿无虞,唯入于林中,君子几,不如舍,往吝","即鹿无虞,唯入于林中"为设象,"君子几,不如舍,往吝"为占断。
③ 如《太玄·中首》次四"庳虚无因,大受性命,否",即以"庳虚无因,大受性命"为设象,"否"为占断。

黄宫,信无不在乎中",既没有拟物设象,也没有吉凶断语。实际上《玄首》是将八十一首对应为阳气周天运行之八十一个阶段,用以描述每个阶次的天道气运形态的,这与《周易·象传》联系天道发挥六十四卦之义,显然更为接近。而《太玄》之所以仅能以《赞》辞占,根本原因在于《玄首》符号与《玄赞》实分道而行、不相干涉,《玄首》符号并不具备《周易》卦象符号的象征与占卜功能,也就无法系以占筮之辞。这一点我们在后文讨论《太玄》对于《周易》思想方法模拟上的不足之处时再详加检讨。

以上我们讨论的是《太玄》对《周易》文本形式的模仿。不过准拟《易》之篇章结构,尚仅得易道之皮相,《周易》作为一套完整的宇宙观系统的思想方法才是其精髓所在,在这方面《太玄》同样进行了效仿。我们知道,《周易》思想方法的核心在于关联与象征,此思想方法可通过两种思想要素来体现——"象"与"数"。所谓"象",即《周易》之卦爻符号,它具有广泛的关联与象征作用,如阴阳爻画可与宇宙中全部的二分对待关系相联系,阴阳爻以三位排布而成的八卦可象征世间万物的形态、属性,八卦相重而得之六十四卦则可象征人世间的各种处境、遭际,每卦之六爻又可象征处同类处境之人中因其居位及与他者关系的不同而面临的具体差别的境遇。所谓"数",又可分为两类,一类为表示先后上下次序的序数,如六爻初、二至上之位数;一类为表示数量之量数,此类多为与筮法有关之筮数,如天地之数、大衍之数、老少阴阳七八九六之数、乾坤之策数等。"数"同样具有关联象征意义,如爻位之序数可象征人之居位(初为民,二为在下之臣,四为近君之臣,五为君等),筮数中分两象天地、挂一象三才、揲四象四时、乾坤三百六十策"当期之日",等等。[①] 而对于"象""数"二者的关系,春秋时人已有认识。《左传·僖公十五年》载韩简之语云:

[①] 关于"象""数"的讨论参见林忠军:《象数易学发展史》(第一卷),齐鲁书社1994年版,第1—2页。

龟，象也；筮，数也。物生而后有象，象而后有滋，滋而后有数。①

朱伯崑先生解释说："韩简认为，先有龟象而后有筮数，因为有物则有象，有象方有数，数是物象繁多的标志。"②依此说，"象"与"数"两者中"数"是后于"象"的，且"数"与物之"滋"即数量的繁多相关，也就是说，"数"所表征的主要是量的关系，而非质的差别。具体到《周易》中的"数"来说，无论表征阶次先后、位置升降的爻位序数，还是表征筮策数目多寡增减的筮数，都仅具有"量"的意义，其关联象征义也基本基于数量的相合。如乾坤三百六十策，三百六十之数量与一年日数之约数三百六十相合，故以乾坤之策象"期之日"。而《周易》卦爻"象"之象征意义相比"数"则远为广泛，因为它关乎事物生来即有之形象、属性，故可以象征不同类事物之间"质"的差异。如八卦乾卦象马，坤卦象牛，即非根据数量建立关联，而是根据牛、马之健、顺性质与乾、坤象征义的相合，而具备健、顺属性的所有物类都可以进一步与乾、坤建立象征关联，如《说卦》广象所述。由此可见，相比于"数"，"象"之思想要素能更加充分体现《周易》关联象征的思想方法，故《周易》宇宙观的思维方式实以"象"为中心，"数"则处于衍生、从属的地位。

而《太玄》仿拟《周易》之思想方法，却着重在"数"的层面，这与扬雄构建其易学宇宙图景的思想进路有关。扬雄《自序》云：

其用自天元推一昼一夜阴阳数度律历之纪，九九大运，与天终始。故《玄》三方、九州、二十七部、八十一家、二百四十三表、七百二十九赞，分为三卷，曰一二三，与《泰初历》相应，亦有《颛顼》之历焉。③

从这段叙述可知，扬雄是通过描述周天气运之模式来建构其《太玄》宇

---

① 杨伯峻编著：《春秋左传注》（修订本），中华书局1990年版，第365页。
② 《易学哲学史》第一卷，第33页。
③ 《汉书》卷八十七下《扬雄传下》，第3575页。

宙图景的。对天运的描摹必合于历法,而历法本质上是对天运这一历时过程各阶段的计量,故必有赖于记数。因此扬雄以"数"拟《易》,实为此等易学宇宙观建构方式下必然的思想抉择。《太玄》模仿《周易·系辞》"易有太极,是生两仪,两仪生四象,四象生八卦"中体现的"二分"数字关系,以三才之"三"数为核心制定了统一遵循"三分"原则的"数"的系统。根据《自序》所述,《太玄》三分之数可分两类:其一为"大潭思浑天,参摹而四分之,极于八十一"[1],此为玄首数,以方、州、部、家自上而下分列四位,每位有一、二、三三种数字选择,故共有八十一种排列方式,以象一玄之三分为三方、方各三分为九州、州各三分为二十七部、部各三分为八十一家,此八十一家即八十一首将周天之气的运转划分为八十一个阶段,分别与孟喜卦气说之卦名次序相准;其二则为"旁则三摹九据,极之七百二十九赞"[2],此为玄赞数,即在八十一首划分的基础上,每首复"三摹"而分为三表,共二百四十三表,三表再三分成九赞(即"九据","据"为"位"之义),共七百二十九赞,每首九赞以初一、次二、次三至上九的九个序数为标志。扬雄以一赞当半日(或昼或夜),七百二十九赞即当三百六十四日半,复增《踦赞》当半日,《嬴赞》当四分之一日,合于古代历法周年日数三百六十五有四分之一,此即所谓"与《泰初历》相应"。[3]《周易·系辞》以乾坤策数总和三百六十"当期之日",仅以约数相当;《太玄》不但准拟之而以七百二十九赞当周年日数,且其数目更加精密,与历法更为契合。《玄》之首、赞之数又可进一步与星象之二十八宿、乐律之十二律吕相配合,形成"阴阳数度律历"相统一的恢宏体系,这皆可看作是对《周易》"数"之思想要素的拓展。

《太玄》在拟《易》之"数"的同时,也引入了"象"的元素。前述玄首方州部家之数,每位之一、二、三即以━、- -、- - -三个符号表示,形成八十一

---

[1] 《汉书》卷八十七下《扬雄传下》,第3575页。
[2] 同上。玄首、玄赞数之区分依司马光《说玄》,《太玄集注·说玄》,第3页。
[3] 《太玄》数与历法的对应关系参见田小中:《〈太玄〉易学思想研究》第二章第三节,山东大学2009届博士学位论文,第58页。根据田小中的分析,《太玄》本于《泰初历》,故《嬴赞》所当之余数准确地说当为一千五百三十九分之三百八十五。

首的图象符号,以此仿拟《周易》六十四卦之卦象。那么《太玄》之"象"是否与《周易》之"象"一样具备广泛的关联象征意义,充分体现出易象思维的特征呢?答案却是否定的。这一点扬雄本人有清晰的认识,他在《自序》中说:

> 观《易》者,见其卦而名之;观《玄》者,数其画而定之。《玄首》四重者,非卦也,数也。①

这里扬雄确切指出了玄首符号的意义在于"数其画而定之",也就是说这些符号仅具有记数的作用,并无更广泛的象征义。我们知道,《周易》的基础爻画━、--是内在蕴涵阴阳性质差异的象征意蕴的,因此其组成的八卦、六十四卦图象可以通过阴阳之间的不同排列组合与万事万物建立关联。但是《太玄》对应一、二、三三个基础数字之符号━、--、---,其主要表征的则是一个历时过程中的始、中、终三个相继阶段②,其间只有数量上的差异,由之组成的八十一首符号,其实只是确定八十一首对应气运阶段之序数的数符而已。观八十一首之符号排列特征可知,扬雄是用类似三进制计算以一增至三、逢三进一的方式表示气运阶次序数的递进的。如第一首《中》䷀,方、州、部、家序数皆为一;第二首《周》䷁,在家数上增一为二;第三首《礥》䷂,在家数上增二为三;第四首《闲》䷃,家数满三归一,进一位,在部数上增一为二。余首皆可以此类推。《玄数》一篇有一段文字名为"推玄筹",即是说明如何通过玄首符号计算一首之序数的③,其计

---

① 《汉书》卷八十七下《扬雄传下》,第 3575 页。
② 《玄莹》云:"夫一一所以摹始而测深也,三三所以尽终而极崇也,二二所以参事而要中也。"(《太玄集注》卷七,第 190 页)此所言虽为九赞之象征义(九赞由三表三分而得,故可表示为一一、一二、一三、二一、二二、二三、三一、三二、三三),却亦可推知《太玄》一、二、三三个基本数字的首要含义就是始、中、终。
③ 《玄数》云:"推玄筹:家一置一,二置二,三置三。部一勿增,二增三,三增六。州一勿增,二增九,三增十八。方一勿增,二增二十七,三增五十四。"(《太玄集注》卷八,第 203 页)《说文》:"筹,长六寸,计历数者,从竹从弄。"就是算筹的意思。潘雨廷据此指出:"若扬雄八十一首之数,今所谓三进制法。"并且给出了计算公式。(《读易提要》,第 17 页)此说可取,不过《太玄》的"三进制"是用 1、2、3 三数而不是今日数学中的 0、1、2 三个数来计算的。

算方式与古代的算筹十分相似,方州部家仅相当于算筹之数位,这便进一步证实了玄首图象仅具有用于记数的量的意义。

玄首符号的上述特点决定了它与易象之间有着本质区别。扬雄明言易象的特征是"见其卦而名之",即可根据卦象之象征义赋予其卦名。如《屯》之象䷂,由二体上坎下震相重而得,取其象则为云雷满盈,取其义则为动乎险中,两方面皆可与"始生艰难"之处境关联,故此卦得名为"屯"。而《太玄》之玄首符号则没有除记量气运阶次之序数而外的其他任何意义,故《玄首》之名无法从其符号的象征义得来。实际上《玄首》之得名皆源自孟喜卦气说之卦序,如第一首名《中》准《中孚》,第二首名《周》准《复》等,所取仅为这些卦名代表的气运状态之义("中孚"表示阳气潜藏于中,"复"表示阳气始复等),与《玄首》之图象毫无瓜葛。① 后世学者如明代叶子奇不明此理,仍欲探寻玄首"四画之位果何所见以取象而定名",结果只能是"求而未通",徒劳无功。②

由此可见,《玄首》尽管配有符号图式,但其本质上仍然是仅具"量"之意味的"数",而非真正意义上可作为"质"之象征的"象"。那么这是不是说明《太玄》完全抛弃了"象"这一思想元素呢?事实并非如此。玄首之数虽然只有"数其画而定"的意义,但玄赞之数却通过与《尚书·洪范》五行生序(一水、二火、三木、四金、五土)及《礼记·月令》四时数(春数八、夏数七、秋数九、冬数六)的对应关系引入了五行的性质差异,从而具备了类似《周易》之"象"的象征功能。③《玄数》云:"三八为木。……四

---

① 元代胡一桂已指出《太玄》这一问题:"《太玄》以八十一首系之于方、州、部、家四画之下,于象与义初无所取,特不过以四画分之,有八十一样,借以识八十一首之名。"见氏著《周易启蒙翼传·外篇》,转引自刘韶军《扬雄与〈太玄〉研究·附录》,第498页。
② 叶之奇:《太玄本旨》卷首,转引自《太玄校释》附录,第431页。
③ 九赞之数作为一至九的序数自身也具有象征历时过程自始至终之阶段、形体自下而上之各部位、人之自卑至尊之不同地位的意义,即《玄数》所云"九人""九体""九属""九序""九事"等(《太玄集注》卷八,第202—203页),此种象征义与玄首三画始中终的含义类似,仍只具量的特征,与对应五行的九赞象征义是两套系统。

九为金。……二七为火。……一六为水。……五五为土。"①这是以一六、二七、三八、四九、五五分别为水、火、木、金、土的生数与成数。②《玄数》在以上每段中都罗列九数与五行质性相应而可象征的一系列物象,相当于《周易·说卦传》所列八卦之广象,这表明通过五行生成数的引入,九赞之"数"兼有了"象"的特质。故《玄莹》云:"鸿本五行,九位重施,上下相因,丑在其中,玄术莹之。"③可见《太玄》仿拟易象思维广象物类("丑在其中"之"丑"即物类之意)的"玄术",就体现在本于五行的九赞之数上。

上述"玄术"的具体表现,就是扬雄创作《赞》辞之时,大量根据九赞数与五行的对应来取象。晋代范望作《太玄解赞》,对这种取象方式多有指点。如《中》次七"酋酋,火魁颐,水包贞",《解赞》云"七,火也"④,可见此赞以其数七为火之成数,故取"火魁颐"之象;《锐》初一"蟹之郭索,后蚓黄泉",《解赞》云:"一,水也,故称泉"⑤,此赞数一为水之生数,故取"泉"象;《上》次三"出于幽谷,登于茂木,思其珍觳",《解赞》云:"三,木之王,故茂也"⑥,此赞数三为木之生数,故有"茂木"之象;《周》次四"带其钩鞶,锤以玉镮",《解赞》云:"四,金也。其于九赞,在中也。腰中之金,故谓之钩"⑦,此赞数四为金之生数,又其位置在九赞之中部,可象人体腰部,腰中有金,故取"钩"象;《莠》次五"莠有足,托坚觳",《解赞》云:"五,土也,土爰稼穑,故为觳也"⑧,五为土之生成数,土性经稼穑可产谷,故取"谷"象。以上皆为其例。

---

① 《太玄集注》卷八,第195—200页。
② 田小中研究指出,五行生数、成数的对应关系在《尚书·洪范》《礼记·月令》《大戴礼记》中已经逐渐建立起来,故并非扬雄首创。见《〈太玄〉易学思想研究》第二章第一节,第29页。
③ 《太玄集注》卷七,第189页。
④ 《太玄经》卷一,第6页右。
⑤ 《太玄经》卷二,第1页右。
⑥ 《太玄经》卷一,第15页左。
⑦ 同上书,第7页左。
⑧ 同上书,第19页右。

《太玄》九赞之数合于五行,可谓"以数取象"①,但其与《周易》之爻象之间仍存在一个深刻的差异:《周易》六爻即合为一卦,爻象是卦象的有机组成部分,其所系爻辞及爻辞之取象皆与一卦之中的爻画符号有明确对应;而《太玄》虽在《赞辞》中体现了取象的特征,但《赞辞》本身却没有相应的图象符号,其玄首符号与九赞的五行取象之间并无任何关系,不可能像《周易》的六爻辞分系六爻画那样,将九赞分配到方州部家四位之下。② 因此司马光于《说玄》中明确指出:

> 《易》卦六爻,爻皆有辞,《玄》首四重,而别为九赞以系其下。然则首与赞分道而行,不相因者也。③

《玄》之首、赞"分道而行",意味着玄首之数有符号而无取象,玄赞之数有取象而无符号,《太玄》体系中数字、符号、取象三方面因素处于相互割裂的状态,与《周易》卦爻象相关的各种体例,如卦之二体,爻之当位、承乘比应等,《太玄》皆无从仿拟,这便是《太玄》"以数拟《易》"在思想方法上的不足之处。前引程颐批评《太玄》"于《易》中得一数为之,于历法虽有合,只是无益"④,正把握到了问题的实质。

《太玄》体系存在的这一重要不足处也可以解释《太玄》筮法的问题。唐代王涯已经发现了《易》《玄》筮法的差别,指出"《易》之占也以变,而《玄》之筮也以逢"⑤。《周易》思想方法以"象"为核心,故其占法注重"象"之变化,而卦爻符号皆有象征义,且为统一整体,爻象变化即引起卦

---

① 关于《太玄》"以数取象"的讨论参见田小中:《〈太玄〉易学思想研究》第二章第一节,第29—31页。
② 当然,《太玄》之首、赞尽管在象数形式上不相关涉,但在内容上仍是紧密关联的,就天道言九赞为一首所象气运阶次从始至终运化的九个小的阶段,就人事言九赞描绘了一首所象人生处境由始之思至中之福再到终之祸的逐渐发展的过程。《玄告》云:"人三据而乃著,故谓之思福祸。"(《太玄集注》卷十,第215页),故知《玄》之九赞以始三赞为思,中三赞为福,终三赞为祸。
③ 《太玄集注·说玄》,第3页。
④ 《河南程氏遗书》卷十九,伊川先生语五,《二程集》,第251页。
⑤ 《太玄解赞·太玄论》,第1页。

象变化,因此卦象亦在占筮中发挥重要作用,可系辞用于占卜。《太玄》之玄首符号则只能用于记数,并无象征意义,也就无从加以设象占断,故无卜筮之辞可系;其占筮只能依凭历法,以《赞辞》所"逢"之星、时、数、辞诸要素判断吉凶休咎。① 《太玄》筮法虽然与《周易》大衍筮法相类,三十六策用三十三,再扐成一画②,六算成一首之符号,但玄首符号仅用来确定占卜所用之赞③,以及推算每赞距离冬至日的天数、昼夜、星度,仍只有记数功能。故相对于《周易》兼用卦爻象占筮之重"变",无象征符号、仅以"逢"而占的《太玄》筮法引入的变化因素是偏少的,其七百二十九赞之《赞辞》吉凶皆已根据所当昼夜而确定(当昼则吉、当夜则凶),远不及《周易》爻辞占断之丰富多变,这也成了后世学者批评《太玄》的重要理由。④

总结来说,《太玄》在思想方法上对《周易》的模拟偏重于"数",导致其玄首之数虽配有图象,但本质上仍是仅具量之意义的记数符号,而无法取象;玄赞之数与五行相应,能广泛取象,却无符号图象相配,与玄首符号亦不相关;如是数字、符号、取象三方面因素相割裂的局面,构成了《太

---

① 《玄数》云:"占有四:或星,或时,或数,或辞。"(《太玄集注》卷八,第 194 页),按刘韶军的解释,四者分别指周天星宿、占筮时间(旦、中、夕)、九赞之数、九赞之辞四方面要素,见《杨雄与〈太玄〉研究》,第 246—247 页。
② 《太玄》筮法究竟是一扐出一画还是再扐出一画,历来有争议,本书依刘韶军所取苏洵之说,认为是再扐成画,见《杨雄与〈太玄〉研究》,第 248 页。另参见王兆立、于成宝:《〈太玄〉的筮法和天道观略论》,《周易研究》2009 年第 4 期,第 25—26 页。
③ 按《玄数》篇的规定,九赞依其与五行方位的对应分经纬,一、六、五、二、七为经,三、八、四、九为纬。占卜时间分旦、中、夕,旦筮则选用筮得之玄首的三经赞一、五、七,夕筮则用三纬赞三、四、八,中筮杂用经纬二、六、九。由于《赞辞》之吉凶系于其昼夜,皆已确定,序数为奇数的首(即阳首)其奇数赞皆吉偶数赞皆凶,序数为偶数的首(即阴首)则反之,所以卜筮的结果仅根据卜筮时间和玄首序数的奇偶而存在六种可能性:旦筮得阳首则其一、五、七皆吉,得阴首则一、五、七皆凶;中筮得阳首则二凶、六凶、九吉,得阴首则二吉、六吉、九凶;夕筮得阳首则三吉、四凶、八凶,得阴首则三凶、四吉、八吉。参见刘韶军:《杨雄与〈太玄〉研究》,第 250—251 页。
④ 如朱子即云:"《易》'不可为典要'。《易》不是确定硬本子。扬雄《太玄》却是可为典要。他排定三百五十四赞当昼,三百五十四赞当夜,昼底吉,夜底凶,吉之中又自分轻重,凶之中又自分轻重。《易》却不然。有阳居阳爻而吉底,又有凶底;有阴居阴爻而吉底,又有凶底;有有应而吉底,有有应而凶底,是'不可为典要'之书也。是有那许多变,所以如此。"(黎靖德编:《朱子语类》卷七十六,第 1956 页,其中"三百五十四"疑当为"三百六十四")朱子即以《太玄·赞辞》吉凶之缺少变化,批评其与易道之"不可为典要"不类。

玄》拟《易》方式的重大缺憾。司马光在《说玄》中已经指出《玄》首、赞不相因的问题,对于《太玄》体系之缺憾当有明确的认识,其仿照《太玄》构建《潜虚》易学宇宙观,在继承《太玄》体系特征的同时必然要针对其不足处加以调整,这便是我们下一节讨论的内容。

第三节 《潜虚》对《太玄》拟《易》方式的继承与调整

与《玄》之拟《易》类似,《虚》之准《玄》也体现在文本形式和思想方法两个方面,温公从这两方面着力模仿《太玄》体系结构的同时,也引入了很多差异化的思想要素,呈现出《潜虚》易学宇宙观建构不同于《易》《玄》的独有特色。在文本形式方面,《太玄》仿照《周易》,其主体皆由划分为篇章的文字构成,如《易》有上下经及《易传》"十翼",《玄》有《玄赞》三卷为经,《玄首》以下十一篇为传。但温公《潜虚》却并非以文字章节,而是以图式来组织其结构的。《潜虚》有《气》《体》《性》《名》《行》《变》《解》《命》八图,其中《变》《解》与《行图》合而为一,以此为单元分作六部分,每部分图式皆附有文字解说。图式这一独特的文本形式特征,可能也出于对《太玄》的继承。《太玄》本有《太玄图》一篇,范望《解赞》注释此篇有"图画四重,以成八十一家""如图之形者也"之语,不免让人猜测《太玄》本配有图式,但这一点无法确证。① 而更可能的影响因素则是北宋易学中图书之学的兴起。北宋中期的许多易学家都作有易图,如刘牧传《河

---

① 如南宋张寔校勘《太玄》时即在卷末列有与通常认为是邵雍所作之《太玄准易图》形制相同的一幅图式,指出"杨氏始著时已有此图,后世妄儒多称己撰,诬罔世俗,不为愧耻"(《太玄经》明万玉堂本卷末),认为此图为《太玄》本有之图。今人王铁则认为:"《太玄》本附有图,读《太玄图》一篇可知。《太玄》原有的图,至晋代尚存,……但这些图大概未能流传至宋代。然而宋人正好因此而发挥自己的想象力,画出各种《太玄》图来"(《宋代易学》,第105页),故仍以《太玄准易图》为邵雍自创。郑万耕也类似认为《太玄图》"图画《太玄》之形象","范望解赞之时,似其图尚存。……然而至司马光集注之时已不可见"(《太玄校释·太玄图》,第360页)。不过刘韶军的意见则是:"《图》篇以具体事象解说《太玄》的各种意旨"(《杨雄与〈太玄〉研究》,第287页),不认为《玄图》包含任何图示。此诸说未知孰是。

图》《洛书》,李之才作《卦变图》,周敦颐作《太极图》,邵雍作《先天图》等,皆将图式作为其易学宇宙观建构的重要形式。究其原因,则在于图式有助于直观地揭示世界的内在方向性,亦即天地自然之本有秩序,凭此自然秩序便可为人世价值秩序奠定根基,因此图式正是适合于达成人世价值的天道奠基这一北宋易学之共有意旨的思想表达方式。① 温公《潜虚》八图或正有取于这一图式化的思想表达方式,其中同样包含着价值奠基的意蕴,我们在本书后面几章会详加析解。

《潜虚》文本既以图式为组织单元,便不具备如《太玄》准《易》那样在文字篇目上的紧密对应关系。不过,《潜虚》诸图之排布次序却别有用意。《潜虚》卷首云:

> 万物皆祖于虚,生于气。气以成体,体以受性,性以辨名,名以立行,行以俟命。②

这段话表明,《潜虚》中《气》《体》《性》《名》《行》(含《变》《解》)、《命》诸图的依序排布,实际上展示出了宇宙自其本根"虚"而成气,到物之形体、性质,再到人之名分、行为、命运的全部运化过程。这一特征是《太玄》乃至《周易》所不具备的。《易》《玄》之篇章皆分经传,其中经文居首,主要起卜筮之用(如《易》之卦爻辞、《玄》之《玄赞》),多关人事;而其天道宇宙观方面的内容则零散地反映在经文之后的传文之中(如《易》之《象传》《系辞》,《玄》之《首》《摛》等篇),并不系统,其篇章排布也无特别意涵。但《潜虚》没有拘泥于对经传文本结构的刻意模仿,而是直接以图式排序系统性地展现出其易学宇宙观的整体格局,颇具匠心。

当然,《潜虚》文本结构中仍然保留了与《易》《玄》篇章对应的部分,那就是《行》《变》《解》三图。《行图》系于《名图》所列五十五名之下,相

---

① 相关论述参见拙作《北宋道学的易学哲学基础》,第一章第二节。
② 《潜虚》卷首,《四部丛刊》三编第218册,第1页右。

当于《易》之《象》、《玄》之《首》;《行》皆有《变》①,其《变图》相当于《易》之爻辞、《玄》之《赞》;《解图》为对《变图》的注解,相当于《易》之《象传》、《玄》之《测》。《行》《变》《解》三图虽名为图,实为以三篇文字合列之表格。② 司马光之所以将此三篇文字列为表格,或许与经传分合的问题有关。我们知道,《易》《玄》文本之本来面貌都是经传单独成篇、相互分离的,经后代注家(王弼、范望等)的调整,才将注解经文的传文分散到经文之下,形成我们今天所见经传合一的状态。不过经传无论是分是合都有其不足处:经传如相分,固然有助于保持各自的完整性,但传文对经文的注释关系就难以体现,也不便读者对应查阅;经传如相合,虽然注释关系变得明确,但二者本身的完整性又会被破坏。《潜虚》则将构成经传关系的《行》《变》《解》文字合列为一表,此表横观则三篇文字各自成体,纵观则对应解释关系一目了然,这样便为经传分合问题提供了一个极佳的解决方案。

另一个有趣的地方是,温公尽管在《说玄》中误以《玄首》对应《易》之卦辞,但是其准《玄首》而作之《行图》,从体例上看恰恰更合于《易》之《象传》。我们前面提到过,《潜虚》原本五十五行虽未创作完成,但《潜虚精语》所引《行》辞中保留了大量的对五十五名之义的一字训诂,而对卦名加以训诂正是《象传》的常用体例(如《师·象传》首训"师,众也",《夬·象传》首训"夬,决也"等)。另外,《行图》之辞多自天道及人事发挥一名之义,如《元》之《行》辞"元,始也。夜半,日之始也。朔,月之始也。冬至,岁之始也。好学,智之始也。力行,道德之始也。任人,治乱之始也"③。此即自天道之始言及人事之始。这与《玄首》于天道角度言首名之义所象周天气运之阶段形态,《象传》联系天道人事阐发卦名之义,

---

① 五十五名中《元》《余》《齐》无变,但仍在《变》《解》图中占一位;其余五十二名一行七变,占七位。
② 表称为图的现象在古代典籍中常见。王铁即指出:"汉代《易纬稽览图》等之所谓图,实际不过如今天所谓的表。"《宋代易学》,第105页。
③ 《潜虚·行图·元》,《四部丛刊》三编第218册,第8页右。

都十分近似。因此《虚》之《行图》与《玄》之《首》一样,都应看作是准拟《易》之《象传》而作。这也说明,《潜虚》与《太玄》一样没有相当于《周易》卦辞的部分,此正是《潜虚》体系承继《太玄》而未能更革的缺憾之处,其原因则有待下面对《虚》拟《玄》之思想方法的讨论来揭示。

除《行》《变》《解》三图外,《潜虚》还有一图实为表格,即是《命图》。《命图》实际上是对《变图》吉臧平否凶之占断的列表表达。这与《易》《玄》的体制也十分不同,二者用于占筮的吉凶断语都是与占筮之辞相连属的,而《潜虚》则将断辞单列一表,与《变图》之占辞相分离。温公这一安排的用意,正在于《潜虚》卷首所云"行以俟命"。《行》《变》所示人之行动,其所带来的命运遭际很多时候是无法由人来掌控的,因此将昭示命运的《命图》与《行》《变》相分,可让人不复汲汲于对不测命运的卜求,转而注重对自身可以把握之行事的践履。可见,《潜虚》将《命图》单列这一独特的文本结构背后,其实蕴寓着"君子居易以俟命"的儒家生活态度。

综上所述,《潜虚》在文本形式方面虽有取于《太玄》,但也多有调整。这一特点也延续到其易学世界观建构的思想方法方面。我们在上节说过,《太玄》拟《易》之思想方法,在"象""数"两者中偏重于"数"。这一点温公基本继承了扬雄,《潜虚》体系也是以"数"为其核心的,不过《太玄》之数取于三才之"三",《潜虚》则取于五行之"五"。五行依其生序水火木金土分别对应一至五数为其生数,生数各加五为五成数,此十数相应于《易传·系辞》所述天一至地十的天地之数,即是《潜虚》系统之基础数字。显然,此生成数与五行的对应关系仍是取于《太玄·玄数》《玄图》之说。① 《太玄》为其基础数字一、二、三赋予━、━━、━━━的符号表征,《潜虚》也仿效之,为十数创制了十种符号:原丨(天一,水生数)、荧‖(地二,火生数)、本Ⅲ(天三,木生数)、廿Ⅲ(地四,金生数)、基×(天五,土生数)、

---

① 当然,五行生成数与天地之数的对应关系则是由东汉郑玄建立起来的,郑玄在扬雄的基础上将十作为土之成数,这样才导向了宋代刘牧《洛书》及《潜虚·气图》的五十五点图的形制。见王铁《宋代易学》,第104—105页。本书第三章对此问题有更详尽的讨论。

委丅(地六,水成数)、炎𠀙(天七,火成数)、末𠀝(地八,木成数)、刃𠀞(天九,金成数)、冢十(地十,土成数)。《太玄》之三数在方州部家四位排布成八十一首,《潜虚》亦以十数两两左右相配成五十五种无重复的组合,合于天地之数的总和五十有五。此五十五种符号组合按不同方式排列即构成《体》《性》《名》诸图形制。

表面上看,除基础数字有别外,《潜虚》之"数"在各方面均与《太玄》甚为相似。但实际上,当司马光将一至十之数分别对应为五行之生成数并赋予其符号图象之时,已经产生了与《太玄》象数体系之间的本质差异。我们前面反复说过,《太玄》之一、--、---仅可表征一历时过程的始、中、终次序,其组合而成的玄首符号也仅有"数其画而定之"的计量序数的作用,本质上仍然是只含量之意义的"数"而非具有象征关联功能的"象";而《太玄》体系中可用于取象的是九赞之数,其所以能取象,恰恰是通过与五行数的对应引入了五行性质的差异,但九赞本身又无符号可表征。温公《潜虚》则直接以配有象征符号的五行生成数作为其象数体系的基础,这便意味着其基础数字与符号皆内在蕴含着五行之质的差别,因而能起到真正意义上的"象"的象征关联作用。这一点从十数符号之命名即可看出:如丨所以为"原",在于天一作为水之生数,可象水始流之源头;丨丨所以为"荧",则在于地二作为火之生数,可象火始燃之微弱荧光。可见丨一与丨丨二之间的区别,绝非单纯的量的变化,而是水与火之间质的殊异。《潜虚》其余基础数字与符号皆有类似的特征。这样,温公在制定其《潜虚》系统之象数符号基础的过程中,通过五行生成数对于五行性质的引入,避免了《太玄》象数体系有符号之数无象征、有象征之数无符号的问题,让数字之"数"、符号之"象"、象征之"义"三者重新结合起来,这可谓是对《太玄》思想方法的重大调整与改进。

通过上述思想方法上的调整,《潜虚》相较《太玄》具备了更多与《周易》本有象数系统相契合的特质。《易》之六十四卦卦象皆由三画之八卦卦象上下相重而得,通过重卦引入的二体上下或内外关系,可以产生新的象征义,成为六画卦成卦得名之因由,此即扬雄所谓"观《易》者,见其卦而名之"。《太玄》因其基本符号无可取象,其玄首之构成亦无所谓重卦。① 而《潜虚》以十数左右相配成五十五个符号对,则具有重卦的意味。《潜虚》五十五符号对之左右两位"左为主,右为客"②,相当于易卦两体之上下、内外。随《潜虚》图式之不同,其左右之位亦被赋予不同的象征意涵。如在《体图》中,符号左右位与图式之上下方位共同象征天地自然秩序中的尊卑主从关系。③ 在《性图》中,左位象征五行之种类,右位则象征每一五行之类再按五行划分所得之细分特性。④ 而在《名图》中,《潜虚》左右符号的"重卦"象征意味更加凸显。《名图》与《太玄》玄首次序类似,皆展现周年气运的过程,五十五符号对即"五十五名"按与五行相配的四时、四方方位排列。其左位表征的是五十五名所示气运阶次的四时、四方归属,如元丨丨、衰丨丨丨、柔丨丨丨丨、刚丨丨丨丨丨、雍丨×、昧丁、泯丁十、造丁丁、隆丁丌、散丁丌丌、余丁丌丌丌十一名左数皆为水之生成数(天一地六),故皆列于图式与水相配之北方(图下方)冬季处。类似地,左数为木之生成数的十一名列于配木之东方(图左方)春季处,左数为火之生成数的十一名列于配火之南方(图上方)夏季处,左数为金之生成数的十一名列于与配金之西方(图右方)秋季处,以象四时依五行相生关系往复推移的运行次第(木火金水,春夏秋冬)。其余左数为土之生成数的十一名,除齐××列于图式中心外,皆配四方、四时交际处之四隅位,以象土之分王四季。其右数则大体按五行生序(水火木金土)从一至十依次挨排,并仿效《太

---

① 部分学者,如叶子奇将玄首四位拆分为上下两位构成的两部分,言玄首亦有重卦(见《太玄本旨序》,郑万耕《太玄校释·附录》引,第430页),此说在《太玄》文本中完全找不到根据,当属臆测。
② 《潜虚·命图》,《四部丛刊》三编第218册,第35页左。
③ 张敦实《潜虚发微论·体论》云:"体有左右,所以辨宾主也。体有上下,所以辨尊卑也。左为主,右为客,上为尊,下为卑。"《四部丛刊》三编第218册,第49页。
④ 《性图》始于左右相同之五行生成数的相配,后左数不变,右数依次进一与之相配,终于同一行生成数之左右相配。这一自纯至杂的过程可看作是五行之类下每类各分五行,左数代表一致类别,右数代表差异特质。

玄》等分八十一首为"九天"之例①,均分五十五名为十一组:形、性、动、情、事、德、家、国、政、功、业,每组五名,以示"人之生本于虚,虚然后形,形然后性,性然后动,动然后情,情然后事,事然后德,德然后家,家然后国,国然后政,政然后功,功然后业,业终则返于虚"②的人事活动之终始过程。每组之名的右数皆按木、金、土、水、火之序排列,结合其所属之分组及右位五行数之象征义,即为其得"名"之由。典型的如属于"性"组之五名:柔∥∥、刚∥∥、雍∥×、昧∥丁、昭×丌,其得名即源自右数所蕴五行的不同性质:∥木性柔韧故名"柔",∥金性刚强故名"刚",×土性中和故名"雍"("雍"为"和"义),丁水性暗昧故名"昧",丌火性昭明故名"昭"。再如属"德"组之五名:礽∥∥、宜∥∥、忱∥×、喆∥丁、夏∥丌,直接根据右数五行与五常之德的对应来命名:木仁为"礽",金义为"宜",土信为"忱"(训"诚"),水智为"喆"(训"哲"),火礼为"夏"(训"礼")。当然,《名图》符号之得名尚有更复杂的方式,但几乎无一例外地与右位五行数的取象有关。③ 我们说过,《太玄》"以数拟《易》"导致的一个关键问题就是玄首符号与玄首名义毫无关联,而《潜虚》则通过五十五名右位五行数之象征意义建立了符号与名义的紧密关系,使其基本具备了《周易》"见其卦而名之"的卦象特征④,这正是温公调适、改造《太玄》重"数"之思想方法取得的重要成果。

除上述重大调整之外,在"以数拟《易》"思想方法的其他层面,尤其是与历法的结合方面,《潜虚》仍以继承《太玄》体例为主。《太玄》八十一

---

① 《太玄·玄数》云:"九天:一为中天,二为羡天,三为从天,四为更天,五为睟天,六为廓天,七为减天,八为沈天,九为成天。"(《太玄集注》卷八,第202页)此是将周年气运等分为九段,每段九首,分别以其最先一首之名名之,以示所谓"九九大运,与天终始"。
② 《潜虚·名图》,《四部丛刊》三编第218册,第6页左。
③ 很多情况下,每组五名,右数为木金、水火象征两种阴阳对待关系,右数为土则象征阴阳调和状态,以此命名五名。唯独"形"组之五名"元衷齐散余",由于表征的是气运整体阶次,所以与右数五行取象无直接关系。具体内容请参见后文讨论《名图》的章节。
④ 当然,《潜虚》之左右与《易》之二体重卦仍有本质区别,《易》二体之象均参与六画卦之得名,而《虚》之五十五名之得名仅与右数五行取象有关,与左数实无关系。

首,首配九赞共七百二十九赞,两赞当一日,复增《踦》《嬴》二赞以合于周天三百六十五有四分之一之数。《潜虚》仿此,在《名图》中以一名对应一行,除《元》《余》《齐》之外,五十二行每行七变,共三百六十四变①,变主一日,共计三百六十四日,复以《齐》不主日,《元》主一日、《余》主四分之一日,亦合于一年周天三百六十五有四分之一之数。② 其名、变亦如《太玄》首、赞,可与星度、律吕相配合。③ 当然其间尚存不少差别:《太玄》玄首符号之排列如算筹记数,在方州部家四位之间皆采用严格的自一至三、逢三进一的形式;《潜虚》五十五名符号因其左右数取象含义有别,左右位不能等同于数位,其排布也非简单的逢十返一的十进制方式,很多地方存在变例,这些变例背后均有以价值奠基为导向的精妙思想考量,尚需留待后文专论《名图》之时再加详考。

另外,《潜虚》一行七变也与《太玄》一首九赞一样,是与五行相配的。不过《太玄》直接以九赞自初一至上九的序数相应于五行生成数,故九赞与五行的配法每首皆同,如初一皆配水,次二皆配火等。《潜虚》之变则不同,其一行七变虽也以初、二至上记其序数,但并非根据此序数对应五行生成数,而是以《元行》所应《变图》位置为起首,全部三百六十四变作为连续序列按照五行生序(水火木金土)往复排列,故每《行》之变与五行对应方式不尽相同,如《元行》对水,其次《衷行》七变与五行配法即为:初火、二木、三金、四土、五水、六火、上木,再次《柔行》七变则为:初金、二土、三水、四火、五木、六金、上土,后皆以此类推。此七变与五行的错杂对

---

① 张敦实《潜虚发微论·玄以准易虚以拟玄论》云:"《虚》之有变,以金木水火土生成之合,旋相为宫,而生商、角、徵、羽,及变宫、变徵,于是有七变。七七而乘之,以《元》《余》《齐》之无变,故五十二名三百六十四变生焉。"(《四部丛刊》三编第218册,第41页)认为《潜虚》一行七变合于五音宫、商、角、徵、羽及其变声变宫、变徵之七数。
② 张敦实《潜虚发微论·名论》云:"冬至之气起于《元》,转而周三百六十四变,变尸一日,乃授于《余》而终之。"(《四部丛刊》三编第218册,第52页右)另参见潘雨廷先生所列《潜虚》当周天日数的计算公式,《读易提要》,第116页。
③ 具体配合方式见张敦实《潜虚发微论》之《名论》《变论》,《四部丛刊》三编第218册,第52—53页。

应每三十五变(即经五《行》之后)一循环,如第六《昭行》七变即回到初火、二木、三金、四土、五水、六火、上木的状态。前面提到过,《太玄》九赞的五行象征义主要体现于《赞》辞依五行取象,而《潜虚》诸变与五行的对应则未应用于《变》辞的取象,而是用于确定《命图》对《变图》的吉凶占断。其法盖以五行生克所成王相休囚死之关系,为吉、臧、平、否、凶五种结果①;《元》《余》《齐》无变不占,每《行》初上二变为事之终始亦不占②;其余五变以其所属之《行》右数(即相应《名》之符号右数)之五行为用事者,一变所配五行若与之同则为王为吉,若是王所生则为相为臧,生王者为休为平,克王者为囚为否,王所克者为死为凶。③ 每变所属之《名》《行》不同,与五行对应关系不同,其吉凶占断亦不同。相比于《太玄》之赞逢昼则吉、逢夜则凶的单调安排,《潜虚·命图》通过五行取象为卜筮占断引入了更多变化,相对而言更趋近易道"不可为典要"的特征。④

论述至此,我们不难看出,《潜虚》象数体系尽管针对《太玄》作了很多调整,但是《太玄》体系的一个严重不足处,即是《玄》之首、赞分道而行的问题仍然遗留下来未能解决。显然,与《太玄》类似,《潜虚》相当于《易》爻的一行七变也没有自身的符号表征而仅有文字,七变亦无法配合到相当于《易》卦的五十五名符号之左右位上,借用司马光自己的话说,《虚》之《变》与《名》《行》也可谓是"分道而行,不相因"的。从根本上说,《周易》之所以卦爻皆有象有辞,是因为易道思想方法以"象"为核心,因

---

① 朱子明确指出:"《潜虚》只是'吉凶臧否平,王相休囚死'。"(《朱子语类》卷六十七,第1675页)五行王相关系也取自《太玄》。《玄数》云:"五行用事者王,王所生相,故王废,胜王囚,王所胜死。"(《太玄集注》卷八,第200页)
② 见《潜虚·命图》所附文字说明,《四部丛刊》三编第218册,第55页右。
③ 如《哀行》,哀|||右数火,故此《行》为火王,其二至六《变》与五行对应为二木、三金、四土、五水、六火。六火为王,故吉;四土为火所生,为相,故臧;二木生火,为休,故平;五水克火,为囚,故否;三金为火所克,为死,故凶。因此《哀行》之《命图》为六吉、四臧、二平、三否、三凶。因为七变与五行的对应关系每五《行》一循环,故《命图》吉、臧、平、否、凶的排布方式也是每五《行》一循环。对此循环规律的数学证明,参见后文讨论《命图》的章节。
④ 当然,七《变》与五行对应使得《命图》吉、臧、平、否、凶之排布每五《行》一反复,吉凶结果还是有规律可循的,根本上说仍远达不到易道"不可为典要"的程度。

象而系辞,故一卦之象为一整体,其爻画六位,自然有一卦及六爻之辞系于其上。而《玄》《虚》皆以"数"为核心,其独创之符号系统仅是"数"的附属品,而数算又必牵合于历法,如《玄》之一首九赞、《虚》之一行七变,皆非着眼于首、名符号之整体性,而仅考虑数字如何安排计算方能合于律历周岁日数与周天星度,则赞、变数与首、名象之不相合,岂可免乎?这大概是《玄》《虚》一类拟《易》之作难以克服的通病。

因《变图》与五十五名符号不相配合,七变不能成为其一名之符号的有机组成部分,故《潜虚》也与《太玄》类似不能以五十五《名》《行》之象来占筮,只能以其《变》占,这就是为什么其文本结构同样无与《周易》卦辞相应者。而《潜虚》之占法以七十五策用七十,经两次独立的分两、挂一、揲之以十的过程,从余数可得一名之左右数,但也与《太玄》以首定赞类似,占得之《名》仅用于确定所用之《变》,故还需第三次分两、挂一,再揲之以七,以其余数确定用此《名》之哪一《变》为占,复以《命图》之占断决之。① 另外,《潜虚》筮法运用的数学原理与《易》《玄》也有区别,相关问题我们在专论《命图》的章节再进行处理。②

总结来说,温公《潜虚》在基本继承扬雄《太玄》拟《易》之文本形式与思想方法的基础上,作出了很多重要的调整。如文本形式上转而以图式为单元组织全书结构,系统性展示出其易学宇宙观建构的整体格局;思想方法上虽仍以"数"为重,但通过《潜虚》基本十数及其符号的五行取象,

---

① 见《潜虚·命图》所附文字说明,《四部丛刊》三编第218册,第55页左—56页右。
② 《周易》的大衍筮法,其分两过揲归奇的步骤运用了数学上的同余原理,参见董光璧:《"大衍数"和"大衍术"》,《自然辩证法研究》1988年第3期,第46—48页。王兆立、于成宝研究指出,《太玄》筮法同样"巧妙的运用了两次同余知识"(《〈太玄〉的筮法和天道观略论》,第25页)。同余原理在筮法运用的关键是分两之前蓍草策数的总和是过揲数的整数倍(《易》之四十八策[排除挂一之策]是四的整数倍,《玄》之三十三策是三的整数倍),这样分两后左右手策数过揲后的余数之和或者等于过揲数(左右策数均不能被过揲数整除的情况),或是过揲数的两倍(左右策数均能被过揲数整除的情况),故《易》筮之一变,归奇之余数和不四则八,由此方能在三变之后以九六七八定卦之一爻;玄之每次"三搜",其余数和不三则六,方能在两次"三搜"后以七八九定首之一位。而《潜虚》经两次分两各得一名之左右数,过程完全独立,没有运用同余原理,与《易》《玄》筮法殊为不同。具体讨论参见本书第七章第三节。

避免了《太玄》体系中数字、图象符号、象征意义相割裂的问题,在五十五名中达到了数、象与义的统一。不过,《潜虚》效法《太玄》"以数拟易"、牵合历法以构建其易学宇宙观的思想方法,仍然不能避免拟卦之《名》《行》与拟爻之《变》分道而行的问题,与易道终有不相似处。统而言之,通过与《太玄》的比较,温公《潜虚》作为一部拟《易》之作的所得所失,皆可了然无遗。

第四节 《太玄》之"玄"与《潜虚》之"虚"

《潜虚》之法《太玄》,尚有一事待辨,即易学宇宙观之本根问题。《太玄》以"玄"为本根,《潜虚》则以"虚"为本根,《潜虚》既是准《玄》而作,则温公所言之"虚"与扬雄所言之"玄"是否为同一物?其本根与天地万物之关系又是否相同呢?讨论这一问题,对于把握《潜虚》宇宙观体系的基本性质,是很有必要的。

我们先来看《太玄》之"玄"。《太玄》宇宙观呈现出很明显的宇宙生成论特色,"玄"首先被描述为天地万物化生的起点,《玄摛》云:

> 玄者,幽摛万类而不见形者也。资陶虚无而生乎!规擱神明而定摹,通同古今以开类,摛错阴阳而发气。①

"玄"自身是"虚无""不见形",即无形隐蔽的。它能"幽摛万类",即以幽而不显的状态舒张生发一切种类的事物;且能"摛错阴阳而发气",可见阴阳之气也是从"玄"之中分化而出的。② 这些说法都表明,无形之"玄"是天地宇宙得以生成的始源。

不过需要注意的是,尽管《太玄》宇宙观建构采用的是"三分"的数算法则,但"玄"之生天地万物却非以"一分为三"的方式。《玄告》云:

---

① 《太玄集注》卷七,第184页。其中"规"字通常断归上句,此处依田小中的断句法,参见《〈太玄〉易学思想研究》,第73页。
② 参见刘韶军的相关注解,《杨雄与〈太玄〉研究》,第165—167页。

> 玄生神象二,神象二生规,规生三摹,三摹生九据。

此段所述宇宙化生过程,很接近《老子》"道生一,一生二,二生三"的模式:一"玄"首先分化为"神象二",即天、地或阳、阴二气之"二",阴阳分化后在其往复运行中才产生圆形的轨道(即"规"),由圆形"径一围三"的特征才有了"三"这个数。① 可见,《玄首》方州部家之数及《玄赞》九数的"一分为三",所描述的并非"玄"始生宇宙的模式,而是宇宙产生之后周回运行的模式,后来的学者对此多有误解。②

《太玄》体系中,"玄"在宇宙产生之前已为其始,而在宇宙产生之后,"玄"仍与天地万物并存为其根基。《玄告》云:

> 玄者,神之魁也。天以不见为玄,地以不形为玄,人以心腹为玄。③

表明"玄"贯通于天地人之中,三才之体各有其不见隐蔽之处(天之"不见"、地之"不形"、人之"腹心"),即为无形之"玄"遍在之表征。又《玄图》云:

> 夫玄也者,天道也,地道也,人道也,兼三道而天名之。④

表明"玄"亦规定了天地人共由之"道",即其普遍遵循之法则,也说明"玄"与万物并存而为其根据。由此可推知,"玄"实为亘古长存、无有生灭之实体,对此司马光有很精辟的概括,其《读玄》云:

> 考之于浑元之初而玄已生,察之于当今而玄非不行,穷之于天地

---

① 按郑万耕的注释,"神象二"即两仪,天气为神,地气为象。"浑沦之气分化出天地,天绕地划出圆形的轨道,天圆转于外,地静居于内,天地之气相通,而天地人万物具备,各有其盛衰消长的过程。"《太玄校释·玄告》,第378页。
② 如北宋邵雍正是基于以《太玄》宇宙论为"一生三"的误解,创立了以"一分为二"为统一数理原则的先天易学体系。详见拙作《北宋道学的易学哲学基础》,第二章第一节。
③ 《太玄集注》卷十,第215页。
④ 同上书,第212页。

之季而玄不可亡。①

那么此永恒不灭,既构成宇宙化生之起点,又与万物并存为其根据的"玄",究竟是什么呢?对此问题,学者的共识是:扬雄所说的"玄"就是元气,即阴阳未分化前的原初之气。汉代王充已云"《易》之'乾坤'、《春秋》之'元',扬氏之'玄',卜气号不均也。"郑万耕教授据此说:"作为世界始基的'玄',是一种物质性的实体,实际上是汉代'元气说'的一种。"②田小中进一步概括说:"玄""作为阴阳二气未分的统一体,它的内容是'气'","它是万物生成的根源,它又是气的运动变化的根本规律,此两义为'玄'一体之两面"。③皆认同太玄为元气之说。

以元气作为宇宙本根,是汉代以来易学宇宙观建构的惯常形态。④不过在扬雄这里,"元气"的概念却面临一个问题:"玄"或原始未分化的气中究竟有没有阴阳的分别呢?对此问题的回答会引发难解的矛盾。扬雄在《玄摛》一篇是如是描述"玄"的特征的:

> 夫玄晦其位而冥其畛,深其阜而眇其根,攘其功而幽其所以然也。故玄卓然示人远矣,旷然廓人大矣,渊然引人深矣,渺然绝人眇矣。⑤

从这段可以看出,"玄"是"晦""冥""深""眇""幽其所以然"的,即它自身及其运作方式都是隐蔽不显的,所以它是"渊然引人深""渺然绝人眇",是超出人的认识能力之外的不可知之物。《玄摛》又云:"欲违则不能,默而得其所者,玄也"⑥,对于"玄"只能"默而得其所",表明它是不可言说、只可默会的。可见,"玄"作为宇宙本根虽然恒常遍在,却是不可

---

① 《太玄集注·读玄》,第1页。
② 《扬雄及其太玄》,第93页。
③ 《〈太玄〉易学思想研究》,第72、73页。
④ 及至北宋,一些易学家宇宙观的本体,如刘牧、李觏、刘敞等所谓"太极",仍然意指元气。
⑤ 《太玄集注》卷七,第185页。
⑥ 同上书,第186页。

知、不可言、超言绝象的。

回到我们刚才的问题,先考虑第一种答案:如果"玄"作为元气,其中含有阴阳差异,那就将与其超言绝象的状态不符。这一点在北宋道学家张载那里说得很清楚。张载的宇宙观以太虚之气为本体,太虚作为"一物两体"之气是阴阳二端的统一体,内在含有阴阳差异。而只要是有阴阳差异之气,即使是无形(形而上)的太虚,也是人可以知其意、言其象的。故《正蒙》云"形而上者,得意斯得名,得名斯得象",即便太虚之气尚未凝聚成形,不可目见,人仍可体会其中呈现的"健、顺、动、止、浩然、湛然"之意味,凡此皆其"可名之象"①。这样看来,扬雄既言"玄"是"渺然绝人眇矣",完全超越人的认识、言说能力的,那么其中就不可能含有阴阳的差异。所以上述问题看来只能采取第二种答案,即"玄"不含阴阳、无象可呈,故不可言、不可知。但这也会导致困难:自身不含阴阳差异的原始之气如何能分化出阴阳呢?或更根本地,无阴阳差异的不可名言之物是否还能以"气"之名来界定?②可见,对于"玄"作为元气是否含阴阳的问题,无论怎样回答都会产生矛盾,这恐是《太玄》体系自身所难以解决的理论难题。

以上我们对《太玄》之宇宙本根"玄"的特征及其与天地万物的关系作了探讨,下面我们来看,温公《潜虚》之"虚"在理论构造上与《太玄》之"玄"有何同异。首先,《潜虚》宇宙观与《太玄》类似,都属于宇宙生成论。《潜虚》卷首云:

> 万物皆祖于虚,生于气。气以成体,体以受性,性以辨名,名以立行,行以俟命。故虚者物之府也,气者生之户也,体者质之具也,性者神之赋也,名者事之分也,行者人之务也,命者时之遇也。③

---

① 《正蒙·天道》,《张载集》,中华书局1978年版,第15页;《正蒙·神化》,《张载集》,第16页。
② 张载云:"凡象,皆气也",又说:"舍气,有象否"(《正蒙·乾称》,同上书,第63页),认为"气"之名是对一切有象者的限定,而只要有象便可名言,故不可言说之物实不能用"气"的概念来界定。
③ 《潜虚》卷首,《四部丛刊》三编第218册,第1页右。

此言万物皆以"虚"为始祖，由气而生成。气聚成物之体质，体质具备能动之生性①，由生性的差别辨定事物之名分，由名分定立人从事之行动，由人之行事带来命运遭遇。这正是《潜虚》诸图排布顺序揭示的宇宙生化由本根到万物以至人世的历时过程，作为宇宙本根的"虚"处于此过程的起点。

而在万物乃至人世产生之后，"虚"仍与之并存。《名图》云：

> 人之生本于虚，虚然后形，形然后性，性然后动，动然后情，情然后事，事然后德，德然后家，家然后国，国然后政，政然后功，功然后业，业终则返于虚矣。②

此所言即五十五名划分之十一组，表示人事自始至终的展开过程：由"虚"而有形体，由形体而有性格，由性格而有活动，由活动而有情感，由情感而有事为，由事为而有德行，由德行而立家，由立家而建国，由建国而施政，由施政而有功绩，由功绩而立基业，基业终了则返归于"虚"。此过程"本于虚"又"返于虚"，表明人事有终始而"虚"则常存，且构成人事活动的根基，人之始出于此本根，又终将复归此本根，如此循环不息。

这样看来，《潜虚》宇宙观之本根"虚"，也是既处于万物人世之先为其源始，亦在万物人世既成之后与之并存为之根据的，这与《太玄》之"玄"与万物的关系无甚差异。可见在易学宇宙观建构的基本理论构架方面，《潜虚》是完全继承了《太玄》的宇宙生成论模式的。剩下的问题就是："虚"是否与"玄"一样可说成是"元气"呢？

对此问题学界有所分歧。部分学者认为，《潜虚》之"虚"就是气。如董根洪说："作为最高生化本体的'虚'和'气'是同一关系，即虚本质上同于气，虚即气。"③张晶晶认为，司马光之"虚、太极、阴阳等词汇，其实都只

---

① 所谓"性者神之赋"，"神"所指当为"神用"，即神妙的活动能力，此能力实由物之生性所赋予。
② 《潜虚·名图》，《四部丛刊》三编第218册，第6页。
③ 《司马光哲学思想述评》，第69页。

是气这一哲学范畴在不同语境下中的不同表述而已。"①也有部分学者持反对意见,如刘蔚华认为:"司马光把'虚'看作是世界的本原,而物质性的'气'只是第二位的原因","虚""并不是某种实存的东西,而是'物之府',也就是可以产生万物的虚空"。②

支持"虚"即气之说的学者也提出了很多文本上的论据,如《潜虚》有"气图"无"虚图",《名图》"虚然后形"之语只及"虚"而不及"气",说明两个概念可相互取代,等等。③ 不过上述证据都只是推测,并不十分确凿。此处之所以有分歧,归根到底是因为《潜虚》中涉及本根"虚"的内容太过有限,没有把问题讲清楚,因此我们尚需在司马光哲学的其他文本材料中寻找解答的线索。

前面说过,司马光受扬雄的影响而关注《老子》,并有解《老》之作《道德真经论》,其中包含了其宇宙观建构的诸多面向,可作为《潜虚》易学思想的重要补充,而本根之"虚"是否是气的问题也可藉此获得明确的判定。其于《老子》第一章"无,名天地之始;有,名万物之母"注云:

> 天地,有形之大者也,其始必因于无,故名天地之始曰无。万物以形相生,其生必因于有,故名万物之母曰有。④

按《老子》原文此两句通常在"有名""无名"处读断,温公则于"有""无"处断,盖欲凸显"有""无"之意义。对于"无",温公言"天地,有形之大者也,其始必因于无",其逻辑大概是:天地为有形物之形体最大者,故不可能从具有更大形体的事物中产生,必然只能从无形之物中生出。此"无"即是无形之意,无形者为天地宇宙之起始。"万物以形相生,其生必因于有",则是说万物之生皆是以有形生有形,故"有"即有形之意,万物之母即是最源始的有形者。故这里描绘的宇宙化生过程是:无形之物始

---

① 《司马光哲学研究》,第23页。
② 《略论司马光的〈潜虚〉》,第79页。
③ 参见《司马光哲学思想述评》,第70—71页;《司马光哲学研究》,第24页。
④ 《道德真经论》卷一,《正统道藏》第12册,第262页中。

生有形最大之天地,然后天地之间万物皆以有形相生,故"无"指称的无形者便是宇宙之本根,万有之所出。而温公注释《老子》十四章"执古之道以御今之有"云:"古之道,无也"①,可见温公将"道"与"无"等同,皆为对宇宙之本根的表达。又注释《老子》十一章"三十辐共一毂,当其无,有车之用"云:

> 以其虚中受物,故能以寡统众。②

可见"无"或"道"亦可以"虚"来形容,因其空虚无定,故能包容众物,成为万物的普遍根基。由此可以推知,《潜虚》所谓"虚"即是《道德真经论》所谓"无",其"虚"之称或正取自"虚中受物"之义。

温公复于《老子》十四章中以"无色"解"视之不见名曰夷"、以"无声"解"听之不闻名曰希"、以"无体"解"搏之不得名曰微",总结曰"皆归于无"。③ 可见其宇宙观之本根无任何经验可感可知之性质。又二十五章"吾不知其名"注云:"名以定形,混然无形,不可得而定"④,表明本根无形,故不可以名言界定。这样,与扬雄所谓"玄"之"渺然绝人眇矣"类似,温公所谓之"虚"或"无"也是不可知觉、不可言说、超言绝象的。

"虚"与"玄"如此相似,是否意味着它确实就是元气呢?《道德真经论》的相关注释却给出了一个否定的回答。其《老子》四十二章"道生一"注云:

> 自无入有。

"一生二"注云:

> 分阴分阳。⑤

---

① 《道德真经论》卷一,《正统道藏》第12册,第264页中。
② 《道德真经论》卷一,同上书,第263页下。此是化用王弼《老子注》"以其无能受物之故,故能以寡统众也",参见王弼:《老子道德经注》,《王弼集校释》,中华书局1980年版,第27页。
③ 《道德真经论》卷一,《正统道藏》第12册,第264页上。
④ 《道德真经论》卷二,同上书,第265页下。
⑤ 《道德真经论》卷三,同上书,第268页上。

可知温公以《老子》之"道"为"无","一"为"有","二"为阴阳分判,这说明"一"指向的是阴阳未分化前的初始之"有"的状态。而三十九章"昔之得一者"注文更明确地说:"一者,道之子,物之祖也"①,说明"道生一"如母之生子,"道"之"无"必不同于"一"之"有"。而对于何为"一",温公之解《易》著作《温公易说》在解释《系辞》"易有太极"一段时,作出了更确切的界定:

> "易有太极",极者,中也,至也,一也。凡物之未分,混而为一者,皆为太极。……太极者何?阴阳混一,化之本原也。两仪者何?阴阳判也。②

依温公的理解,"太极"即"一",是对所有事物混而未分之整一状态的规定。对于宇宙化生过程来说,其所谓"太极"或"一"就是"阴阳混一",也就是阴阳尚未分化之气。③ 这意味着,属于"有"的范畴的"一"才是阴阳未分之气,而"生一"之"道"(即"虚")是"无",便必定不能再是阴阳未分之气了。《道德真经论》注《老子》五十一章"道生之"云:"宗本无形谓之道","德畜之"云:"气象变化谓之德"④,亦指明了宗本无形之"道"与有象变化之"气"的区别。

至此,认为《潜虚》宇宙观之"虚"即是气的观点基本被证伪。⑤ 至于支持此观点之论据,也都可得到另外的合理解释。如《潜虚》之所以无

---

① 《道德真经论》卷三,《正统道藏》第12册,第267页下。
② 司马光:《温公易说》卷五,《儒藏》精华编第3册,北京大学出版社2009年版,第587页。
③ 司马光易学中的"一"的概念比较复杂,既可具体地指"阴阳混一,化之本原",即阴阳未分之气,也可以抽象之指称所有事物的整体状态。对此我们在讨论《名图》之"中和"观念时再加详述。
④ 《道德真经论》卷三,《正统道藏》第12册,第268页下。
⑤ 张晶晶在研究中已注意到《道德真经论》中的道气有无之别,但仍然认为"'无'最有可能的解释是指'无形',即指气未分化、未成形之前的整个状态,包含了从完全空洞无物到潜藏脉络之气出现,但尚未分化形成万物的这一阶段",试图继续支撑"虚"即气的观点。(《司马光哲学研究》,第29页注33)不过,若认为"无"包含"完全空洞无物"的状态,则此状态为何仍以"气"界定而非彻底的虚空,实难索解。

"虚图",正是因为"虚"作为"无"不可名象,也就不能用图象表征。① 而《名图》"虚然后形"之说所以不及"气",是因为无论天道还是人事,其自"形"始即已进入"有"即气化有形之阶段,所以十一组五十五名皆为一气运化所成,《名图》所示完全是气运之"有"的运作模式,"气"的概念实已蕴涵其中。

既然《潜虚》之"虚"并非气,那么它又是否如其他学者所言,是"可以产生万物的虚空"呢？这样的理解也有问题。《道德真经论》于《老子》十四章"绳绳兮不可名"注云："曰有曰无,皆强名耳"②,表明不仅任何"有"之"名"皆不足以限定"道","无"之"名"亦不能限定"道",仍只是对"道"的"强名"或指称而已。如果直接将"道"或《潜虚》之"虚"理解成彻底的虚无,那就相当于用"无"这一概念规定了"道",亦是错误的。《老子》此章后文"是谓无状之状,无物之象"之注释,温公直接引用王弼《老子注》云："欲言无邪,则物由以成;欲言有邪,则不见其形。"③表明对于宇宙本根,若限定其为完全的虚无,则事物皆依据本根而成就,其必有真实存在,可见不能定名为"无";若限定为气的实有,则本根无形无象、异于气之有形,可见也不能定名为"有"。总之,对于"道"或"虚"根本不能用概念界说的方式说出它"是什么"。由此可知,在对宇宙本根的理解方面,温公显然超越了《太玄》"元气说",而具有了类似王弼"本体之无"的本体论意味。

宇宙本根虽然超言绝象,说不出究竟是什么,但与天地万物之间却又有着紧密的联系。《潜虚·名图》言人事之开展,始出于"虚",终归于"虚"。《道德真经论》注释《老子》十六章"夫物芸芸,各复归其根"云：

---

① 北宋时期其他易学家的图示中多以"不象"表征本体。如周敦颐《太极图》以无文字中空之圆圈表示"无极而太极";邵雍先天八卦及六十四卦《圆图》,则以圆中空无一物之处象征先天学之本体"太极"。
② 《道德真经论》卷一,《正统道藏》第12册,第264页上。
③ 《道德真经论》卷一,同上书,第264页上;王弼注见《老子道德经注》,《王弼集校释》,第32页。

"物出于无,复入于无"①,表明万物也是从本根之"无"生出,其消亡后将复归于本根。《潜虚》不以宇宙本根为元气,这就避免了《太玄》"元气说"涉及"元气是否含阴阳"问题的理论矛盾,但是,以超言绝象之"虚"为本根的宇宙生成论建构会面临另一个根本问题:既然本根无形无名,无法用任何概念加以限定,那么有形有名之万物与人是如何从其中产生又能回归其中的呢?亦即,"虚""无"如何能生出"有"?"有"又何以能复归"虚""无"?这一问题恐怕也是温公无从化解的。

总结来说,《潜虚》易学宇宙观之基本理论特征与《太玄》相同,都属于宇宙生成论,其宇宙本根既是先于宇宙万物的生成起点,又是与宇宙万物并存的存在根据。不过,《太玄》宇宙观以本根"玄"为阴阳未分之元气,又认为其超言绝象,在回答"元气是否含阴阳"问题时便遇到了矛盾。温公则明确将《潜虚》宇宙观之本根"虚"与阴阳未分之气区别开,"虚"不可以任何概念界定,使其宇宙生成论一定程度上具备了类似王弼"无"之本体论的意味,但仍然需要面对"无"如何生"有"的理论困难。当然,这一理论困难或许对温公来说并未构成问题,因为温公易学宇宙观建构的关注点本就不在本根之"虚"或"无"上。其注《老子》第一章云:"苟专用无而弃有,则荡然流散,无复边际。所谓有之以为利,无之以为用也。"②这表明在温公看来,如果宇宙中只有"无"在运作,将导致"荡然流散"的无序状态,因此天地万物的"边际"或曰确定性一定源自于"有",亦即有形气化之中昭示出的法则与秩序,正是这些"有"的因素可以构成人世价值的牢固根基。《潜虚》之"虚"无图象可呈,其《气》《体》《性》《名》《行》《命》诸图本质上都是对"有"的描摹,以天道为人世价值奠基的思想意旨亦由此得以达成。下面我们就以其图式为讨论单元,正式进入《潜虚》的易学思想世界。

---

① 《道德真经论》卷一,《正统道藏》第12册,第264页中。
② 《道德真经论》卷一,同上书,第262页中至下。

第三章 《气图》与五行之数

《气图》位列《潜虚》诸图之首,对应于万物"祖于虚,生于气"这一宇宙生成的最初环节,也就是由不可名象的"虚"之本体进入到"气者生之户",即生成万物的基本元素——五行之气的阶段①,既展示出《潜虚》易学宇宙观的整体格局,也构成了《潜虚》象数符号系统的基础。如上章所述,《气图》的直接思想资源来自《太玄》。论其形制,此图又与北宋刘牧所传《洛书》(朱子称《河图》)相似。此种形制的实质,是将五行观念与《易传·系辞》中"天一"到"地十"的"天地之数"相结合,再以五行为枢纽展开为一套包含特定时空方向性的宇宙图式。不过,五行与"数"的结合并非《周易》经传现成既有,而呈现为一个易学解释史上的层垒过程,其中涉及一些重要的易学问题,有待详细梳理。另外,《气图》宇宙图式的制定亦蕴涵价值奠基的意义,但是就揭示人世价值的天道基础这一思想主旨而言,温公的《气图》与北宋道学家中同样采取图式化思想表达方式的周敦颐《太极图》、邵雍《先天图》之间又存在着深刻的区别,其缘由也是需要检讨的。

第一节 五行、天地之数与《潜虚·气图》

《气图》采用的五行与数字的对应关系虽直接来源于《太玄图》"一与六共宗"一段,但并非扬雄首创。早在扬雄之前,这一对应已经由《尚

---

① 《潜虚》卷首,《四部丛刊》三编第218册,第1页右。

书·洪范》的"一曰水,二曰火,三曰木,四曰金,五曰土",以及《礼记·月令》的春配木"其数八"、夏配火"其数七"、秋配金"其数九"、冬配水"其数六"逐渐建立起来。① 扬雄大概是将《洪范》《月令》记载的这些五行之数加以综合,便形成了《玄图》"一与六共宗,二与七共朋,三与八成友,四与九同道,五与五相守"②的说法。如果结合五行与四时四方的配位将这一对应关系画成图式,便是三八为木配春居东(左)、二七为火配夏居南(上)、四九为金配秋居西(右)、一六为水配冬居北(下)、五五为土居中央的形状,与《气图》形制已十分接近。

不过需要注意的是,《太玄》所陈五行与数的对应并未明言这些数字就是"天地之数",而且其对应关系仅涉一到九数而不及十,这恐怕是受限于《太玄》三三成九的数算系统。现有史籍中,最早明确将五行对应于"天地之数"的记载出自东汉班固的《汉书·五行志》:

> 天以一生水,地以二生火,天以三生木,地以四生金,天以五生土。五位皆以五而合,而阴阳易位,……然则水之大数六,火七,木八,金九,土十。③

这段材料方确凿地揭示出与五行相配的十数就是《系辞》记载的天一到地十的天地之数,其中一到五为生五行之数,六到十则为"大数"。按班固的说法,其编著《五行志》时引用了西汉刘向《洪范五行传》的内容④,由此可以推测五行与天地之数的明确对应或在刘向那里即已完成。唐代孔颖达在《尚书正义》中解释五行之数时曾说:"大刘与顾氏皆以为水火木金得土数而成"⑤。"大刘"即指刘向,孔颖达应见过刘向《洪范

---

① 参见田小中:《〈太玄〉易学思想研究》第二章第一节,第29页。
② 《太玄集注》卷十《太玄图》,第214页。
③ 《汉书》卷二十七上《五行志》,第1328页。
④ 《五行志》云:"刘向治《谷梁春秋》,数其祸福,传以《洪范》,与仲舒错。至向子歆治《左氏传》,其《春秋》意亦已乖矣;言《五行传》,又颇不同。是以揽仲舒,别向、歆……"(《汉书》卷二十七上,第1317页)。可见班固的《五行志》中应是包含刘向、刘歆《洪范五行传》的内容。
⑤ 孔安国传,孔颖达正义:《尚书正义》卷十一《洪范》,上海古籍出版社2007年版,第453页。

传》的原文,其引述的"水火木金得土数而成",即以水火木金之大数六七八九为其生数一二三四与土之五数加合而成的观点,与《五行志》中所云"五位皆以五合"意同,可作为《五行志》引用刘向《洪范传》中五行之数内容的一个旁证。不过,载有《洪范传》的《尚书大传》早已逸散,由清人辑佚出的《尚书大传·洪范五行传》中并未包含涉及五行与天地之数对应关系的材料,因此上述推断无从确证。①

至东汉郑玄,又进一步在五行之数中区分出了"生数"与"成数"的概念,并解释了五行皆与"天地之数"中的奇偶两数相配的原因。孔颖达《春秋左传正义》引郑玄语云:

> 天地之气各有五。五行之次:一曰水,天数也。二曰火,地数也。三曰木,天数也。四曰金,地数也。五曰土,天数也。此五者,阴无匹,阳无耦,故又合之。地六为天一匹也,天七为地二耦也,地八为天三匹也,天九为地四耦也,地十为天五匹也。二五阴阳各有合,然后气相得,施化行也。是言五行各相妃合,生数以上,皆得五而成。②

又《礼记正义》引郑玄注《易·系辞》语云:

> 天一生水于北,地二生火于南,天三生木于东,地四生金于西,天五生土于中。阳无耦,阴无配,未得相成。地六成水于北,与天一并;天七成火于南,与地二并;地八成木于东,与天三并;天九成金于西,

---

① 朱伯崑先生在《易学哲学史》中认为,《尚书大传·五行传》的辑佚本中有"天一生水,地二生火……"的语句,可作为刘向已提出天地之数即五行生成数之说的确证(《易学哲学史》第一卷,第222页)。不过朱先生引用的《尚书大传》其实是《四库全书》所收清代孙之騄辑佚的版本,已有研究者指出,此辑本"全书混淆,舛误尤多,此乃为孙氏在辑录过程,未经校勘、考辨而直接将群书所引《大传》'佚文'录入其书所致"(谷颖:《伏生及〈尚书大传〉研究》,南京大学2005届硕士学位论文,第16页)。其所辑"天一生水"一段标注出自《太平御览》,但遍检《御览》并无出自《大传》的相似文句,可见其辑录之失误。清代《尚书大传》的权威辑本,如陈寿祺、皮锡瑞等人的辑本中,并无论及五行生成数的内容。
② 杜预注,孔颖达疏:《春秋左传正义》卷四十五,北京大学出版社2000年版,第1464页。原文标点有误,引者据文意更正。

与地四并；地十成土于中，与天五并也。①

上面两段材料中，郑玄明确以天一至天五之数为生五行之数，地六至地十之数为成五行之数。五行若只配一"生数"，将出现"阴无匹，阳无耦"的情况，而万物皆须阴阳和合方可生成，所以还需奇偶、阴阳属性相反的"成数"为其匹耦，才能得以成就。以"天地之数"为五行生成数之说，实际上是将五行与《周易》的阴阳观念巧妙结合起来，其所谓"二五阴阳各有合，然后气相得，施化行"，即构成了以五行生成数之说对《系辞》"天数五，地数五，五位相得而各有合"之语的诠释。

按照上述郑玄五行说中"地六成水于北，与天一并；天七成火于南，与地二并；地八成木于东，与天三并；天九成金于西，与地四并；地十成土于中，与天五并"这一五行生成数与方位的配应关系，自然就可画出北宋图书学派代表人物刘牧所谓的《洛书》图式：

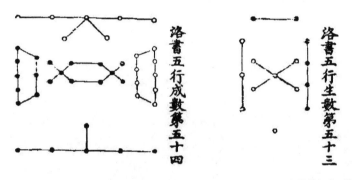

图1 刘牧《洛书五行生数图》与《洛书五行成数图》（《正统道藏》本）②

刘牧的《洛书》将五行的生数与成数分开，以黑白圈点象征数字。将这两幅图合并到一起，就成了南宋朱子的《河图》：

---

① 郑玄注，孔颖达疏：《礼记正义》卷十四《月令》，北京大学出版社2000年版，第528页。
② 刘牧：《易数钩隐图》，影印《正统道藏》第三册，上海书店1988年版，第214页。

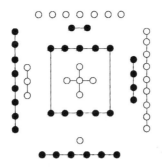

图 2　朱子《河图》(《朱子全书》本)①

朱子主"河十洛九"之说②,认为此包含天地十数的图式当为《河图》而非《洛书》。当然,无论取何名义,上述黑白点图皆与先秦及汉代典籍记载的《河图》《洛书》无关③,只能看作是宋人的一种理论创造。将上述图形中的黑白点替换为《潜虚》特有的代表五行生成数的符号,便形成了《潜虚·气图》的形制:

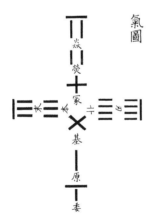

图 3　司马光《潜虚·气图》(《四部丛刊》本)④

---

① 朱熹:《周易本义·易图》,《朱子全书》(修订本)第一册,第17页。
② 对"河十洛九"之说的讨论参见《易学哲学史》第二卷,第429—446页。
③ 关于《河图》《洛书》的源流考证及汉人对其的阐释,参见任蜜林:《汉代"秘经"——纬书思想分论》附录《〈河图〉、〈洛书〉》,中国社会科学出版社2015年版,第289—311页。
④ 《潜虚·气图》,《四部丛刊》三编第218册,第1页左。

由此可见,温公的《潜虚·气图》正是借重汉代以来结合五行与"天地之数"观念逐渐层垒出的"五行生成数"说构造而成的。不过这里尚留有一个问题:我们在上一章曾指出,作为易学思想要素的"数"的概念具有序数与量数两种含义,那么与五行对应的"天地之数"究竟是序数还是量数呢?唯有搞清楚这一问题,我们才能对五行生成数在《潜虚》易学宇宙观建构中的实质意义有一个清晰的认识。

天地之数作为五行生成数究竟是序数还是量数,历来有不同的说法。郑玄在注释《礼记·月令》孟春之月"其数八"时曾给与五行有关的"数"的概念下了一个定义:

> 数者,五行佐天地生物成物之次也。《易》曰:"天一,地二,天三,地四,天五,地六,天七,地八,天九,地十。"而五行自水始,火次之,木次之,金次之,土为后。木生数三,成数八,但言八者,举其成数。①

这里非常清楚地表明,所谓"数"就是"五行佐天地生物成物之次",也就是说,天地之数就是五行作为构成万物之基本元素在天地间先后出现的顺序的表征,这是明确以五行生成数为序数。在此解释下,生数的一到五,意味着五行在天地间按照第一为水、第二为火、第三为木、第四为金、第五为土的次序产生;成数的六到十,则意味着在初生五行的五个阶段过后,五行又按照水、火、木、金、土的顺序依次在第六至第十个阶段得以成就。唐代孔颖达在《尚书正义·洪范》中讨论"五行先后"问题时即是依照以天地之数为序数之说加以释解的:

> 又万物之本,有生于无,著生于微,及其成形,亦以微著为渐。五行先后,亦以微著为次。五行之体,水最微,为一;火渐著,为二;木形实,为三;金体固,为四;土质大,为五。亦是次之宜。②

---

① 《礼记正义》卷十四《月令》,第524页。
② 《尚书正义》卷十一《洪范》,第453页。

按此说法,五行始生之序之所以是水一、火二、木三、金四、土五,是因为天地生物都是按照自微至著、由小及大的次序进行的,这样,与五行对应的"天地之数"就被明确解释为天地生物成物的次第或节奏。

但是,孔疏在同一段疏解《洪范》五行数的文字中,又采用了另一套以"天地之数"为量数的说法:

> 又数之所起,起于阴阳。阴阳往来,在于日道。十一月冬至日南极,阳来而阴往。冬,水位也,以一阳生为水数。五月夏至日北极,阴进而阳退。夏,火位也,当以一阴生为火数,但阴不名奇,数必以偶,故以六月二阴生为火数也。是故《易说》称乾贞于十一月子,坤贞于六月未,而皆左行,由此也。冬至以及于夏至,当为阳来。正月为春,木位也,三阳已生,故三为木数。夏至以及冬至,当为阴进。八月为秋,金位也,四阴已生,故四为金数。三月春之季,四季,土位也,五阳已生,故五为土数。此其生数之由也。①

此说欲明五行"生数之由",实际上是结合以十二消息卦象一岁十二月之阴阳消长的汉代卦气学说,来解释五行与天地之数对应的缘由。其以冬至十一月为《复》卦一阳生,故水配冬,其数为一;春季正月为《泰》卦三阳生,故木配春,其数为三等,显然依据于天地之数与十二消息卦阴阳爻画数量的等同而把五行与天地之数联系起来,这便将五行生数都理解成了量数。不过这一解释在一些细节上颇为曲折,如对火数为地二的解释,本来火配夏,当对应五月夏至的《姤》卦一阴生,但孔疏认为"阴不名奇,数必以偶",故转而以六月《遯》卦二阴生配之,不免有牵强附会之嫌。而且,这一以"天地之数"为量数的说法与前面的五行序数之说存在严重的矛盾,如以水配冬至一阳生,则冬后是春,春配木,故木行当紧接着水行之后产生,而按照孔疏所言五行自微至著的始生次第,水行之后所生却是火而非木。孔疏将两说并列,似乎并未注意到二者之间难以调和的矛盾。

---

① 《尚书正义》卷十一《洪范》,第452—453页。

孔疏在后文又以"天地之数"为量数之说解释五行生数成数之间的关系：

> 大刘与顾氏皆以为水火木金得土数而成，故水成数六，火成数七，木成数八，金成数九，土成数十，义亦然也。①

这段话在原文中是紧接着前引"五行先后，亦以微著为次"即将天地之数理解为五行始生之次序的说法而来的，但孔疏举出刘向等人的观点称水六、火七、木八、金九的成数都是由其一二三四的生数与土数之五相加而来的，显然只有将生成数看作一种数量，这种加和关系才能成立。而这一说法同样与以天地之数为序数之说不能并立——仅就土五之数而言，"土是第五个产生"与"土的数量是五"显然是两种完全不同的意思。如果认为"五"代表生物过程的第五阶段，那么就数量来说它仅仅是"一个"阶段而已，不可能具有"五个"这样的含义。孔疏认为序数之说"是次之宜"，又认为量数之说"义亦然"，显然是把关于天地之数或五行生成数的两种相互矛盾的解说彻底混淆在一起了。

综上所述，对于五行生成数的序数与量数两种解读，将导向对于天地之数与五行相配之意义的不同理解：如果天地之数被看作序数，那么就可将之简单、一贯地解释为天地生成五行的节次；如果天地之数被看作量数，就必须牵合卦气说将之迂曲解释为阴阳消长之数，而且会与序数之说产生重大的矛盾。孔颖达将这两种矛盾的说法混淆为一，其实类似的混淆古已有之，如郑玄就既将"数"定义为五行生成之次，又主张"生数以上，皆得五而成"，便是把序数与量数搞混了。上述矛盾与混淆又进一步延伸到天一至地十之数与"天地之数"的总和"五十有五"之间的关系中，北宋图书派易学家刘牧与义理派易学家李觏之间的重要争论即由之引发，对此我们将在《潜虚·体图》一章中详加探讨。

既然以天地之数或五行生成数为序数与量数的两种说法是相互矛盾的，那么以五行生成数为核心建构《潜虚·气图》的司马光所采用的究竟

---

① 《尚书正义》卷十一《洪范》，第453页。

是那种说法呢？他是否规避了其间存在的矛盾与混淆呢？我们接下来便从《气图》所示五行之数的符号与名义入手加以研讨。

第二节 《气图》五行之数的符号、名义及其所示世界的时空方向性

《气图》形制尽管全依前人已有之"五行生成数"说，无甚新意，但此图独到的特色，实在于为天一到地十之数，即五行生数与成数，分别赋予了新的符号与名义，为《潜虚》易学宇宙观其余图式的推演定下了基调。通过这些符号与名义，我们即可获知温公是如何把握五行之数的意义的，又是如何以"数"为核心实现其价值奠基的思想意旨的。

首先，就符号来说，《气图》以丨、丨丨、丨丨丨、丨丨丨丨、×、丅、丅丅、丅丅丅、丅丅丅丅、十十种符号分别象征天一至地十之十数。相比刘牧《洛书》直接以黑白点的数量表征天地之数的做法，温公的符号设计显然更接近"易象"的形态。不过有学者已指出，《潜虚》符号其实是用"筹码法以记数"①，相当于算筹。前四个符号实际是用竖线的数目表示从一到四，六到九的符号顶上皆有一横线代表"五"，再以下面竖线表示在"五"的基础上进一步记数。所以，《潜虚》的十个基本符号看似是"象"，其本质仍然是"数"，这与扬雄《太玄》以符号━、━━、━━━象征一、二、三之数一样，均是其易学体系建构以"数"为核心的思想方法的体现。当然，我们已经指出，由于《潜虚》十数的符号直接与五行相应，从而引入了"质"的差别，与仅具"量"的意义的《太玄》符号终究是不同的。

其次，就其名义来说，《气图》十符号之名皆依五行制定，且着力凸显出"生"与"成"之间的差别。一至五的五"生数"之名分别是：丨原，丨丨荧、丨丨丨本、丨丨丨丨壮、×基。"原"本字为"厵"，《说文》云"水泉本也"，即水的源头；"荧"《说文》云"屋下灯烛之光"，意为微弱的火光；"本"《说文》云"木

---

① 潘雨廷：《读易提要》，第116页。

下曰本",本义指树木的根部;"丱"是"矿"的古文,《说文》云"铜铁朴石也",即是质朴而尚未制作成器具的金属矿物;"基"《说文》云"墙始也",指埋藏在土地中的地基。可见"生数"之名体现的是水、火、木、金、土五行始生萌芽的状态,皆有初始之义。六至十的五"成数"之名分别是:丅委、ㄇ荧、ㄇ末、ㄇ刃、十冢。"委"有水流所聚之处的含义,《礼记·学记》云"三王之祭川也,皆先河而后海,或原也,或委也",是其例证;"炎"《说文》云"火光上也",意为升腾的火焰;"末"《说文》云"木上曰末",本义是树木的末梢;"刃"《说文》云"刀坚也",指刀的利锋,是金属加工成型的状态;"冢"《说文》云"高坟也",指坟墓高出地面的土堆。可见"成数"之名体现的是水、火、木、金、土五行发展成熟的状态,皆有完成之义。①

上一节我们说过,对于五行生成数究竟是序数还是量数的问题,易学史上产生过矛盾的说法。而从司马光赋予《潜虚·气图》的诸名义来看,他应当是把天地之数或五行生成数单纯作为序数来看待的。如对应水行的天一之数名为"原",地六之数名为"委",显然是将二者看作水气由发源到汇聚、自始生至终成的连续发展过程的先后次第或阶段;对应火行的地二之数名为"荧",天七之数名为"炎",也象征着火气自微弱而盛大的演变过程的前后阶次;其余诸行亦然。尽管温公并无进一步的说明,我们仍有理由推断:天地之数即五行生成数在《潜虚》易学系统中是序数,就是天地依序生成五行之次第的表征,这与郑玄所下"数者,五行佐天地生物成物之次"的定义完全相符,也就避免了以量数解释天地之数所带来的矛盾与混淆。在《潜虚》易学宇宙观中,这一在天一至地十之间按水、火、木、金、土排列的数字顺序贯穿始终,它正是《体》《性》《名》《行》《命》诸图赖以成立的关键线索。

既然《气图》所含五行生成数已明确为序数,那么《气图》在《潜虚》生成论宇宙观建构中的实质意义也就可以明了了:它反映的就是五行之气在天地之间按照先水、次火、次木、次金、后土的次第或节奏逐渐分化、产

---

① 关于《气图》诸名义的释义,参见刘蔚华:《略论司马光的〈潜虚〉》,第80页。

生、成熟的过程,其中序数为奇数的阶段由天之阳气主导,故为"天数",序数为偶数的阶段由地之阴气主导,故为"地数",这样一阳一阴交错进行,最终五行之气皆呈现阴阳和合相配的状态。

五行之气在其分化过程中,亦依据其各自的特质塑造了世界的时空方向性:就空间方向而言,生于天一、成于地六的水气位列北方,生于地二、成于天七的火气位列南方,生于天三、成于地八的木气位列东方,生于地四、成于天九的金气位列西方,生于天五、成于地十的土气位列中央。其生数皆置于内侧,成数皆置于外侧,是以自内而外的方向表征五行之气由始生到终成的发展过程。就时间方向性而言,五行中的木、火、金、水分别对应春、夏、秋、冬四时,土气居中并分王四季、贯通于四时之中;五行依木生火、火生土、土生金、金生水、水生木循环相生的次序,同时就是春夏秋冬四时往复推移运行的顺序,构成了周天气运的恒定时间方向。此方向在图式中即是自东方之木开始顺时针左旋一周,与古代天文学"天左旋"的说法正相符合。上述借助五行描绘世界时空方向性的观念涉及五行与四时、四方的对应关系,其主要是依据古人观察到的北斗七星斗柄在一年四时之中分别指向四方这一自然现象①,再通过四时与五行在性质上的相似性(木生故配春、火热故配夏、金杀故配秋、水寒故配冬)加以关联而建立起来的。《气图》采用的这一观念相当古老,从先秦的《吕氏春秋·十二纪》《礼记·月令》所载四时、四方、五行的配位方式,《易传·说卦》所载八卦方位,到西汉扬雄《太玄》的五行取象、东汉郑玄的五行生成数之说,乃至宋代刘牧的《洛书》图,无一不是此种观念的反映。

前面我们提到过,北宋易学家喜用图式化的思想表达方式,其意图主要在于借由图式可以直观地揭示天地自然本有的方向性与秩序性,以此自然秩序便可为人世价值秩序奠定根基。不过采用传统的五行、四方、四

---

① 孔颖达注释《说卦传》时即是用北斗斗柄的指向解释四时、四方、八卦的对应关系,如说"《震》是东方之卦,斗柄指东为春";《兑》"位是西方之卦,斗柄指西,是正秋八月也";《坎》"正北方之卦,斗柄指北,于时为冬"。王弼、韩康伯注,孔颖达疏:《南宋初刻本周易注疏》卷十三《说卦》,上海古籍出版社2014年版,第775—776页。

时配位观念的《潜虚·气图》虽然也展示出了世界的时空方向与秩序,但此种方向性似乎并不直接具备与人世价值有关的意涵,这便是其与道学易学脉络中的周敦颐《太极图》、邵雍《先天图》之间的重要差别所在,我们在下文会详细讨论。实际上,《潜虚·气图》另有其价值奠基的方式,那就是通过五行各自的性质与人世价值建立联系。这一点司马光在其《温公易说·易总论》中有明确的阐释:

> 易者,阴阳之变也,五行之化也,出于天,施于人,被于物,莫不有阴阳五行之道焉。故阳者,君也、父也、乐也、德也;阴者,臣也、子也、礼也、刑也;五行者,五事也、五常也、五官也。推而广之,凡宇宙之间皆易也。①

按这里的说法,宇宙间的万物皆含有阴阳五行之道,人作为万物之一,其价值性的五事、五常等皆以五行为本。"五事"即《尚书·洪范》提出的"貌、言、视、听、思"五方面之人事,分别与五行相应,孔颖达《尚书正义》解释其缘由说:

> 木有华叶之容,故貌属木;言之决断,若金之斩割,故言属金;火外光,故视属火;水内明,故听属水;土安静而万物生,心思虑而万事成,故思属土。②

可见人的"五事"可谓是奠定于木之华叶有容、金之斩割有断、火之外光、水之内明、土之安静生物的自然性质基础上的。而作为儒家价值之核心的"五常",则通过《易传·文言》所载仁、礼、义、智与"乾之四德"元、亨、利、贞的相配,再经由"四德"与四时、五行的对应建立关联,为木仁、火礼、金义、水智、土信,也可奠基于五行。这样,五行之气的自然属性已经足以为人世价值立根,温公于众多易数中独独选用五行之"五"数作为其自创易学系统的基础,或正出于此价值奠基的思想考量。

---

① 《温公易说·易总论》,《儒藏》精华编第三册,第502页。
② 《尚书正义》卷十一《洪范》,第455页。

第三节 《气图》的世界定向特征与
周敦颐《太极图》、邵雍《先天图》的比较

上节提到,温公《潜虚·气图》所示世界的方向性,源自易学史上十分古老的五行与四时、四方配位的观念,并不直接具有以自然秩序为人世价值奠基的意义。而北宋道学家中同样运用了图式化表达方式建构易学宇宙观的周敦颐与邵雍,其《太极图》与《先天图》却恰恰凭借对世界方向性的展现达成了人世价值的天道奠基的意旨。那么,在温公《气图》与道学家的易图之间究竟存在怎样的差别,造成了此种世界定向特征上的不同呢?下面我们就对《潜虚·气图》与周敦颐《太极图》、邵雍《先天图》做一简要的对比。

先来看周敦颐的《太极图》(图4)。《太极图》分五圈,表征世界自太极本体而生阴阳、五行、男女、万物的宇宙化生过程,其上下左右的方位具有非常明显的世界定向特质。全图纵向自上而下按照从未定形的阴阳五行之气到有定形的男女、万物的次序排布,无定形是天之象的特征,有定形则是地之形的特征,所以图式的纵向排列蕴涵着天上地下的自然秩序。这一秩序有着明确的价值指向,它直接构成了人世父子、君臣尊卑秩序的基础。横向左右的方位,则是由第二圈"阴阳圈"中阳中含阴、阴中含阳的图形所拟象的《离》☲、《坎》☵二卦确定的:《离》有日象,日升起于东方,故本位在东居左;《坎》有月象,月之光明每月月初产生于西方,故本位在西居右。因此,图式之左右呈现出日东月西的自然秩序。此秩序同样有价值蕴意,按《礼记·礼器》的记载,"大明生于东,月生于西,此阴阳之分,夫妇之位也"[①],日东月西正是夫妇之人伦居位的基础。可见,《太极图》的上下左右方向蕴涵着天上地下、日东月西的空间方向性秩序,这一自然秩序直接为人世之父子、君臣、夫妇的人伦秩序奠定了根基。

[①] 《礼记正义》卷二十四《礼器》,第879页。

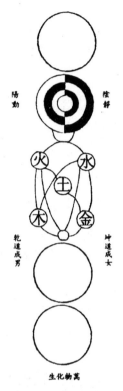

图 4　周敦颐《太极图》(《朱子全书》本)①

就涉及五行的内容看,《太极图》第三圈"五行圈"对五行方位的排布与《潜虚·气图》颇为不同。这一圈完全没有按照《气图》遵从的传统易学观念,将五行按照下北为水、上南为火、左东为木、右西为金的方式安排,而是火水在上、木金在下、火木在左、水金在右、土居中央。周敦颐之所以这样描画五行方位,正是照顾到图式整体具有价值意味的空间方向特征:因上下为天上地下,故形态不定易变、接近天气之无定形特质的水火处上,形态固定不易变、具有地气之定形特质的木金居下;因左右为日东月西,即阳性居左,阴性居右,故五行中阳性的火与木列于左方,阴性的

---

① 朱熹:《太极图说解》,《朱子全书》(修订本)第13册,第69页。

水与金列于右方;土性为阴阳调和,故列于中央。因此,相较于温公《气图》因袭五行配四时四方之旧说,周敦颐在《太极图》中引入了更具价值内涵的天上地下、阳左阴右的方位特性,以此调整了五行的布位,此实为周氏之创见。当然,这一调整也带来了一些问题,比如四时依五行相生之次推移运行的时间方向性,就无法在如是的五行布位中自然表现出来,需要另外用图式内部的连线加以表征。①

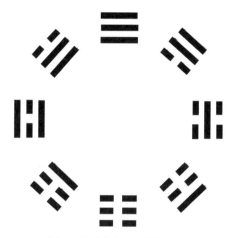

图5 邵雍《先天八卦圆图》

我们再来看邵雍的《先天图》。邵雍的先天学通常也被看作是一个类似《太玄》《潜虚》的拟《易》体系,其思想方法同样以"数"为核心:《太玄》主三数,《潜虚》主五数,先天学则主四数。不过与扬雄、司马光不同的是,邵雍并未试图抛弃《周易》原有的阴阳爻画,另外创造一个符号系统,故先天学之数与卦爻之象仍是紧密结合的。其所谓"先天卦序"的产生,既是数的不断"一分为二"或"加一倍"的过程,同时也是阴阳爻画不断分化构成卦象的过程,由此象征自太极生两仪、四象直至八卦、六十四卦所象万事万物的宇宙生成与人世演进之历史,其间完全不存在象数分离的弊病,此为《玄》《虚》所不及。先天学图式主要有《先天八卦圆图》

---

① 对《太极图》时空方向性的详细讨论,参见拙作《北宋道学的易学哲学基础》第一章第二节。

《先天六十四卦方圆图》,皆用《周易》既有卦象依"一分为二"的数理原则分生而成的先天卦序来表示,其中《先天八卦圆图》(图5)是其宇宙观之世界定向特点的集中体现。①

由于先天学以四为基数,数量为五的"五行"与之不相容而被悬置,并未直接反映在《圆图》中,此是其与《潜虚·气图》最直接的不同处。另外,《圆图》作为一种八卦方位图,也完全没有采用《说卦传》涉及四时四方配位的排列方式,即并未将坎、离、震、兑列于北、南、东、西四正位,而是呈现出乾南坤北、离东坎西的空间方向特征。此方向特征与周敦颐《太极图》暗合,同样具有直接的价值奠基意味。乾南坤北不仅象征着天上地下,构成父子、君臣秩序的基础,同时还具有礼制意义。就此邵雍后学王湜在《易学》中阐释说:"古者南正重司天,则乾位于南可知矣;北正黎司地,则坤位于北可知矣。……王者祀天于南郊,答阳也;祭地于北郊,答阴也。"②《礼记》《周礼》等先秦典籍中皆可找到南郊祀天答阳、北郊祭地答阴的记载③,可见天南地北的自然秩序早已融入祭祀礼制这一重要的人伦秩序中。而离东坎西的方向,按照邵雍本人在《观物外篇》中的解说:"日为夫,月为妇,故日东出月西升也"④,亦明言是以离日坎月的东、西本位作为人世夫妇之人伦居位的基础。

在时间方向性上,《圆图》也没有采用五行相生之序表示四时的运行,而是利用八卦阴阳爻数的增减变化表征一年之中的阴阳消长:《圆图》左半圈自震至乾,卦象的阳爻数由一增至三,象征阳长;右半圈自巽至坤,卦象阴爻数由一增至三,象征阴长。总体的消长方向为自震开始顺时

---

① 对《先天八卦圆图》卦序的推演,参见拙作《北宋道学的易学哲学基础》第二章第一节。
② 王湜:《易学》,影印《文渊阁四库全书》第805册,台湾商务印书馆1986年版,第675页。
③ 如《礼记·郊特牲》云:"大报天而主日也。兆于南郊,就阳位也。"(《礼记正义》卷十六,第926页)此言南郊祭天报阳。《周礼·地官·牧人》云:"阴祀,用黝牲毛之。"郑玄注云:"阴祀,祭地北郊及社稷也。"(郑玄注、贾公彦疏:《周礼注疏》卷十三,北京大学出版社2000年版,第379页)此言北郊祭地。
④ 邵雍:《观物外篇》中之中,《邵雍集》,中华书局2010年版,第120页。

针左旋一周,同样与"天左旋"的观念相符。①

总结来说,温公《潜虚·气图》与周氏《太极图》、邵氏《先天图》展现出的是两类不同的世界定向方式:前者是依据五行、四时、四方对应关系而来的水北火南、木东金西;后者则是根据天地日月居位而来的天上地下(或天南地北)、日东月西。两种方式皆可找到经验观察或典籍记载上的证据,不能说孰正孰误,而应当看作对同一天地宇宙出于不同视角的关照:《气图》揭示的世界方向更偏于自然或事实,与人世的价值秩序并无直接关涉;而《太极图》《先天图》展现的世界方向则可直接作为人伦秩序的基础,因而更富于价值意蕴。就达成人世价值的天道奠基这一思想意旨而言,《太极》《先天》二图自然是优于《气图》的。当然,这也不意味着温公在《潜虚》体系中完全不具备以自然秩序为人世秩序之基础的价值奠基方式。实际上,《潜虚》的第二幅图式《体图》就是遵照这一价值奠基方式创制而成的,这是我们下一章所要讨论的内容。

---

① 关于《先天八卦圆图》所示时空方向性特征的详细讨论参见拙作《北宋道学的易学哲学基础》第二章第二节。

第四章 《体图》与"纲纪"

《体图》对应的是《潜虚》宇宙观中"气以成体""体者质之具"①一环，即作为宇宙化生之基础元素的五行之气相互聚合，产生万物的形体、形质的阶段。《体图》以象数符号对此化生阶段的表征，即是仿效《周易》八卦之重为六十四，由《气图》中代表五行生成数（"天一"至"地十"）的十个符号左右配合成为"五十五体"之象，其数量正合于《系辞》所言"天地之数五十有五"，构成了《体图》及其后的《性》《名》《行》诸图共享的统一符号系统。不过，从天地十数到五十有五之数的变化仍存在上章讨论过的序数与量数之间的矛盾问题，而温公通过《体图》的形制设计巧妙化解了这一矛盾。同时，其符号的排列方式也象征着天地自然本有的"纲纪"即秩序，达成了以自然秩序为人世价值奠基的思想意旨。下面，我们就这些内容分别展开论述。

第一节　从天地十数到"五十有五之数"

《体图》所涉及的天地十数与"五十有五之数"的关联，其易学来源仍在于《系辞》。《易传·系辞上》于两处分别提及"天一，地二，天三，地四，天五，地六，天七，地八，天九，地十"与"天数二十有五，地数三十，凡天地之数五十有五，所以成变化而行鬼神"。直观来看，所谓"天地之数"就是天一到地十之数的加和，宋以前的《周易》注释基本采用这样的观点。如

---

① 《潜虚》卷首，《四部丛刊》三编第218册，第1页右。

韩康伯注《系辞》"天数二十有五"一段云：

> 五奇合为二十五。五耦合为三十。

孔颖达为之疏云：

> 天数二十有五者，总合五奇之数。地数三十者，总合五耦之数也。凡天地之数五十有五者，是天地二数相合为五十五。①

又李鼎祚《周易集解》引虞翻对同一段文字的注释云：

> 一、三、五、七、九，故二十有五也。二、四、六、八、十，故三十也。天二十有五，地三十，故"五十有五"。②

上述注释无一例外地以"天数二十五"为"天一"到"天五"五奇数的数量加和，"地数三十"为"地二"到"地十"五偶数的加和，"天地之数五十有五"则是天数二十五与地数三十的总和，即从"天一"加到"地十"的数目。这一表面上看起来无懈可击的诠释思路，实则隐藏着一个重大的漏洞。我们已在上章论及，对于天地十数可能有序数与量数两种解读：解释为序数，即郑玄界定的"五行佐天地生物成物之次"，是一种较为贯融的方式；而若解释为量数，如认为水之成数六是其生数天一与地五之数的加合等等，则将出现难以调和的矛盾。这一矛盾对于天地十数相加成五十五的诠释思路而言更加明显。如果对天地十数仅仅是标志生成次序的序号，那么它们如何能够合理地被当作数量进行加合运算呢？

后世学者似乎很少有人注意到上述解释思路的漏洞。典型的如北宋图书派易学家刘牧，即在其《易数钩隐图·天地数十有五第四》中说：

> 或问曰：天地之数何以由天五而生变化？答曰：天地之生数足所以生变化也。天地之数十有五，自天一至天五凡十五数也。天一、天三、天五成九，此阳之数也，故乾元用九；地二、地四成六，此阴之数

---

① 《南宋初刻本周易注疏》卷十一《系辞上》，第655、659页。
② 李鼎祚：《周易集解》卷十四《系辞上传》，中华书局2016年版，第421页。

也,故坤元用六。兼五行之成数四十,合而为五十有五,备天地之极数也,所以能成变化而行鬼神。①

这段话是说,五行生数中天之一三五合为九,数量上正是"乾元用九"之"九",地之二四合为六,正是"坤元用六"之"六"。天地生数总合为十五,已足以产生变化,再加上成数自六至十的总合四十,便是五十有五,为"天地之极数"。尽管刘牧这里从天地十数到"五十有五之数"的运算过程与韩康伯、虞翻等略有差别,但总的逻辑,即五十五数是天一到地十的加和这一点,并无分毫改变。

与刘牧同时期的义理派易学家李觏,则十分敏锐地捕捉到了上述解释逻辑的漏洞,并由此对刘牧的象数易学体系提出了重要的批评。其《删定易图序论·论一》云:

> 夫天一至地十,乃天地之气降出之次第耳。谓之五者,非有五物,谓之十者,非有十枚。而曰五十有五者,盖圣人假其积数以起筹法,非实数也。如人兄弟行第一至第十者,乃十人耳,焉可谓有五十五人哉?②

李觏在这段文字中首先明确提出,天地十数就是"天地之气降出之次第",将其界定为序数。在此论的后文李觏提到:"初一则天气降于正北,次二则地气出于西南,……次九则天气降于正南。……其一、二、三、四、五为生数,六、七、八、九、十为成数者,徒以先后分之耳。"③这表明李觏与司马光一样,是非常严格地将天一至地十之数按照五行之气在天地间生成的先后次序来理解的。既然是表示次序的序数,那么其中"第五""第十"的"五"与"十",就显然不能混同于"五个""十个"的数量,所以李觏说:"谓之五者,非有五物,谓之十者,非有十枚。"天一到地十仅仅是十个

---

① 《易数钩隐图》,《正统道藏》第3册,第202页。
② 李觏:《李觏集》卷四,中华书局2011年版,第56页。
③ 同上书,第56—57页。按此处李觏所云天地十数居处的方位,是按照刘牧《河图》(即朱子《洛书》)九宫格的数字方位排布来讲的。

数,是不能通过加合得出五十五的数量的。为此李觏还举了一个生活中例子:一家兄弟排行第一到第十,仅有十个兄弟而已,难道能把排行的序号从一到十全加起来说"有五十五人"吗?这样的计算可谓是犯了常识性的错误。

不过,李觏虽然揭示了以加和计算解释天地十数与五十有五之数关系的矛盾处,但并未提供解决这一矛盾的方法。他认为,"曰五十有五者,盖圣人假其积数以起筭法,非实数也",即此表面上的加和关系只是圣人假托以说明算法,并无实际意义,这样的解释自然难以服众。单纯从数量上看,五十五数分明就是一到十相加而得,那么问题便在于,能否找到一种方式将天地十数的序数合理地转化为量数,使其可以相加呢?

实际上,尽管序数本身不能凭空增加数量,但是,依据序数所示次第,按照特定方式对其相应符号加以排列组合,却能起到扩增数量的作用,达成序数到量数的转化。一个最简单的想法便是:让一个序列中排序在第N位的数字,与之前(包括它本身在内)的N个数字以特定方式组合,得到的组合数量显然就是N,这样不就将序数N自然地转化为量数N了吗?这正是温公《潜虚·体图》所采用的解决方案。

如图6所示,《体图》的形制,是从天一(原)丨开始,每个符号自身居右,其左侧依次与序数在前的、包括其自身在内的诸符号相配,形成具有左右二位的新符号组合。如天一(原)丨仅与自身配合为丨丨,地二(荧)丨丨则依次与丨、丨丨相配为丨丨丨、丨丨丨丨,天三(本)丨丨丨则分别与丨、丨丨、丨丨丨相配为丨丨丨丨、丨丨丨丨丨、丨丨丨丨丨丨,以此类推。这样,天一之数的符号组合有1个,列于第一行;地二之数的符号组合有2个,列于第二行;直到地十之数的符号组合有10个,列于第十行。全图的符号组合总数便是1到10的加合,即55个,正相当于天一到地十之数加和为"天地之数五十有五"。通过如是的符号排列设计,温公完美化解了作为序数的天地十数与作为量数加和的五十五数之间的张力,可谓匠心独运。

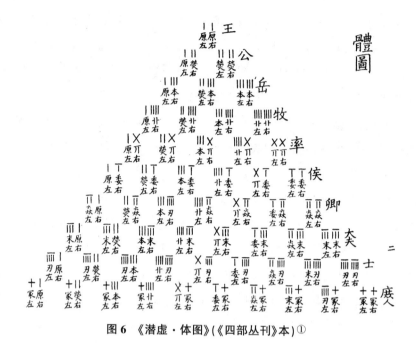

图 6　《潜虚·体图》(《四部丛刊》本)①

就象征意义来说,《体图》中天地十数即五行生成数的相互配合,意味着五行之气聚合成为事物的形体,而形体的分别一旦确立,便自然呈现出一定的纲常与秩序②,正可构成人世价值秩序的客观基础。下面我们就来讨论一下《体图》的价值奠基意涵。

第二节　《体图》之"纲纪"与价值奠基意涵

通过《潜虚·体图》所附文字解说可知,这幅图集中体现了天地间的

---

① 《潜虚·体图》,《四部丛刊》三编第218册,第2页。按此图有讹误,第七行左数第三个符号应为⻊⼆,文字标注应为"本左炎右"。张晶晶校勘《潜虚》诸图时已经指出,参见《司马光哲学研究·附录》,第200页。
② 就此,道学家程颐有一段精妙的论述,他说:"天下无一物无礼乐。且置两只椅子,才不正便是无序,无序便乖,乖便不和。"(《河南程氏遗书》卷十八,伊川先生语四,《二程集》,第225页)小程子认为即使两把椅子摆出来也自然呈现出一定的秩序,这就是人世"礼乐"秩序的基础。

"纲纪"即自然秩序①。此"纲纪"既呈现于全图的上下方位排布中,也蕴含于"五十五体"每个符号组合的左右位置关系中。就上下方位来看,《体图》的十横行是按照天一到地十的次序自上而下排列的,除最下一行象庶人无爵外,每一行中居右位与其他符号相配合的符号都被赋予了人世的爵位象征,构成了一个十等的身份等级体系。此即温公《体图》图说所云:

> 一等象王,二等象公,三等象岳,四等象牧,五等象率,六等象侯,七等象卿,八等象大夫,九等象士,十等象庶人。②

此是以天一丨象王,为第一等;地二丨丨象公,为第二等;以此类推,直到地十十象庶人,为第十等,从上到下、从尊到卑依次递降,这就是张敦实《潜虚发微论·体论》所说的"体有上下,所以辨尊卑也"③。当然,为天地十数赋予等级象征义,并不意味着《体图》所示宇宙化生的阶段已进入了人文世界,温公的意图,大概只是将自然的上下尊卑秩序类比于儒家礼制而已。④

而天一到地九所象爵位的排序也颇值得考究,它殊异于我们熟知的任何一种古代爵位系统,实际上是温公将经典中对于古代爵制的不同记载加以综合的结果。其总体框架来源于《礼记·王制》记述的周代分封制下的爵禄体系:

> 王者之制禄爵:公、侯、伯、子、男,凡五等。诸侯之上大夫卿、下

---

① 《潜虚·体图》所配文字云:"一以治万,少以制众,其惟纲纪乎!纲纪立而治具成矣。"《四部丛刊》三编第218册,第3页左。
② 《潜虚·体图》,《四部丛刊》三编第218册,第3页。
③ 《潜虚发微论》,《四部丛刊》三编第218册,第49页。
④ 《潜虚》以人世爵位象征自然秩序,或有取于《太玄》。温公《太玄集注》注释《玄首序》中"方州部家"之意时说:"玄者天子之象也,方者方伯之象也,州者州牧之象也,部者一国之象也,家者一家之象也。上以统下,寡以制众,而纲纪定矣。"(《太玄集注》卷一,第2页)而前引《体图》文字亦云:"一以治万,少以制众,其惟纲纪乎!"可见《体图》形制之上下十等,很可能仿拟了《太玄》方州部家四重,都是以人世爵位或制度象征自然本有之"纲纪"秩序。

大夫、上士、中士、下士，凡五等。①

对比可知，《体图》所谓一等之"王"，就是《王制》所云"王者"即天子，二等之"公"则是天子五等爵制中的"公"爵。而六等之"侯"当指诸侯，七至九等的"卿""大夫""士"，即是《王制》所云诸侯之下的"上大夫卿、下大夫、上士、中士、下士"诸爵位。

至于三至五等的"岳""牧""率"，则另有来历。其中"岳"取自《尚书》，《尧典》有"咨！四岳"之文。伪孔安国传云："四岳，即上羲、和之四子，分掌四岳之诸侯，故称焉。"《尚书正义》孔颖达疏云："《周官》说巡守之礼云：'诸侯各朝于方岳之下。'是四方诸侯分属四岳也。"②可见"岳"是指分掌四岳和四方诸侯的诸侯之长。"牧"也取自《尚书》，《舜典》云："乃日观四岳、群牧。"伪孔安国传云："乃日日见四岳及九州牧监。"孔颖达疏云："州牧各监一州诸侯，故言监也。"③可知"牧"指的是"九州牧监"，即监管天下九州之一州诸侯的诸侯长。"率"同"帅"，取自《礼记·王制》的记载，其说云："千里之外设方伯，五国以为属，属有长。十国以为连，连有帅。三十国以为卒，卒有正。二百一十国以为州，州有伯。"郑玄注云："属、连、卒、州，犹聚也。伯、帅、正，亦长也。凡长皆因贤侯为之。殷之州长曰伯，虞夏及周皆曰牧。"④可见"帅"即"率"也是诸侯长，不过统率的是一连即十国的诸侯。另外，此段文字还提及二百一十个诸侯国为一州，一州的长官称"伯"。郑玄注认为"伯"是殷商的称法，就相当于虞夏及周代的"牧"。温公大概就是根据这条注释将《礼记》中的"率"与《尚书》中的"牧"关联在一起，纳入同一个爵位体系中。总结来说，"岳""牧""率"都是诸侯之长，均相当于天子五等爵制中的"侯"一级，只不过掌管诸侯的范围大小有别："岳"统领天下四方之一方的诸侯；"牧"统领

---

① 《礼记正义》卷十一，第386页。
② 《尚书正义》卷二，第52、55页。
③ 《尚书正义》卷三，第76、81页。
④ 《礼记正义》卷十一，第407页。

天下九州之一州(依《王制》为二百一十国)的诸侯,次于"岳";"率"统领一连即十国诸侯,复次于"牧"。由此温公将"岳""牧""率"置于"王""公"之后,分列三、四、五等,而皆居于第六等"侯"即一国诸侯之前。

从以上讨论也可看到,《体图》中的十等位次,与其对应的五行生成数所具五行属性之间毫无瓜葛,仅取天地十数作为序数从先到后的排列次第,以象征自最尊高的"王"至最卑下的"庶人"的价值等次,这就是《体图》上下方位的价值奠基意涵所在。

就左右方位来说,《体图》效法《周易》八卦之上下相重,而为《潜虚》十基础符号的左右相配,其象征含义温公在《潜虚》中并未明言,倒是张敦实《发微论》讲得清楚:

> 体有左右,所以辨宾主也;体有上下,所以辨尊卑也。左为主,右为客,上为尊,下为卑。一等象王,尊无二上,故体之左右纯乎一也。二等象公,下王一等,故右纯乎二,左事王也。三等象岳,下公一等,故右纯乎三,左事王公也。四等象牧,下岳一等,右纯乎四,左事王公四岳也。五等象率,下牧一等,右纯乎五,左事王公岳牧也。①

按张氏的解读,《体图》五十五体之左右配位,实有"左为主、右为客"的主客地位之象征。《体图》每一横行居右的符号与其左侧排序靠前之各符号的组合,实际上象征着十等位次中地位卑下之人自居客位,分别侍奉地位高于他的、居于主位的各个尊主。② 其中第一等"王"∣至高无二,无须服侍任何人,所以仅与自身配合为∣∣。第二等"公"∥首先要居右服事第一等"王"∣,组合为∣∥,然后再与自身组合为∥∥。第三等"岳"则要先服事第一等"王"∣组成∣⫴,再服事第二等"公"组成∥⫴,最后与自身相配为⫴⫴。后皆以此类推。按照这种排列方式,显然序数越

---

① 《潜虚发微论》,《四部丛刊》三编第218册,第49页。
② 实际上,不仅在每一个组合符号内部有左右宾主之意,将《体图》每一行左侧的符号看作一连续序列,其次序也是按照从序号靠前者居左,序号靠后者居右的原则排布,同样具有以居左者为主为尊,居右者为客为卑的象征义。

大、排序越靠后的爵位,所需服事的尊主便越多,产生的符号组合数量便越多;而序数越小、排序越靠前的爵位,其符号组合数量便相应越少。这样,最尊贵者数量最寡少,最卑贱者数量最众多,如是便形成了以尊制卑、以寡统众的治理秩序。就此温公在《体图》的图说中云:

> 一以治万,少以制众,其惟纲纪乎!纲纪立而治具成矣。心使身,身使臂,臂使指,指操万物,或者不为之使,则治道病矣。①

这段话看似完全从人世的政治治理角度立论,但温公应当是认为天地万物之间同样存在"一以治万,少以制众"的自然秩序,所以才在"气以成体"的《体图》中将之展现出来。这一自然秩序作为万物成体之时已然确立的"纲纪",正构成了人世之"治具""治道"的根源。

可见,《体图》各符号的左右组合是具有宾主之位的象征意义的,其组合规律总是序号靠后者在右为客,序号靠前者在左为主。不过这一规律自第七行开始出现了变例:第七行是七等"卿"⚋与一等至六等各符号相配,其首个组合本应是丨⚋,以象卿之事天子,但实际上却左右颠倒为⚋丨。第八行是八等"大夫"☷与一至八等各符号相配,首两个组合本应为丨☷、丨丨☷,以象大夫之事王、公,但图中却颠倒为☷丨、☷丨丨。第九行之前三组合、第十行之前四组合都出现了类似的左右颠倒情况。以上这些变例同样有其特别的象征意义,就此温公解释说:

> 卿诎一,大夫诎二,士诎三,庶人诎四。位愈卑,诎愈多,所以为顺也;诎虽多,不及半,所以为正也。正顺,莫墜之大谊也。②

司马光称这种颠倒为"诎",即缩短、缺少之意,但具体所指又语焉不详。幸有张敦实的进一步疏解,我们方得明了其意。《发微论》云:

---

① 《潜虚·体图》,《四部丛刊》三编第218册,第3页左。
② 同上。原本作"墜",中华书局版《宋元学案》此文校注依据《潜虚·名图》所附《释音》认为当作"墜",籀文"地"字(《宋元学案》卷八《涑水学案下》,第297页注释1)。今据改。另依《释音》,"莫"即古文"天"字。温公仿《易》《玄》文风,用字多僻。

七等象卿，下侯一等，右纯乎七，左事公岳牧率侯，诎乎一者，不及左事王也。八等象大夫，下卿一等，右纯乎八，左事岳牧率侯卿，诎乎二者，不及左事王公也。九等象士，下大夫一等，右纯乎九，左事牧率侯卿大夫，诎乎三者，不及左事王公四岳也。十等象庶人，下士一等，右纯乎十，左事率侯卿大夫士，诎乎四者，不及左事王公岳牧也。①

按张氏的解说，七等"卿"一行之"诎一"，意味着卿只能"左事公岳牧率侯"，缺掉了"王"一等，表示其"不及左事王"，即由于地位相差过于悬殊，达不到直接侍奉天子的程度。所以此行首个符号组合的左右颠倒，其实是象征七等"卿"⚋不敢自居在右之客位，直接奉一等"王"丨为其主。这种情况在现实中确有其例，如《春秋左传》记载一国大夫见别国诸侯，不敢直称其号，向其提出请求，只能以其手下的"执事"代指之，以示谦卑，盖即此意。② 而《体图》这种"诎"的情况大致以等级相差六位为准，六位以上皆"诎"，故"卿诎一，大夫诎二，士诎三，庶人诎四"。温公认为，"位愈卑，诎愈多"，次序越靠后、地位越低者，不能直接侍奉的尊者越多，使卑者更显恭顺，这体现了"顺"的原则；但"诎虽多，不及半"，即不能直接服事的尊者虽多，但总不到地位居其上的全部尊者的一半（所诎最多的十等庶人也只是诎四，不及九之半），仍然维系了卑者的尊严，这体现了"正"的原则。"顺"与"正"共同构成了"苋陆之大谊"，即天地间的重要秩序准则，这就是《体图》后四行引入的变例的价值意蕴。表面上看，《体图》符号排列出现变例似乎有人为造作的嫌疑，显得不够自然，但实际上后四行总计十个符号组合的左右排序颠倒，是与《性图》的排布规则紧密相关的，这一点我们留到下一章再作讨论。

总结来说，《体图》的上下方位体现了事物由尊至卑的等级次第，五

---

① 《潜虚发微论》，《四部丛刊》三编第218册，第50页。
② 如《左传·僖公三十年》载郑国大夫烛之武见秦伯，即云"敢以烦执事"，以"执事"代指秦伯。（杨伯峻：《春秋左传注》[修订本]，第480页）

十五体每个符号组合的左右位置则象征着左主右客的宾主居位,后四行部分符号左右颠倒之变例则意味着地位相差悬殊、不敢直接服事的"诎"的情况,其中也蕴涵着"正顺"之义。所有这些共同构成了《体图》所要展现的天地自然之"纲纪",也就是人世"治道"的根基。而温公之所以一定要用一套人世等级系统比拟自然之"纲纪",则与其史学思想不无瓜葛。《资治通鉴》首条记载周威烈王二十三年"初命晋大夫魏斯、赵籍、韩虔为诸侯",其下温公评语即云:

> 臣闻天子之职莫大于礼,礼莫大于分,分莫大于名分。何谓礼?纪纲是也。何谓分?君、臣是也。何谓名?公、侯、卿、大夫是也。夫以四海之广,兆民之众,受制于一人,虽有绝伦之力,高世之智,莫不奔走而服役者,岂非以礼为之纪纲哉!是故天子统三公,三公率诸侯,诸侯制卿大夫,卿大夫治士庶人。贵以临贱,贱以承贵。上之使下犹心腹之运手足,根本之制支叶,下之事上犹手足之卫心腹,支叶之庇本根,然后能上下相保而国家治安。故曰天子之职莫大于礼也。①

可见,温公著史之关键意旨即在于昭示王者赖以治理天下、维系国家治安的"礼"与"名分"。"礼"便是治国之"纪纲",其最重要的内容——"名分",就是通过"天子统三公,三公率诸侯,诸侯制卿大夫,卿大夫治士庶人"的爵制体系确立的"贵以临贱,贱以承贵"的品级、分位秩序。在温公看来,人世的这种"纲纪",正可以在天地万物之间"一以治万,少以制众"的自然秩序中找到根据,由此自然秩序也便可以用人世的身份等级系统加以类比,以突显其为人世纲纪名分之价值秩序奠基的意义。这样,我们上章讨论过的道学家周敦颐、邵雍在其易学图式中采用的价值奠基方式——揭示自然秩序为人世价值秩序立根的思想方法,便在温公的《潜虚·体图》中得到了同样的发挥。

---

① 司马光编著,胡三省音注:《资治通鉴》,中华书局1956年版,正文第2—3页。

第三节 《体图》体现的价值原则

《体图》以万物成体之时形成的自然"纲纪"秩序,作为人世价值的基础,这种价值奠基方式必有其客观自然而非人为的根据和原则。下面我们就此来略作分析。

首先,从《体图》所具有的空间方向性来看,温公引入的上下左右方位,自然本具尊卑主客的价值意蕴。其中,上下方位以在上者为尊,在下者为卑,这根源自天上地下的自然秩序,不待多言。而左右方位以在左为主,在右为客,则有其礼制基础。《礼记·曲礼上》记载说:"主人入门而右,客入门而左。主人就东阶,客就西阶。"①又《礼记正义》孔颖达疏引"卢注《檀弓下》云:'门以向堂为正,主人位在门东,客位在门西。'"②皆可证明礼制上有主人居东、客人居西的传统。再根据古代南上北下左东右西的坐标方位,便可转化为《体图》符号组合左主右客的位置形态。至于主东客西之位的自然基础,古代典籍虽无明确解说,却可推断其仍来自于我们上章讨论过的日东月西的自然居位。盖因主人需主动接待客人,与太阳自主发光的特征关联,故主位对应于日之本位,即东方;客人被动接受主人的款待,与月亮被动受光的特征关联,故客位对应于月之本位,即西方。天象之中日较月为尊,故方位上东较西为尊,人世则主较客为尊。《潜虚》符号并未全效易象上下相重,转而以左右位组合,恐怕就是因为唯有东西左右之位方能区分主、客意义上的尊卑关系。

其次,除了在空间方位上采用在上为尊、在下为卑,以及左主为尊、右客为卑的原则外,《体图》还运用到一个重要的价值原则,就是数量方面的以少为尊,以多为卑,此即温公所说的"一以治万,少以制众"。《体图》中最尊贵的一等"王"的符号组合只有一个,最卑下的十等"庶人"的符号

---

① 《礼记正义》卷二,第44页。
② 同上书,第43页。

组合则多达十个，这就是用数量的多寡体现地位的尊卑。此种价值原则的历史也相当悠久，如先秦时期《鹖冠子·能天》篇云："德万人者谓之俊，德千人者谓之豪，德百人者谓之英。"①汉代《白虎通·圣人》篇引《礼别名记》云："五人曰茂，十人曰选，百人曰俊，千人曰英，倍英曰贤，万人曰杰，万杰曰圣。"②都是说位尊德高者数量寡少，故一人能当千万人；平庸凡俗者则数量众多，千万人只能当一人。北宋道学家邵雍在其先天易学分类体系中也多次运用这一原则，如其在《观物内篇》以"一十百千"之数表征飞走木草之物的价值等次即云：

飞飞之物一之一，飞走之物一之十，飞木之物一之百，飞草之物一之千。

走飞之物十之一，走走之物十之十，走木之物十之百，走草之物十之千。

木飞之物百之一，木走之物百之十，木木之物百之百，木草之物百之千。

草飞之物千之一，草走之物千之十，草木之物千之百，草草之物千之千。③

这是说，飞走木草这些自然事物中，最高贵的"飞飞之物"数量最少，一个就能抵当"千之千"即十万个最卑贱的"草草之物"；"草草之物"数量最多，十万个才抵"飞飞之物"一个。事物的价值越高，其自身数量就越少，抵当价值较低事物的数量就越多；事物价值越低，自身数量就越多。无论是自然的飞走木草之物，还是人世的士农工商之民，都可以用这样的数量多寡关系表征其价值高下。④温公《潜虚·体图》符号组合数量自少

---

① 黄怀信：《鹖冠子校注》卷下，中华书局2014年版，第370页。
② 陈立：《白虎通疏证》，中华书局1994年版，第334—335页。
③ 《观物内篇》之十二，《邵雍集》，第46、47页。
④ 具体论证参见拙作《邵雍〈观物内篇〉元会运世之数的价值意涵》，《周易研究》2015年第5期，第33—35页。

至多的排列逻辑,体现的正是与邵雍先天学"一十百千"之数相同的寡为尊、多为卑的价值原则。

如果再考虑到,《体图》符号组合数量的多寡完全是由符号序数之大小、排序之先后所决定的话,那么我们就会发现,在上述寡为尊、多为卑的原则背后,还隐藏着另一个价值原则:时间上先生者为尊、后生者为卑。温公能够单纯凭借天一至地十之数的排列次序赋予其自尊至卑的品级等次象征义,其根本依据即在此。这一价值原则就是古人常挂在嘴边的"贵古贱今"的观念,古人惯于认为最早出现的东西具有最崇高的价值,这与古代的时间观念是紧密关联的。古代生活节奏缓慢,下一代人的生活相对上一代变化很小,所以非常重视以过去的经验面对未来的生活。而事物出现时间越早意味着其具有的过去的经验越多,故将历史上之先出者与尊贵价值相关联,为后来者必须借鉴效法的榜样,便是很自然的事。古人敬长尊祖、慎终追远等传统皆源于此。此种原则在邵雍的先天易学体系中也有体现,如其先天学"天之四象"日、月、星、辰按照乾一、兑二、离三、震四的先天卦序依次产生,四者之间便存在由可见程度构成的价值等差。《观物外篇》云:

> 天昼夜常见,日见于昼,月见于夜而半不见,星半见于夜,贵贱之等也。①

这段文本表明,最先产生的"天"(先天学中"天生于动",属两仪之一,先于"天之四象"日月星辰对应的八卦阶段)昼夜皆可见;其次产生的"日"即太阳只见于白天;再次产生的月亮只见于夜晚,且每月有盈亏,惟满月时全体可见,其他时间"半不见";再次产生的群星只见于夜晚,且永远只能出现全体的一半(因为根据浑天说天之南极入地36度,则星空总有一部分沉于地下不可见);这里未提及的最后产生的"辰",是指天空除去日、月、星之外的黑暗背景,任何时候都不可见。可见为阳,不可见为

---

① 《观物外篇》中之中,《邵雍集》,第121页。

阴,按照易学阳尊阴卑的价值划分,"天之四象"日月星辰之间自然形成了在先者尊、在后者卑的价值等次,即邵雍所说的"贵贱之等"。① 温公《潜虚·体图》以天地之数先后次序象十等品级,运用的正是与此完全相同的价值原则。

总结来说,《潜虚·体图》以天地自然之"纲纪"为人世价值的奠基,体现出三方面的价值原则:空间方位方面,以在上为尊、在下为卑,左主为尊、右客为卑;符号数量方面,以少者为尊、多者为卑;时间次序方面,则以先出者为尊、后出者为卑。这些价值原则,在我们上章讨论过的周敦颐《太极图》、邵雍《先天图》图式,以及本节论及的邵雍先天易学分类体系中都有呈现,由此可见,就人世价值的自然秩序奠基这一思想方法的运用而言,温公《体图》相较道学易学是毫不逊色的。不过,尽管《体图》的价值奠基方式皆有其客观自然的原则依据,但其具体表现形式却显得不那么"自然",这一点与周、邵易学体系相比仍存在差距。如《太极图》《先天图》都是以图式的直观表达展现出天上地下、日东月西的自然方位秩序,邵雍先天易学的分类与数算亦皆源自阴阳二分的自然数理法则。相比而言,《体图》并未在任何方面直接呈现天地日月的自然居位,反而以人世爵位相比拟;其符号排列规则也并未与阴阳或五行的自然性质关联起来,而且规则并不一贯,存在变例;这些都在《体图》形制中留下了过多的人为构造的痕迹。当然,《体图》所以作成如是形制,一个重要考量恐怕仍然是对天地十数与"五十有五之数"之间序数、量数矛盾的完美化解,仅凭这一点,温公《潜虚》已可谓大有功于易学了。

---

① 具体分析参见拙作《北宋道学的易学哲学基础》第二章第三节。

第五章 《性图》与物性

《潜虚》于《体图》之后所列为《性图》,对应《潜虚》宇宙观中"体以受性""性者神之赋"的阶段。①《性图》与《体图》共享《潜虚》的五十五个符号组合,但其排列规律及象征含义殊为不同:《体图》是以天地十数符号的左右配合、上下排布象征自然及人世的尊卑主客秩序,《性图》则是以天地十数符号的交错组合表征五行之气错杂生物引发的物性分别。《性图》符号排列方式蕴涵着确定的数学规律,此规律不仅能够解释《体图》中变例的存在,而且决定性地影响了其后《名图》的符号次序,就此而言,《性图》实可谓《潜虚》诸图之枢纽。另外,《性图》基于五行交错的物性分类意涵,与道学易学中邵雍的先天学分类体系亦可资比较。

第一节 《性图》所谓"性"的含义

在正式讨论《性图》之前,有一个问题需要先行澄清,即司马光究竟是在什么意义上理解"性"的。我们知道,在北宋道学的发展脉络中,自张载开始对"性"有了"天地之性"(或"天命之性")与"气质之性"的二重区分,前者被认为是具有普遍、永恒意义的事物本性,不随具体事物的生灭而生灭;后者则是具体事物的形气之中体现出的差异性、暂时性的性质,物生即有,物灭即无。而在司马光这里,根据《潜虚》卷首对应《体图》

---

① 《潜虚》卷首,《四部丛刊》三编第218册,第1页右。

《性图》的"气以成体,体以受性"的描述①,不难推知,《性图》所谓"性"是在五行之气聚集成事物的形体之后才得以禀受的,正相当于张载所云"形而后有气质之性"②,是以事物之成形为前提、体现在构成事物的气质之中的差别属性。③

司马光对"性"的这一理解也有其古老的传统。如《列子·天瑞》即云:

> 太易者,未见气也。太初者,气之始也。太始者,形之始也。太素者,质之始也。

张湛注云:

> 质,性也。既为物矣,则方圆刚柔,静躁沉浮,各有其性。④

《列子》的这段文本将宇宙产生的过程划分为"太易""太初""太始""太素"四个阶段,分别为"未见气""气之始""形之始""质之始"。⑤按照张湛的注释,这里所谓"质"就是指"性",这样,此四生成阶段的划分便正可与《潜虚》宇宙观"虚""气""体""性"四环节大体对应。则温公理解的"性",便与《列子》中所讲的"质"一样,是在"形之始"即事物具备形体之后方体现出的"方圆刚柔,静躁沉浮"各个差别的性质。这里需要说明的

---

① 《潜虚》卷首,《四部丛刊》三编第218册,第1页右。
② 张载:《张载集》,中华书局1978年版,第23页。
③ 卫湜《礼记集说》引司马光对《中庸》"天命之谓性"的注解云:"性者,物之所禀于天以生者也。……正以阴阳相推,八卦相荡,五行周流,四时运行,消息错综,变化无穷,庶物禀之以生,各正性命,其品万殊。"(《礼记集说》卷一百二十三,摛藻堂四库全书荟要本,第30页)可印证温公确实是以构成万物的五行之气的"消息错综"来理解事物之性的"其品万殊"的。其后文又说:"人为万物之灵,得五行之秀气,故皆有仁义礼智信与身俱生。……夫人禀五行而生,无问贤愚,其五常之性必具,顾其少多厚薄则不同矣。"(《礼记集说》卷一百二十三,第30页左—第31页右)可知温公认为人所具仁义礼智信五常之性也直接来自"五行之秀气",故罗列五行之《性图》除象征物性之分外,也可表征人性之别。
④ 杨伯峻:《列子集释》卷一,中华书局1979年版,第6页。
⑤ 同样的说法也见于《易纬·乾凿度》,见赵在翰辑:《七纬》卷二《易纬》之二《易乾凿度上》,中华书局2012年版,第33—34页。《列子》通常被认为是后人伪作,太易、太初等说当是因袭《乾凿度》而来。

是，无论是《列子》还是《潜虚》，其所谓事物先成形而后受性的说法，均不应理解为时间的先后，仿佛事物先具有形体，经过一段时间之后才另外禀受其性质；而应看作是逻辑上的前提与结果的关系，即形体与物性是同时禀得的，只不过物性的呈现当以形体形成为其前提条件。

除"体以受性"之外，温公于《潜虚》卷首还有另一处对"性"的解说，即"性者神之赋也"。① 部分研究者认为这里的神指的是人的心神。② 此种解读就人事而言固然成立，但《性图》之意义不止在于说明人性，更关乎自然万物的性质，就万物言，显然不能仅以"神"为"心"。实际上，温公所说的"神"当广义地意指事物内在的神妙动力（人心之灵明亦包含其中），此等动力正源于事物之生性。前引《列子》张湛注中所举物性，不仅有"方圆刚柔"之静态形体特征，更有"静躁沉浮"之动态活动趋向，后者正可看作温公"性者神之赋"之所指。由此可见，温公理解之"性"，实有五行之气构成的事物内在生命活力或能动活性的意义。

总结来说，《性图》中的"性"可以阐释为是以五行之气聚成事物形体为前提的、作为事物之内在能动活性的差异性质。③ 如是的物性概念仅落在道学所谓"气质之性"的层次上，因此招致了后世理学家的批评，如陈淳即在其所作《潜虚辨》中说：

> 夫性者，人所禀于天以生之理，盖生生之所以为主，而非气形而下者。今其言曰"体以受性"，又曰"形然后性"，则性在于气形之后矣。性之本体纯粹至善，万物一原，而非有不齐之品也。今其言以"柔刚雍昧昭"为"性之分"，则是止论气之禀，而非性之谓矣。④

---

① 《潜虚》卷首，《四部丛刊》三编第218册，第1页右。
② 如张晶晶即云："'神'指的不是天神，而是指心神。……因此'性'指的应是万事万物的内在本质（内在的精神或五行的性质），在人即为人的意识、精神、意志、情感等。"《司马光哲学研究》，第32页。
③ 温公不仅在易学思想中主张气禀层次上的差异的物性，其人性论亦主张个别差异的人性，相关论述参见张晶晶《司马光哲学研究》第三章第二节。
④ 陈淳：《北溪先生大全文集》卷二十一，《宋集珍本丛刊》第七十册，线装书局2004年版，第123页。

陈淳认为，温公在《体图》《性图》的关系上讲"体以受性"，又在《名图》五十五名划分的十一组中讲"形然后性"，都是将"性"列于"气形之后"，这就使"性"成了气质禀赋这种形而下层面上的概念，而未通达超越形体的、源于形上天理的"天命之性"。另外，温公所讲的"性"由五行之气错杂产生，是差异不齐的气禀属性，与"纯粹至善，万物一原"的"天命之性"亦不类。总之，陈淳批评温公所言之"性"其实"非性之谓"，即并未达到普遍之理的层次，并非万物的真正本性。

尽管我们可以站在理学立场对温公提出上述批评，但不容忽视的是，温公仅讲气禀层次上的差异物性，而不讲形而上的普遍之性，自有其理据，即对于过度抽象化、玄虚化地解读"性命"观念的警惕。温公在《论风俗札子》一文中说：

> 性者，子贡之所不及；命者，孔子之所罕言。今之举人，发言秉笔，先论性命，乃至流荡忘返，隧入老庄。纵虚无之谈，骋荒唐之辞，以此欺惑考官，猎取名第。①

我们知道，温公所处的北宋中期，正是士大夫精神世界受到佛老思想严重侵蚀的时期，其突出的表现就是温公这里提到的举人在科举考试中"发言秉笔，先论性命"，以老庄虚无之谈不切实际地讨论"性命"之类的形上概念，以此迷惑考官、猎取功名。在温公看来，这完全违背了儒家的价值宗旨。为了扭转这一局面，对于"性命"这样容易让人"流荡忘返，隧入老庄"的概念，便知应当学习孔子"罕言命"、子贡"性与天道不可得而闻"的态度，仅作出最朴素的解读。就此，温公在《迂书·理性》一章中说：

> 易曰："穷理尽性，以至于命。"世之高论者，竞为幽僻之语以欺人，使人跂县而不可及，愤瞀而不能知，则画而舍之。其实奚远哉！

---

① 《司马光集》卷四十五，章奏三十，第974页。

是不是,理也;才不才,性也;遇不遇,命也。①

这段文字是对《易传·说卦》"穷理尽性,以至于命"的阐发。"理""性""命"本是道学易学最看重的三个具有形上意味的概念,但在司马光这里,对"性命"的"高论"均难免成为"为幽僻之语以欺人,使人跂县而不可及,愦瞀而不能知"的空空之谈。因此他认为,应当最为切近地将"理"理解为"是不是"即对事物的是非判断,"性"理解为"才不才"即人的才能禀赋,"命"理解为"遇不遇"即人的命运遭际。由此可见,温公对空谈"性命"者的批评,以及对"性命"所做形下、具体的质朴诠解,实有抵制佛老、捍卫儒家价值的深切思想考量在。

第二节 《性图》符号排列的数学规律

以上我们澄清了《性图》之"性"的意涵,下面便可以进一步探讨《性图》形制的符号排列规律及其象征意义。就此,温公在《性图》所附图说中已有解说:

> 凡性之序,先列十纯。十纯既浃,其次降一,其次降二,其次降三,其次降四,最后五配,而性备矣。始于纯,终于配,天地之道也。②

我们可以对照图7所示《性图》图式理解这段文字。此图纵向来看分为六列,其显著规律如下:前五列每列符号的左数序列均同,皆是从上到下按五行生成数的次序自天一｜到地十＋排布,最后一列则为天一｜到地五×。而前五列每列符号的右数则有变化,最右第一列也是按自天一｜到地十＋的顺序排布,以此与第一列左数相配,构成｜｜到＋＋的五行生成数各自与自身的单纯配合,即《性图》文字说明所云"先列十纯"。从第二列开始,右数序列的起点则依次推后一位,如第二列右数起

---

① 司马光:《迂书》,《司马光集》卷七十四,第1509页。
② 《潜虚·性图》,《四部丛刊》三编第218册,第4页左。

于地二‖，下经天三‖‖等至地十十，逢十返一，终于天一｜，故第二列左右数为相错一位相配，形成‖‖‖到十｜的十符号组合，此即所谓"其次降一"；第三列右数起于天三‖‖，终于地二‖，左右数为相错两位相配，形成｜‖‖‖到十‖的十符号组合，此即所谓"其次降二"。以此类推，第四、五列起于地四‖‖‖、天五×，左右数分别相错三位、四位相配，为"其次降三，其次降四"。至最后的第六列起于地六丅，左右数相错五位，因天地之数序列中五行生数与成数的位置正好相差五位，故最后一列正是五行生数与其成数的相配，成｜丅至×十五个符号组合，此所谓"其次降五，最后五配"。之所以此列次序终止于五数，是因为如果按此规律继续向下安排，将会出现丅｜到十×五个符号组，同样是五行生数、成数的各自相配，与前五个符号组合重复。因此第六列剔除重复可能，只有五个符号组合。

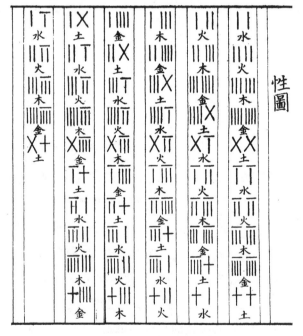

图7 《潜虚·性图》（《四部丛刊》本）①

---

① 《潜虚·性图》，《四部丛刊》三编第218册，第4页。

加上前五列各十个符号组合，《性图》符号组合的总数也是五十五，与《体图》一样合于"天地之数五十有五"。

不难看出，《潜虚·性图》中的符号配合方式遵循的是极为一贯的数学规律，其中并不存在变例。由于《潜虚》自《体图》以下使用的是完全相同的一套符号组合，我们便可以通过具有一贯性排列规律的《性图》归纳出《潜虚》符号组合满足的数学条件。

从上述对《性图》规律的描述中不难看出，其符号组合起于左右数相等的"十纯"，终于右数后左数五位的"五配"，其所遵循的关键原则便在于：右数与左数在五行生成数序列中最多只能相差五位。这一原则又要分成两种情况考虑。其一是左数小于或等于右数的情况。我们以代数符号 $P_{右}$ 表示右数，$P_{左}$ 表示左数，这一条件可表示为**不等式(1)**：

$$P_{右} - P_{左} \leqslant 5 (P_{右} \geqslant P_{左})$$

其中 $P_{右}$ 等于 $P_{左}$ 的情形，即是第一列的十纯自相配合，两者相差恰等于5的情形，即是最后一列的五行生数、成数相配。

第二种情况则是左数大于右数的情况。这种情况均出现在右数序列逢十返一之后，因此尽管表面上右数序数较小，但其实际次序相当于在第10位上继续增加，如第二列最后的天一丨可看作是第11位的符号。这样，右数的序数可表达为 $(P_{右}+10)$，其于左数仍然满足相差不超过五位的条件，即：

$$(P_{右} + 10) - P_{左} < 5 (P_{右} < P_{左})$$

化简后可得**不等式(2)**：

$$P_{左} - P_{右} > 5 (P_{右} < P_{左})$$

这个不等式之所以不含等号，是因为 $P_{左}$、$P_{右}$ 相减等于5的情况，亦表示五行生数、成数的相配，将与前述不等式(1)中 $P_{右}$、$P_{左}$ 差5的情况重复。将不等式(1)、(2)综合可得如下**条件式**：

$$\begin{cases} P_{右} - P_{左} \leqslant 5 (P_{右} \geqslant P_{左}) \\ P_{左} - P_{右} > 5 (P_{右} < P_{左}) \end{cases}$$

其中：
$$P_左, P_右 \in \{1, 2, \cdots 10\}$$
即$P_左$、$P_右$各取1至10的整数。用数学的语言表达，我们可以说，对于天一｜至地十十之间任意两个《潜虚》基本符号，当且仅当其序数作为左数和右数满足上述条件式时，其左右配合方构成一个有效的《潜虚》符号对。

从以上条件式出发，我们也可以严格证明，有效的《潜虚》符号对只可能有55个。首先，考虑$P_左$取1至5的情况（即《性图》前五横行），此时$P_右$必不小于$P_左$，否则，$P_右$小于$P_左$的话将不满足不等式(2)（只有$P_左$大于5才可能满足不等式(2)）。对于1至5的任一$P_左$，按照不等式(1)，满足大于或等于$P_左$且与之相差不超过5的$P_右$只可能有6个，故此种情况下的有效符号对共5×6=30个。

其次，考虑$P_左$取6至10的情况（即《性图》后五横行）。此时若$P_右$大于等于$P_左$，必定要排除10以内整数中所有小于$P_左$的数，故这样的$P_右$有(10-($P_左$-1))即(11-$P_左$)个，且必定都满足不等式(1)（因为$P_左$至少是6，$P_右$最大是10，两者相差必不超过5）；若$P_右$小于$P_左$，按不等式(2)$P_左$、$P_右$相差大于5，即至少是6，则$P_右$只能有($P_左$-6)个。这样，对于6至10的任一$P_左$，满足条件式的全部$P_右$的数量只能是(11-$P_左$)+($P_左$-6)=5个。因此这种情况下的有效符号对共有5×5=25个。

以上两种情况相加，即可证明《潜虚》符号对的总数只能是30+25=55个。由此可见，温公在《性图》中对于潜虚基本符号组合方式的构造还是十分巧妙的，能够遵循特定的数学规律让《潜虚》符号组合的数量自然符合于五十有五的"天地之数"。

进一步讲，《体图》符号组合中第七行开始出现的"变例"，也可以用上述条件式加以合理的解释。按《体图》的排列原则，第七行应当是天七Π居右，依次与居左的天一｜到天七Π相配，但是这样产生的第一个符号组合｜Π属于左数小于右数的情况，而右数减左数大于5，不满足不等式（1），因而不是有效的《潜虚》符号对；故此需要将左右数调换，则可满足不等式（2）（从两不等式的形式可以明显看出，任意一对左右数如果不满足其中一个不等式，在左右调换之后必定满足另一个不等式），所以第七行"诎一"而为⊤丨。类似地，不难推出，对于《体图》七到十行每行的右数，即取 7 至 10 的任一 $P_右$，需要左右颠倒以满足条件式（1）的符号对数量皆为（$P_右$-6）个（即小于 $P_右$ 且与之相差大于 5 的 $P_左$ 的数量），故第七行"诎一"，第八行"诎二"，第九行"诎三"，第十行"诎四"。如是，则《体图》中看似人为安排痕迹很强的"变例"实际上并非任意为之，而可在《性图》觅得基于一贯数学规律的更其"自然"的依据。

由此可以推知，温公在制定《潜虚》图式时，很可能是先用《性图》确立五十五个符号组合遵循的数理原则，再根据这一原则调整了《体图》符号组合的排列方式。不仅如此，在下一章的讨论中我们将会看到，《性图》确立的条件式将决定性地影响相当于《周易》六十四卦卦序的《名图》五十五名符号的排列顺序，就此而言，《性图》在《潜虚》诸图中实具有枢纽性的地位。

《性图》符号排列的数学规律即如上所述，以下我们再来谈一谈《性图》的象征意义。按温公自己的说法，《性图》反映的是"性之序"，即五行错杂产生事物差异之性的历时次序。这一次序在图中是由纵向六列自右至左的顺序表征的，最右第一列"先列十纯"，表明物性"始于纯"，即初始于五行之气尚未交错的纯粹状态；其次在左的诸列，由于每列右数序列起点的不断降后（"其次降一""降二"等），造成五行生成数错杂相交的局面，引发种种变化（如第二列起于水生数、火生数相交，终于土成数、水生数相交；第三列起于水生数、木生数相交，终于土成数、火生数相交，等等），产生新的物性差异。《性图》每一符号组合下面所标注的文字，即是引发交错变化的右数数列的五行属性。之所以不再如《体图》一样使用《气图》所定天地十数之名，转而使用五行之名，或正为凸显出物性之不齐是直接源自五行性质的别异的。① 最终第六列为五行生数与成数的各自相配(起于水生数、水成数配,终于土生数、土成数配),表面上看起来回到了第一列五行自身纯粹相配的起点,实际上却是生成数五位相错、极致交杂的结果。清人苏天木指出,《性图》初始"十纯"为"生比生,成比成,阴阳犹偏于一",处于阴阳之气尚不协调、偏于一边的状态;至"末五配则一生一成,左阳右阴",达到阴阳相济调和的完满状态,与"《河图》生成同位之理"亦相符合。② 故温公说:"始于纯,终于配,天地之道也。"

而《性图》第六列之剔除重复,符号组合数终结于五,亦大有深意。它意味着,在《潜虚》宇宙观中,物性的渐次产生只能遵从自简单到复合、自纯一到杂多的单向历时变化方式,这一单向变化只能朝着差异不断增多、不断更新的方向进展,不可能出现任何重复与倒退。《性图》符号自纯至配、绝无重复的排列次序,正可谓是对于易道所蕴天地万物"生生""日新"之义的彰显与阐扬。易道对于天地万物之广义生命的本质性理解就在于:生命的生长、演化必然是单向度的,即始终朝向差异性不断增加的方向,富于生机的变化过程一定是日新的,不可能回溯到旧有的状态,正是生命生长、演化历程的单向性决定了时间的单向性。在此意义上,根于易道的中国古代宇宙观决定性地区别于西方近代科学的机械论宇宙观(即牛顿力学的宇宙观)。对后者而言,时间无论向前还是倒退,物理规律都同样成立,并不存在单向性的时间,如是的宇宙观必定是机械的、毫无生机可言的。而在温公的《潜虚·性图》之中,我们正可窥见古代易学宇宙观传统对于生命与时间之深刻思考的熠熠闪光。

---

① 我们在讨论《体图》时说过,《体图》符号排列仅取天地十数的先后次第作为尊卑主从秩序的价值象征,与其对应的五行生成数所具五行属性之间毫无瓜葛,这或许是《体图》不以五行名义标注其符号的原因。相反,《性图》展现的物性差异直接来自五行之性的交错,所以需要以五行之名标注其符号。

② 苏天木:《潜虚述义》,《丛书集成初编》第697册,商务印书馆1935年版,卷一第8页。

第三节　《性图》所示物性分类与邵雍先天易学分类体系的异同

按前一节的分析，《性图》纵向六列的次序表征的是物性自纯至杂的必然演化方向。其实，此图还可横向加以观察和阐释。横向十行之中，每行符号组合的左数皆相同，右数则有错杂变化，这就相当于在左数所象的具有某种五行属性的事物大类之中，再依据五行之别分出小类。如第一行六个符号组合，左数皆为水生数｜，可看作是在具有水生数性质的大类中，按照右数的水｜、火‖、木‖|、金‖|、土×、水丁的性质差异划分成六小类，其顺序也是自"纯"（｜｜）至"配"（｜丁），呈现为从纯粹到错杂的单向变化。其余各行皆可作类似的解读。①

与《潜虚·性图》类似的对物性加以分类的方式，亦见于道学家邵雍的先天易学思想中，其《观物外篇》云：

> 阴阳生而分两仪，二仪交而生四象，四象交而生八卦，八卦交而生万物。故二仪生天地之类，四象定天地之体；四象生日月之类，八卦定日月之体；八卦生万物之类，重卦定万物之体。类者，生之序也，体者，象之交也。推类者必本乎生，观体者必由乎象。生则未来而逆推，象则既成而顺观。是故，日月一类也，同出而异处也，异处而同象也。推此以往，物奚逃哉！②

按这段论说，邵雍先天学关照下的事物分类是伴随宇宙化生的过程同步出现的。先天学宇宙论从两仪开始每一个运化阶段的阴阳"一分为二"，都同时是一个分类过程，其核心概念是"类"，指种类，以及"体"，指种类之中的具体内容。"类"与"体"的概念是相对的，对任何阴阳分生环节来说，前一环节是"类"，本环节是"类"中的"体"；而对于下一环节，本

---

① 前五行皆符合"始于纯，终于配"的原则，第六行以后为避免重复，皆未"终于配"，而是终结于五行生成数相错四位的符号组。
② 《观物外篇》中之上，《邵雍集》，第113页。

环节又成为其"类"。比如,对于四象,在先的两仪分化形成天、地之种类,而阳阴、柔刚分别是天、地种类中的具体内容;对日月等八卦物象,四象的阳、阴、柔、刚又是其种类,太阳、太阴是阳之类中的内容,太柔、太刚是柔之类中的内容,等等。

邵雍正是通过这一套先天学的分类思想,为八卦赋予了新的物象意涵。如先天卦序中居首的乾卦☰(太阳),初画━象征其所属两仪之类,为动或天类;中画━则标志其所属四象之类,为"天"之大类中的"阳"之小类,即天上的明亮之物;上画━,则标志其在阳类中之"体",即"阳中阳","阳"之类中又具有阳性的事物,也就是天上光明之物类中能够主动发光的事物,由此确定☰之物象为"日"。居二位的兑☱(太阴),下两画与☰相同,表明也属于"天"之大类中的"阳"之小类,唯上画变为--,表明其"体"为阴性,为"阳中阴",也就是天上光明之物类中被动受光的事物,由此确定☱之物象为"月"。先天八卦乾兑离震、坤艮坎巽作为"天之四象"日月星辰、"地之四象"水火土石的物象象征,皆可类似得以确立。①

将邵雍的先天分类系统与《潜虚·性图》对照可知,《性图》每横行各符号组合的左数即相当于邵雍所谓"类",右数即相当于邵雍所谓"体",每行的五行符号交错都相当于"类"中分"体"的过程。而邵雍的先天分类系统,自太极分阴阳,阴阳中复分阴阳,爻画不断堆叠,分类愈加细密,也与《性图》类似展现出物性从纯到杂的单向、无重复的变化。这些都是康节与温公分类思想的相似处。

不过,两套分类体系的差别也是显而易见的。首先,温公《性图》之分类,出于避免重复的考虑,其物类的总量止于五十五数。而邵雍基于"一分为二"数理原则的先天分类,不仅可以自两仪分出八卦,自八卦分出六十四卦,而且在六十四卦之上还可以继续无止境地二分下去。《观物外篇》有云:

---

① 以上论说参见拙作《北宋道学的易学哲学基础》第二章第三节。

是故一分为二,二分为四,四分为八,八分为十六,十六分为三十二,三十二分为六十四。故曰"分阴分阳,迭用柔刚,故易六位而成章"也。十分为百,百分为千,千分为万,犹根之有干,干之有枝,枝之有叶,愈大则愈少,愈细则愈繁,合之斯为一,衍之斯为万。①

由于先天分类采用的符号系统就是《周易》本有的极为简易的阴阳爻符号,可以通过不断向上添加爻画来象征物类的不断细分,因此对于每一分类层次中新出现的物类,都可用新的符号来表征,永远不会出现重复,这就是为什么先天分类可以"衍之为万",无穷无尽地进行下去。相比而言,鉴于《潜虚》采用了温公自己设计的较复杂的天地十数符号,符号之间最多只能进行两两组合,且须避免重复,其所象征的物类数量必然十分有限。这样,就分类体系的广度或可延展性而论,康节显然优于温公。

其次,邵雍先天分类系统中每一分类层次都有其具体象征意义,而且同一组分类符号在不同的范畴下可具有十分多样的物象象征,此正合于易卦"广象"之义。如同样是八卦符号(乾兑离震、坤艮坎巽),作为"天之四象""地之四象"可以象征日月星辰、水火土石,作为"天之变""地之化"又可象征暑寒昼夜、雨风露雷,作为"动植之感""动植之应"又可象征性情形体、走飞草木,等等。其中每一组象征含义的赋予,都可通过"类"与"体"的阴阳性质分化加以合理解说。② 不同于康节先天分类皆据阴阳性质之别,《性图》的物类划分根据的是五行属性之异,但遗憾的是温公完全没有道出这些由五行之性交错产生的物类分别,其具体所象为何。所谓"十纯""五配",以及介于其间的各种五行错杂状态究竟对应怎样的物性,都没有任何说明,使得《性图》对物性的描述显得过于抽象、空洞,在此方面同样不及康节。

最后,也是最关键的,邵雍先天学的物象分类系统是直接具备以天道

---

① 《观物外篇》中之上,《邵雍集》,第107—108页。
② 邵雍先天学的物性分类依据,参见拙作《北宋道学的易学哲学基础》第二章第三节。

为人世价值奠基的意蕴的。如我们在上一章曾提到过的,作为阴阳分类结果的"天之四象"日月星辰,其排序依光照程度由大至小,自然呈现出阳尊阴卑、先尊后卑的价值等次。而温公《性图》对物性分异的描述,却完全缺乏价值奠基的意图。究其原因,先天学赖以构建其分类体系的阴阳二分原则,比较容易与价值秩序建立关联,因为易道本就有崇阳抑阴的传统。而温公《潜虚》采用的五行分类原则,其价值等次就不那么直观,五行虽可与人世之五事、五常、五官等联系,但很难建立如阴阳般明确的价值高下等级。缺乏价值奠基意蕴,可谓是《性图》的最大缺憾所在。

总结来看,尽管温公《潜虚·性图》的物性分类思想与道学家邵雍的先天学分类思想有异曲同工之处,但在分类系统的延展性、具体性、价值奠基意蕴等方面均无法与先天学相比拟。由此可见,《性图》作为一种物性分类系统的建构难言成功。不过温公制作《性图》之用意或本就不在于通过物性的分类秩序为人世的价值秩序奠定基础,而在于以五行交错配合的图式展现物性之分异的同时,为《潜虚》的符号组合方式提供一种自然而非人为的、严格一贯的数学原则,这才是其作为《潜虚》诸图之枢纽的真正意义所在。实际上,《性图》之后的《名图》方集中体现了《潜虚》之价值奠基意旨,其通过精妙的符号次序安排极力彰显"中和"这一重要的儒家价值观念,呈现出与邵雍先天学迥异的价值奠基思路,这是我们下一章所要重点讨论的内容。

第六章 《名图》与"中和"

《潜虚》于《性图》之后所列为《名图》。此图的形制，一方面以《气图》确立的五行方位为基础加以铺展，将五十五个《潜虚》符号对排列为圆周图，构成一个循环往复的次序（相当于《易》之卦序、《玄》之首序），以象征万物形成之后四时五行之气周天运转的模式；另一方面，将各符号对分别赋予名号而成"五十五名"（相当于《易》之卦名、《玄》之首名），以象征人世的事为、人生的境遇，这便是《潜虚》序文所谓"性以辨名""名者事之分"。由此可见，《名图》正是《潜虚》宇宙观联结天道与人道的关键，在《潜虚》诸图中处于十分核心的地位。《名图》在符号排列方式上颇多蹊跷可怪之处，其背后实有精妙的思想考量，目的皆在于凸显"中和"这一温公最为看重的价值原则。下面我们便对《名图》的形制特征及其独特的价值奠基方式加以探讨。

第一节 《名图》形制的基本特征

总体上看，《潜虚·名图》就是《气图》所示五行、四时、四方相应的时空秩序在周天气运中的具体展开。温公为《名图》所作图说云：

> 一六置后，二七置前，三八置左，四九置右，通以五十五行叶序，卬而瞻之，宿躔从度。卬则为芞，俯则为墬，卬得五宫，俯得十数。[①]

[①] 《潜虚·名图》，《四部丛刊》三编第218册，第6页右。

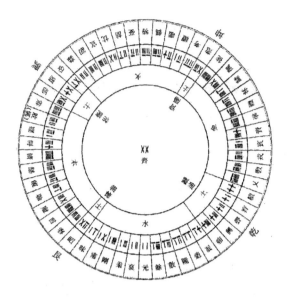

图 8 《潜虚·名图》（张晶晶《司马光哲学研究》校订版）①

按照天地生成数与五行四方的对应关系，所谓"一六置后，二七置前，三八置左，四九置右"，就是水居北、火居南、木居东、金居西，与《气图》依五行属性对于《潜虚》十个基础数字符号的方位安排基本上是一致的。而具体到《名图》五十五名符号的排序方面，这一数字特征则集中体现在每一符号对的左位之数上。如列于北方的十一名：元｜｜、哀｜‖、柔｜‖、刚｜‖、雝｜×、昧｜丅、泯丅十、造丅丅、隆丅丌、散丅‖、馀丅‖，左数非天一｜即地六丅，为水之生成数；列于南方的十一名蠢‖｜、切‖‖、宜‖‖、忱‖×、嚞‖丅、戛丌丅、特丌丌、偶丌‖、曎丌十、续丌｜、考丌丅，左数非地二‖即天七丌，为火之生成数。东、西两方诸名，其左数也分别为木、金之生成数。在此方面，《名图》可谓延续了《性图》以《潜虚》符号对之左数表示五行类属的象征方式。不过两

---

① 《潜虚·名图》今存各本皆讹误众多，唯台湾政治大学张晶晶所著《司马光哲学研究》一书所用之图校订讹误，形制精准，故引于此，后文对《名图》的讨论皆依照此版本。其具体勘定之处见此书附录《〈潜虚〉诸图》，第 202—203 页。

图符号左位数的具体象征义仍有区别:《性图》中,左数象征的是物性分类的五行归属;《名图》中,左数表征的则是与四时对应的五行之气的类别。如位列东方,符号对左数为三、八,代表的是春天运行的木气;位列南方,符号对左数为二、七,代表的是夏天运行的火气,等等。这样,五十五个符号对根据其左数五行性质加以均分,每行各有十一,分列四方及中央,象征五行之气在一年四时之中依东、南、西、北"天左旋"之次的周回运行,以及周天星宿的分布,这便是温公所说"通以五十五行叶序,印而瞻之,宿躔从度"①。

不过,《名图》相较《气图》,在土行符号的分布上仍有所差别。《气图》中土之生成数天五、地十皆居中央,而《名图》除左数属土之齐××居中央外,在东南、东北、西南、西北四隅之位另列有左数为土之生成数、隶属土行的总计十个符号对,这实际上是对于传统易学宇宙观中土气"分王四季"观念的图式化表达。"土王四季"的观念可谓源远流长,汉代经学文献《白虎通》即云:

> 土王所以七十二日何?土王四季,各十八日。……王四季,居中央,不名时。②

这是说,一年三百六十日按五行分配,每行各七十二日,木、火、金、水分属春、夏、秋、冬四时。土气性质冲和居中,不属任何一时,而是处于四时之末即"四季"的位置,每季各十八日。四时之末即是前后两时的交接处,对应到空间方位上,则是介于四方正位之间的四隅之位。对此,隋代

---

① 按中国古代天文学将周天分为二十八星宿,四方各有七宿,名为东方苍龙、南方朱雀、西方白虎、北方玄武,分别对应于春木、夏火、秋金、冬水,故《名图》可以通过五行排布与周天星宿相应,这就是温公所说"宿躔从度"。对此张敦实《发微论》有具体解说,见《潜虚发微论·名论》,《四部丛刊》三编第218册,第52页右至左。另外,之所以《名图》此处称"行"不称"名",是就《名图》与《行图》的对应而言。《名图》一名对应《行图》一"行"辞,同时除《元》《余》《齐》外五十二行一行有七变,总计三百六十四日,算上《元》当一日,《余》当四分之一日,共三百六十五有四分之一日,合于周岁日数,所以此处说"五十五行叶序"。

② 陈立:《白虎通疏证》卷四《五行》,第190页。

萧吉《五行大义》引用《龟经》的记载说：

> 《龟经》云：土，木动为辰土，火动为未土，金动为戌土，水动为丑土。又云：甲乙寅卯为辰土，丙丁巳午为未土，庚辛申酉为戌土，壬癸亥子为丑土。凡五行之主，各七十二日。土居四季，季十八日，并七十二日，以明土有四方，生死不同。①

按，古代天文学将天空划分为十二区域，分别用十二地支表示。此处所谓"木动为辰土"，即东方木之后的东南辰位，"火动为未土"即南方火之后的西南未位，依次类推"戌土""丑土"分别为西方金、北方水之后的西北戌位、东北丑位。依《龟经》之说，此四隅之位皆处四时之季末，即是土"有四方""居四季"之所指。《名图》复将此四隅位分别标名为常阳、背阳、蹛通、报德，这是采用了《淮南子》中的说法。《淮南子·天文训》云：

> 子午、卯酉为二绳，丑寅、辰巳、未申、戌亥为四钩。东北为报德之维也，西南为背阳之维，东南为常羊之维，西北为蹛通之维。②

这里的"四维"之名，就是《名图》在四隅土王之位所列名号的来历。对于土行诸符号的居位，张敦实在《潜虚发微论》中做了总括性的解释：

> 昭，一土也，处报德之维，分王于丑。却、庸、妥，三土也，处常阳之维，分王于辰。范，一土也，处背阳之维，分王于未。绩、育、声、兴、痛，五土也，处蹛通之维，分王于戌。齐，中（上）〔土〕也，处大中之内，在天其北极之任乎！③

---

① 萧吉：《五行大义》卷二，学苑出版社2014年版，第54—55页。
② 何宁：《淮南子集释》卷三《天文训》，中华书局1998年版，第207页。
③ 《潜虚发微论·名论》，《四部丛刊》三编第218册，第52页左。"中土"原文作"中上"，依上下文意校改。另外，根据楼钥《跋张德深〈辨虚〉》中的说法，张敦实《发微论》所剽窃的张汉《辨虚》原文末句作"《齐》处大中之内，斟酌造化，其斗之任乎"，以《齐》象处天之中并随周天气运旋转的北斗，更符合温公《名图》土气居中并分王四季之义；而敦实改"斗"为居中不动之"北极"，"轻改一言，失其旨矣。"见《攻媿集》卷七十二，《四部丛刊》初编1146册，第15页左。

其中提到的昭×𝐼𝐼、卻×𝐼𝐼𝐼𝐼、庸×十、妥×丅、范×𝐼𝐼𝐼、绩十十、育十丨、声十𝐼𝐼、兴十𝐼𝐼𝐼、痛十𝐼𝐼𝐼𝐼、齐××，左数皆为天五×或地十十，为土行的十一名。"齐"位于中央，其余分配四隅，象征土气居中而分王四季、贯通四时、滋育万物。

《名图》诸名左数依据五行方位的排序特征如上所述，而考察其右数的排列，也有十分显著的规律。五十五名以元丨丨为起始，其右数基本是按五行生成数从一到十、逢十返一的数字次序，亦即水、火、木、金、土的五行生序往复挨排的。这应当是对《太玄》玄首符号自一到三、逢三进一的排布方式的模仿。如五十五名前五位元丨丨、哀丨𝐼𝐼、柔丨𝐼𝐼𝐼、刚丨𝐼𝐼𝐼𝐼、雍丨×，右数由水之生数一增至土之生数五；其后是昧丨丅，右数为水之成数六；再后是昭×𝐼𝐼，右数为火之成数七。又如五十五名第十五位为得𝐼𝐼𝐼十，右数是地十土成数，其后第十六位为罹𝐼𝐼𝐼丨，右数返归天一水生数。温公就此解说云：

> 奠至之气起于元，转而周三百六十四变，变尸一日，乃授于余而终之，以步莁轨，以叶岁纪。①

这是说，以"元"为起始的五十五名顺序，昭示了天运的轨则，与以冬至日为起点的周岁历法协调一致。既然《名图》五十五名之左数是以五行类属表征五行迭王、四时循环的总体气运模式，那么，其右数便可谓表征的是在每一季节之中运转的五行之气依生序消长变化的具体阶次。这意味着，在《名图》昭示的气化图景中，主导四时、按木火金水运行之序推移的统体五行气运（诸名之左数），均是由按水火木金土递生之序依次生

---

① 《潜虚·名图》，《四部丛刊》三编第218册，第6页右。依《名图》图说所附《释音》，"奠"即古文"冬"字。

发的具体五行气运(诸名之右数)积聚而成的。① 这样,《名图》于五气运行之中含纳五气递生,便将五行的生序与行序这两种意义不同的次序,通过象数符号的左右组合、前后排列融合为一,创制为象征周天运行的统一图式,以"五十五行叶序"而"步荚轨""叶岁纪",与天象律历相契合,运思不可谓不精巧。

《名图》诸符号之右数,除上述以五行生序表征气运阶次的作用外,与诸符号之定名也有密切的关系。② 温公在《名图》解说文字中说:

> 人之生本于虚,虚然后形,形然后性,性然后动,动然后情,情然后事,事然后德,德然后家,家然后国,国然后政,政然后功,功然后业,业终则返于虚矣。故万物始于元,著于衷,存于齐,消于散,讫于馀,五者形之运也。柔、刚、雍、昧、昭,性之分也。容、言、虑、聆、觌,动之官也。繇、憯、得、罹、耽,情之訹也。㒰、卻、庸、妥、蠢,事之变也。䚯、宜、忱、喆、戛,德之涂也。特、偶、暘、续、考,家之纲也。范、徒、丑、隶、林,国之纪也。禋、准、资、宾、威,政之务也。敦、理〔乂〕、绩、育、声,功之具也。兴、痛、泯、造、隆,业之著也。③

其中将五十五名分为形、性、动、情、事、德、家、国、政、功、业十一组,基本依照《大学》"修身、齐家、治国、平天下"的次序描述了人生一世的终始历程。每组各五名,其命名多取于组别类型与符号右数之五行

---

① 我们在此借用了朱子对五行"生之序"与"行之序"的区分。朱子《太极图说解》云:"以质而语其生之序,则曰水火木金土。……以气而语其行之序,则曰木火土金水。"朱熹:《太极图说解》,载于朱杰人等主编:《朱子全书》(修订版)第十三册,上海古籍出版社、安徽教育出版社2010年版,第73页。所谓五行的"生之序"即是指从天一生水到天五生土的五行创生顺序;"行之序"则是指五行木生火、火生土、土生金、金生水、水生木的循环相生关系,对应春夏秋冬(土当季夏)四时之气推移运行的次序。
② 按《潜虚》序文云:"性以辨名",表明《潜虚》宇宙观从《性图》进展至《名图》,即是以物性之分异来辨别事物名号之差别的过程。而如上章所述,《性图》中造成物性交错变化的正是五十五符号对右数数列的五行属性,图中文字所标明的也是各组符号右数之五行,这便透露出,《名图》定事物之名所依据的物性之别异,实体现于五十五名之右数中。
③ 《潜虚·名图》,《四部丛刊》三编第218册,第6页右至第7页右。按"敦、理、绩、育、声"之"理"依《名图》图式当作"乂",《四库》本、《学案》本皆作"乂"据改。

象征义的综合。如属于"性"组之五名：柔｜Ⅲ、刚｜ⅢⅠ、雍｜×、昧｜丁、昭×ㅠ,右数分属木、金、土、水、火,其命名即源自此五行各自之"性"：Ⅲ木性柔、ⅢⅠ金性刚、×土性中和（雍）、丁水性暗（昧）、ㅠ火性明（昭）。"动"组之五名：容ⅢⅢ、言ⅢⅢⅠ、虑Ⅲ×、聆Ⅲ丁、覛Ⅲㅠ,直接取自右数五行与《尚书·洪范》"五事"即人的五种活动的对应：Ⅲ木为貌（容）、ⅢⅠ金为言、×土为思（虑）、丁水为听（聆）、ㅠ火为视（覛）。"德"组五名：礽‖Ⅲ、宜‖ⅢⅠ、忱‖×、喆‖丁、夒‖ㅠ,直接取自右数五行与五常之"德"的对应：Ⅲ木仁（礽）、ⅢⅠ金义（宜）、×土信（忱）、丁水智（喆）、ㅠ火礼（夒）。除以上几组以五行的常见象征义（与"五常""五事"等直接对应）为符号命名之外,也有少数组别采用了较为新颖的五行象征,拓展了五行取象的范围。如"功"一组,言化民易俗之功绩,其五名的取象依据分别是：敩ⅢⅢ右数属木,木为材可塑,故象教学之"敩"；乂ⅢⅢⅠ右数属金,金主决断、裁制,故象治理之"乂"；绩十十右数属土,土有生物之功,故象功绩之"绩"；育十｜右数属水,水能养物,故象养育之"育"；声十‖右数属火,火光明亮照物,君子之声闻亦求彰明远播,故象声闻之"声"。凡此种种,皆是《潜虚》仿效《易》象系统,在符号之数、象、义之间建立关联的明证,我们于第二章已有论说,此处不再赘述。

  以上我们讨论的是《名图》形制的基本特征,但细审此图,会发现有诸多细节非此基本特征所能解释。比如,就五十五名之左数依五行四时的分布看,一个明显的怪诞之处就是分布于四隅位的十个土行符号的数量并不均衡：东北、西南仅各一土,东南有三土,西北则有五土。按照土气分王四季的易学观念,每季均有十八日,应当平均分配才是,而《名图》土行诸名分布如是不齐,竟为何故？就右数的排序而言,则有三方面的疑难。首先,虽然右数大体上是按五行生成数从一至十依次排列的,却存在许多前后跳跃的情况。如自第一位元‖｜起至第七位昭×ㅠ,右数为天一水至地七火,按常理第八位之右数当为地八木（Ⅲ）,实际却跳转为容ⅢⅢ之天三木。又如湛ⅢⅡ右数本为地二火，其后当接天三木（Ⅲ），但实际跳转为牂ⅢⅢ之地八木。类似的跳跃情况在《名图》诸名右数排列中比比皆是，当作何解？其次，五十五名被分为十一组，但此分组的起始却并不在于序列首端的元Ⅰ丨。若将十一组的排序放到《名图》圆周上看，则第一组"形"之五名顺序当为散丅Ⅲ、馀丅Ⅲ、齐××、元Ⅰ丨、衰Ⅰ丨丨，为一终而复始的次第，然后才是第二组"性"之五名柔Ⅰ丨丨、刚丨Ⅲ、雍丨×、昧丨丅、昭×Ⅱ。这等于说，十一组的划分其实是从第三位之名柔Ⅰ丨丨开始的。由于《名图》右数自元起始终按水、火、木、金、土的五行生序推排，这样的分组方式便使每组五名右数的顺序都成了金、木、土、水、火，其道理又何在呢？最后，尽管前面所举"性""动""德"三组诸符号之得名直接取自右数的五行性质，但在另有许多分组，其符号命名与右数的五行象征似无瓜葛。如"事"一组五名"牂、却、庸、妥、蠢"，其右数对应五行亦为金、木、土、水、火，但却看不出金、木与牂（进）、却（退），水、火与妥（静）、蠢（动）之间到底有什么关系。那么这些分组中的符号命名究竟根据何在呢？实际上，如果我们注意到《名图》勾勒的宇宙图式所蕴涵的一个极重要的价值原则——"中和"，那么上述所有这些象数安排上的波谲云诡之处，便都迎刃而解了。

第二节 《名图》符号排布对"中和"原则的彰显

我们在第二章已经讲到过，受扬雄《太玄》影响，温公思想素重"中和"。他在《答李大卿孝基书》说："光闻一阴一阳之谓道，然变而通之，未始不由乎中和也。"又在《答范景仁论养生及乐书》中说："夫中者，天地之所以立也。……其大矣至矣，无以尚矣。"[1]均把"中和"之道看作变通阴阳、定立天地的根本原则。而作为《潜虚》宇宙观沟通天人之关节点的《名图》，正欲通过符号排布方式上对此"中和"原则的彰显，达成以天道

---

[1] 《司马光集》卷六十一、六十二，第1271、1289页。

为人世价值奠基的思想意旨。温公对《名图》五十五名之序的巧妙设计，用意皆在于此。

《名图》符号排布蕴涵的"中和"原则主要体现在三个方面。其中最为显著的方面，就是将《齐》××置于全图正中。《名图》图说云：

齐者，中也，包斡万物，故无位。①

《齐》之象由两个天五符号×组成，为土之生数。五行之气中土气性质冲和中平，天地十数中天五又处中位，故纯由天五土生数构成的符号对××可谓"中和"原则的最佳象征，其名"齐"亦训为"中"②。《名图》将其置于圆周图形的圆心部位，表示中和之气不偏居于任何一位，而是遍在于四时之中，包通、运转天地万物（"包斡万物"），为其赖以生存、活动的根基，此正合于温公所云"中者，天地之所以立也"之意。

《名图》体现"中和"原则的第二方面则并不那么显而易见，而是隐藏在表征四时气运的符号排列模式之中。以四时为单位细考《名图》符号排列的规律，便会发现，每一时的十一名符号，其第一位几乎都是此时所主五行的纯生数相配，最后一位是此时所主五行的纯成数相配，而正中间的第六位，则是其生数与成数的相配。按照五行生成数作为序数的意涵，纯生数可谓象征着气运活动的起始，纯成数象征其终结，生成相配则是处于终始之间居中调和的状态，其中无疑寓有"中和"之意。

我们下面以象征春时之气的东方木所属十一名为例加以详析。这组符号始于容ⅢⅢ，左右数均为天三，为木之生数，象征木气在春时始生。其后左数不变，右数按水火木金土之序递增，依次为言Ⅲ⦀、虑Ⅲ×、聆ⅢⲦ、觌ⅢⲤ，象征春木之气生长壮大，直到第六中位之䌶ⅢⅢ，左为天三，右为地八，恰是木之生数与成数相配，象征木气发展到奇偶阴阳相协调的"中和"状态。

---

① 《潜虚·名图》，《四部丛刊》三编第218册，第6页右。
② 按"齐"本为齐一之意，而温公认为"中"亦是"一"，是天地万物的普遍基础，所以以"中"训"齐"。对于温公"中和"原则的具体意涵，我们会在下一节详加讨论。

《繇》名之后的符号,其左数皆由天三生数变为地八成数来表征其木之五行类属,这实际上是由第五章讨论《性图》时总结出的《潜虚》符号对条件式所决定的。我们当时以 $P_左$、$P_右$代表《潜虚》符号组合的左数与右数,所列条件式如下:

$$\begin{cases} P_右 - P_左 \leqslant 5(P_右 \geqslant P_左) & (1) \\ P_左 - P_右 > 5(P_右 < P_左) & (2) \end{cases}$$

因繇 ‖‖ ⊤⊤ 之后右数当增至天九,如果左数仍为木生数天三,则是在右数大于左数的情况下两者相差大于五,不符合上述条件式中的不等式(1),所以左数必须变为木成数地八方可满足条件。以此类推,第七位至第十位的开始的憳⊤⊤ ‖‖‖、得⊤⊤ ╋、罹⊤⊤ ╎、湛⊤⊤ ‖左数均须为木成数⊤⊤。在其象征意义上,生数转为成数则表明木气由始生转为成熟乃至衰老,至最末的第十一位耔⊤⊤ ⊤⊤,纯为木之成数相配,象征春时木气发展到极致,将向下一时节之气运转化。

由此可见,春时十一名起始的容‖‖ ‖‖‖、正中的繇‖‖ ⊤⊤、终末的耔⊤⊤ ⊤⊤将东方春木之气的运化过程分为前后两段。从始位至中位的前半段表征木气自纯生数起始,在稚嫩中逐渐成长,可谓"不及";中位以后至终位的后半段则表征木气在成熟后走向衰杀,直到纯成数至极当变,可谓有"过";而正中间生成相配的一位上,木气获得其恰如其分、无过不及的圆满状态。这样,唯有"中和"方为一时气运的适宜成就,前此则不足,后此则过度,"中和"之价值由此便在自然气化中彰显出来了。

《名图》春、夏、秋三时所属符号,皆遵循上述蕴涵"中和"价值原则的排布模式。除我们上面讨论的春时十一名外,夏时十一名始于火纯生数相配之蠢‖‖‖ ‖,中于火生成数相配之戛‖ ⊤⊤,终于火纯成数相配之考⊤⊤ ⊤⊤;秋时十一名,始于金纯生数相配之徒‖‖‖‖ ‖‖‖‖,中于金生成数相配之准‖‖‖‖ ⊤⊤⊤⊤,终于金纯成数相配之义⊤⊤⊤⊤ ⊤⊤⊤⊤,基本模式均同。由此亦可很容易地解释上节末尾提到的《名图》符号右数存在跳转的现象。如东方春时十一名第十为湛⊤⊤ ‖,右数为地二火生数,这样第十一位右数应以木续火,为天三木生数,但因为此位是春时之末,必须安排木之纯成数相配,故右数跳转为地八木成数而为寿𝍦𝍫,仍是按五行生序以木续火。南方夏时十一名也类似,其第十位为续𝍡丨,右数天一水生数,本当接地二火生数,但第十一位同样是夏时终末,所以右数跳转为天七火成数而为考𝍡𝍡。秋时诸名第十位敦𝍫𝍦右数天三木,到末位乂𝍫𝍫右数天九金的跳转,也是同理。可见,为了凸显四时气运中的"中和"原则,右数按天地十数从一至十、逢十返一的数字次序是可以进行灵活调整的。既然生数与成数具有相同的五行归属,那么在以右数表征水、火、木、金、土的五行递生次序方面,两者便可谓是等价的,能够相互替换。

不过,《名图》四时诸名中,北方冬时属水的十一名排序,却与上述模式不尽相符。其中,水之纯生数相配的元丨丨并不在冬季的起点,而是位于其中段。个中原因在于,《潜虚》欲以其卦序与历法相配合,而历法中一年之气的运行起点在于冬至,这样就把冬季分成了冬至到春季之前的岁首与秋末到下一年冬至之前的岁末两段。《潜虚·名图》云"奥至之气起于元",即是以属于冬时水行的《元》名对应冬至,为五十五名次序的起始点,这样便也把冬时十一名在图中分成左右两段,显然不可能满足始于纯生、终于纯成、中于生成配合的模式,而只能以左数由生至成的变化大略反映冬时水气的消长过程。故冬时左半段起于元丨丨,经衷丨𝍠、柔丨𝍦、刚丨𝍫,雍丨×,左数皆为天一水生数,象征水气在岁初始生渐长;至第六位昧丨丅,为水生成数相配,表示水气发展完备,冬时前半段即告结束。右半段五位则为泯丅十、造丅丅、隆丅𝍡、散丅𝍦、余丅𝍫,左数均为地六水成数,象征水气在岁末过于成熟以至消衰,最后并未以纯成数丅丅作结,可以说是四时之中唯一的特例。

《名图》蕴于四时诸名次序之中、彰显"中和"价值的符号排布模式,同样可以使上节提到的土行除《齐》以外十名"分王四季"但分配不均的问题获得合理的解答。由于春、夏、秋每一时节的符号序列必始于所主五行的纯生数,终于其纯成数,这便意味着前一时之末与后一时之首两名右数的五行属性,必定在五行对应四时的运行之序即木、火、金、水之序中是相邻的。不过,在运行之序中相邻的五行,在递生次序里却并不相邻,而必有间隔(如运行次序中木、火相邻,但按五行生序,木到火尚隔金、土、水三位)。但《名图》诸名右数又须严格按照五行生序排列,这便意味着,一时终结处的符号右数,必定需要间隔几位,才能与下一时起始处的符号右数相接,而间隔的这几位刚好可以用"王于四季"即位处前后两时之交的土行诸名填充。复因运行之序中相邻的五行放到递生之序中,其间隔不尽相同,便决定了土行诸名分配在四时交接处的符号数目是不均等的。

具体来说,冬时左半段终结于昧丨丅,右数属水,其到春时初始右数属木的容𝍫𝍫,右数只需间隔火一位,故配以土行的昭╳丅,右数接《昧》之地六,为天七火成数。其后《容》之右数本应为地八木,但因其处春时之首,须纯为木生数相配,故跳转为天三木。由此时处冬春之际、方位东北的报德之维,只配"一土"。春末之名羑𝍫𝍫,右数属木,到夏时初始、右数属火的蠢𝍫𝍫,右数需间隔金、土、水三位,故配以土行的卻╳𝍫、庸╳十、妥╳丅三名。其中《卻》《庸》右数分别是天九金、地十土,而《妥》右数本应逢十返一,为天一水,但实际跳转为地六水。这是由于土行与四时诸名一样,需用左数由生到成的变化反映气运消息,而冬春、春夏之交为阳长生物之时,所以左数均须配天五土生数。如果《妥》右数是天一水,显然不符合《潜虚》条件式中的不等式(2),故以水成数替代生数为╳丅,使其满足条件。其后的《蠢》复因处夏时之首,须纯为火生数相配,右数再跳转为地二火。由此时处春夏之际、方位东南的常阳之维,配有"三土"。夏末之名考𝍫𝍫右数属火,到秋时初始、右数属金的徒𝍫𝍫,右数上只需间隔木一位。而夏秋之交,犹是生物时节,故配以土行的范╳𝍫,其左数仍是天五土生数,右数接《考》之天七为地八木。其后《徒》因处秋时之首,须纯为金生数相配,故右数跳转为地四金。由此,时处夏秋之际、方位西南的背阳之维,亦只配"一土"。及至秋末冬初,由于冬时并不严格遵循以纯生、纯成为始末的模式，故不必考虑右数金到水的间隔，而将土行剩余的五名全部配位于此。秋冬之交，万物由成熟转为肃杀，土行左数相应由天五土生数变为地十土成数，右数则接秋末乂 𝍨 𝍨 之天九金，按天地之数次第排序为绩 ＋ ＋、育 ＋ 𝍠、声 ＋ 𝍡、兴 ＋ 𝍢、痛 ＋ 𝍣。故时处秋冬之际、方位西北的蹏通之维，配有“五土”。其后冬时水行后半段的排列，则为接续此处土行的顺序而来。《痛》之右数为地四金，当续以天五土，但水行后段左数已变为水成数地六，左六右五相配不符合《潜虚》条件式的不等式(2)，故右数转为土成数地十，为泯 𝍥 ＋。《泯》之后的《造》右数应逢十返一为天一水，但左六右一同样不满足不等式(2)，所以右数再度跳转为水成数地六，为 𝍥 𝍥。其后诸名右数按天地之数次序递增为隆 𝍥 𝍦、散 𝍥 𝍧，终结于右数属金的余 𝍥 𝍨，算上居中无位、右数属土的齐 × ×，刚好与位于五十五名起首、右数属水的元 𝍠 𝍠 相接，形成了一个周而复始的完整循环次序，以象征一岁气运之周行不息。

总结来说，《名图》以始于纯生、终于纯成、中于生成配合的模式排列四方四时诸名符号，又利用两时首尾符号右数在五行递生次序上有间隔的特点，于季节交界处分配土行符号，这样就在象征四时顺布、土王四季之周岁气运的“五十五行叶序”中，彰显了“中和”的价值原则。其中涉及的思想要素，如天地之数与五行生成数、五行递生之序、四时运行之序、《潜虚》符号对条件式等，皆属自然原理，并非人为造作，这便为“中和”之价值找寻到了自然天道的牢靠根基。《名图》符号排布上看似诡谲蹊跷之处，如右数在五行生成数上的跳转、土行诸名分布之不均等，其实都是温公为凸显“中和”价值所做的精妙思想考量的体现。根据我们以上所做的分析，可以将《名图》诸名标明其符号左右数的五行属性列为下表，温公此图绝妙的象数设计便可一目了然了：

表1 《潜虚·名图》五十五名左右数五行属性表

五十五名	左数	右数	十一组
元ǀǀ	水一	水一	形
哀ǀǁ		火二	形
柔ǀǂ		木三	性
刚ǀǃ		金四	性
雍ǀ×		土五	性
昧ǀㅜ		水六	性
昭×ㅠ	土五	火七	性
容ǂǂ	木三	木三	动
言ǂǃ		金四	动
虑ǂ×		土五	动
聆ǂㅜ		水六	动
觌ǂㅠ		火七	动
舔ǂǂ		木八	情
惇ǂǂ		金九	情
得ǂ十		土十	情
罹ǂǀ	木八	水一	情
湛ǂǁ		火二	情
寿ǂǂ		木八	事
卻×ǂ		金九	事
庸×十	土五	土十	事
妥×ㅜ		水六	事
蠢ǁǁ		火二	德
切ǁǂ		木三	德
宜ǁǃ	火二	金四	德
忱ǁ×		土五	德
喆ǁㅜ		水六	德
戛ǁㅠ		火七	德

续表

五十五名	左数	右数	十一组
特𝍩𝍫	火七	木八	家
偶𝍩𝍫		金九	
暤𝍩十		土十	
续𝍩丨		水一	
考𝍩𝍩		火七	
范×𝍫	土五	木八	国
徒𝍫𝍫	金四	金四	
丑𝍫×		土五	
隶𝍫丁		水六	
林𝍫𝍩		火七	
禩𝍫𝍫		木八	政
准𝍫𝍫		金九	
资𝍪十	金九	土十	
宾𝍪丨		水一	
戚𝍪𢆉		火二	
敦𝍪𝍠		木三	
乂𝍪𝍫		金九	功
绩十十	土十	土十	
育十丨		水一	
声十𢆉		火二	
兴十𝍠		木三	
痛十𝍫		金四	
泯丁十	水六	土十	业
造丁丁		水六	
隆丁𝍩		火七	
散丁𝍫		木八	形
馀丁𝍫		金九	
齐××	土五	土五	

除以上所论外，《名图》尚有第三个体现"中和"原则的层面，这便是五十五名的分组方式。我们说过，温公将五十五名均分十一组，分别是形、性、动、情、事、德、家、国、政、功、业，代表着人之一生自始至终依次经历的成形、禀性、有动、生情、行事、修德、居家、入国、施政、建功、立业十一个阶段，每组五名，象征不同人生阶段所要面对的人生处境。① 其组别划分在五十五名次序中始于《柔》名，这样就让每组五名的右数五行属性必定按照木、金、土、水、火的次序排列。这一分组方式看似奇怪，实则大有深意：此序列前后的木与金、水与火构成了两组阴阳对待关系，而具有冲和性质的土居于中间位置，正象征着阴阳调和的中道。如此，再根据阴阳与中道的特点，结合所在组别为各组符号赋予名义，便使每一组五名所象征的人世处境中都蕴寓了"中和"原则。十一组中除"性""事""德"等组别符号是直接根据右数五行性质命名外，其余各组几乎都采用了上述的赋名方式。

另外值得注意的是，由于水火在五行生序上处于最先，木金处于其次，所以当温公借助右数的阴阳对待关系为符号赋名时，右数为水火者通常具有首要的、源始性的特点，右数为木金者则相对是次要的、衍生性的，右数为土者则处于居中调和的核心地位。② 典型的如"事"之一组五名：耒⚋⚋、卻×⚋、庸×十、妥×丁、蠢‖‖。"妥""蠢"训义为"静""动"，静阴而动阳，为阴阳对待关系。在人之行事中，动静最为基础，故以《妥》《蠢》两名命名右数分别为地六水（阴性）、地二火（阳性）的×丁、‖‖。"耒""卻"训义为"进""退"，阳进阴退，也是阴阳对待。进退在人事中皆为动之一端，相对动静处于衍生地位，故以《耒》《卻》命名右数分别为地八木（阳性）、天九金（阴性）的⚋⚋、×⚋。"庸"训为"常"，即中庸

---

① 需要注意的是，《名图》十一分组所象人事处境很大程度上是针对君主立论，其中国、政、功、业等均直接涉乎君主。温公于《名图》图说末尾云："为人上者将何为哉？养之、教之、理之而已。"(《潜虚·名图》，《四部丛刊》三编第218册，第7页左）可见温公是将始于"形"终于"业"的十一分组归结为告诫"为人上者"即君主如何做治国育民的一种政治主张。

② 张晶晶在其研究中亦注意到《名图》五十五名分十一组，每组"均以中间之名为全组之核心"，体现出"中"的原则（《司马光哲学研究》，第44页），但并未发现这一原则在《名图》象数符号特征上的表现。

之"庸",无论动静、进退,都需要遵循不偏不倚、无过不及的常道才能恰如其分,故以《庸》命名处五名正中,右数为地十土的×十。又如"家"一组五名:特ㅠㅁ、偶ㅠㅁ、曋ㅠ十、续ㅠㅣ、考ㅠㅠ。特、偶即夫、妇,续、考即子、父,夫阳妇阴,父阳子阴,皆为阴阳对待。而在五伦之中,父子一伦最具根源性,夫妇则居其次,故以《续》《考》命名右数分属水、火的ㅠㅣ、ㅠㅠ,以《特》《偶》命名右数分属木、金的ㅠㅁ、ㅠㅁ。"曋"训为"亲",无论父子还是夫妇皆是亲人,"亲"可谓是无特定阴阳偏向的中性称谓,故以《曋》命名居中位、右数属土的ㅠ十。

即使在以右数五行属性直接命名的分组中,类似的模式同样可以体现。如"性"组五名《柔》《刚》《雍》《昧》《昭》,木柔与金刚、水暗与火明分别构成两组阴阳对待,土雍和居中,其性阴阳调和适中,象征中正不偏的理想人格。又如"德"组五名《切》《宜》《忱》《喆》《戛》,木仁与金义、水智与火礼也分别构成阴阳对待,土信居中,不偏于阴阳,表明五常之德皆赖诚信以成立。

不过十一组中亦有既非取右数五行之象,也非遵照上述"阴阳-中道"原则命名的分组。如居于五十五名序列首末的"形"组:元ㅣㅣ、哀ㅣㅠ、齐××、散丅ㅠ、余丅ㅁ,表征万物与人的形体从产生到消亡的过程。排除居中无位的《齐》名不看,元、哀、散、余之名完全取自右位水、火、木、金之数的前后递生次序,以象征构成形体之气起始而聚合,聚合而消散,消散之后仍有盈余这一物形终始的四阶段历程。五十五行以《余》为终,正是仿拟《周易》卦序之终于《未济》,《太玄》首序之终于《踦》《嬴》,表明气运在岁末万物肃杀之时并未彻底息止,而是保有盈余,终将周而复始、生生不息。"形"组仍以右数属土齐××居中,为"中和"原则的体现,既是万物生命赖以存续的基础(《名图》图说云"存于齐"),也是五十五名所象周天气运与人生处境所共同依据的准则。

这样来看,通过水火、木金阴阳对待,土居中调和这一巧妙的分组方式,"中和"原则便体现在十一组五十五名所代表的每一人生阶段之中,可以说是将天道气运中蕴涵的"中和"价值在人事领域现实化和具体化了。然而,如果对于温公而言,"中和"仅仅意味着某种阴阳调和不偏的中性状态,那么在很多情况下这一重要原则将起不到任何价值规范的意义。比如在前面举过的"家"一组中,父子、夫妇以"亲"为中道,如果"亲"仅仅是对所有亲属关系的中性称呼,那么如何能以此为原则规约父子、夫妇的伦理行为呢?这样的"中道"恐怕只能沦为空谈了。而在另一些情况下,中道的内容则十分令人费解。比如"业"之一组涉乎国之基业,其五名:兴╋⫶、痡╋⫶、泯⊤╋、造⊤⊤、隆⊤⫶,属于直接取右数五行性质命名之例:"兴"训"起",象征基业兴起,取右数春木生物之义;"痡"训"病",象国祚积弊衰病,取金阴杀物之义;"造"训"始",象国业肇始,取水列五行生序之首,有初始之义;"隆"训"盛",象国业壮大盛满,取火势光明盛大之义。以上诸名取义都很清晰,唯独居中属土者竟为"泯",象基业之泯灭消失,一国之业如何能以消泯为其"中和"之道呢?所有这些问题都表明,"中和"的概念作为温公思想的核心要素,似乎并不仅仅具有"居中调和"这样简单的意涵,因此我们有必要结合司马光的其他思想文本,对其主张的"中和"之义作一更加细致的辨析。

第三节 司马光哲学思想中的"中和"观念

上一节中我们看到,《潜虚·名图》在以五十五名符号排布对自然气运模式的表征中,通过种种巧妙的设计凸显出温公极为看重的"中和"原则,作为其达成价值奠基意旨的独到方式。不过,"中和"或"中"作为一种价值观念在温公思想中的具体意涵①,尚待进一步分析。温公文集、著

---

① 需要注意的是,司马光并未像二程、朱子及其后的理学家那样严格地辨析"中"与"和"的差别,其《中和论》中有"中和一物"之说(《司马光集》卷七十一,第1453页),以"中"与"和"为等价的概念表达。且"中""和"互训,古已有之,郑玄注释《蹇·彖传》"往得中也"时即云:"中,和也。"(见王应麟辑:《周易郑康成注》,《四部丛刊》三编第12册,第13页左)温公大概也是继承了郑玄的这一训释,将"中"与"和"等同。因此本书也将此二者作为同义概念加以讨论。

述中论"中"之处甚众,而在多数情况下,他仍然是以"无过不及"这一常见释义解读"中和"观念的。比如,在《答范景仁论养生及乐书》中,温公即云:

> 夫人之有疾也,必自于过与不及而得之。阴阳风雨晦明,必有过者焉;饥饱寒燠劳逸喜怒,必有偏者焉。使二者各得其中,无疾矣。①

既然人之有疾是因阴阳、饥饱等方面的"过与不及",无疾之方则在于"二者各得其中",那么显然"中"就是"无过与不及"之义。在温公与韩秉国关于中和观念往复辩论的书信《答韩秉国第二书》中,温公更明确地提到:"秉国以无形为中,光以无过与不及为中。"而在其对《老子》四十二章"道生一,一生二,二生三"的注释中,温公以"分阴分阳"解"一生二",以"济以中和"解"二生三"②,显然也是以阴阳之调和不偏、无过不及来理解"中和"之意的。

但在"无过不及"这一基本含义之外,温公还赋予"中"以极高的思想地位,把它看作是"天地之所以立",可以与《易》之"太极"、《礼》之"中庸"、《书》之"皇极"等同③,这便在"中和"观念中添入了另一重更具根本性的意涵,即作为天地万物成立之普遍、统一根据的"一"之意涵。《温公易说》注释《系辞》"易有太极"一章时说:

> "易有太极",极者,中也,至也,一也。凡物之未分,混而为一者,皆为太极。……太极者何?阴阳混一,化之本原也。两仪者何?阴阳判也。四象者何?老少分也。七九八六,卦之端也。八卦既形,吉凶全也。万物皆备,大业成也。④

温公将"太极"之"极"同时训为"中"与"一",便是将"中"和"一"等

---

① 《司马光集》卷六十二书启五,第1289页。
② 《道德真经论》卷三,《正统道藏》第12册,第268页上。
③ 《答范景仁论养生及乐书》:"夫中者,天地之所以立也。在《易》为太极,在《书》为皇极,在《礼》为中庸,其德大矣至矣,无以尚矣。"(《司马光集》卷六十二书启五,第1289页)
④ 《温公易说》卷五,第587页。

同起来了。而"一"的具体含义是"物之未分,混而为一",从字面上看即是事物尚未分化的、无差异的同一或单一状态。这样,作为"一"或"中"的"太极",便构成了分化出"两仪""四象"直至万物的混一无差别的生成起点。《易说》解"大衍之数五十"一章,便以这样的"太极"或"中"之义推演阴阳五行最初产生的过程:

> 光谓易有太极,一之谓也。分而为阴阳,阴阳之间必有中和,故夫一衍之则三而小成,十而大备。小衍之则为六,大衍之则为五[十]。一者,数之母也。数者,一之子也。母为之主,子为之用,是故小衍去一而为五行,大衍去一而为揲蓍之数。①

这段注释,与温公解《老子》宇宙观"道生一,一生二,二生三"之"自无入有""分阴分阳""济以中和",可相互参看。所谓"易有太极,一之谓也",即"道生一"之"一",为"自无入有",即从宇宙本根"道"或"虚"之无形入于气之有形的阶段。"分而为阴阳",即"一生二",为混而未分的"太极"之"一"分化为有差别的阴阳之气之"二"的阶段。"阴阳之间必有中和",即"二生三",阴阳之气相互调和,成为阴阳不偏的中和之气,并阴、阳为"三"。数字从太极之"一"推演至阴、阳、中和之"三"为小有成就("小成"),进一步至"十"则大为完备("大备")。由"三"数再推演加倍为"六",即"小衍"之数,其中去除为主的太极之"一"为"五",即是五行之数。由"十"数再推演加倍为"五十",去太极之"一"成四十九,为"揲蓍之数"。这样,温公便从数字演算的角度,解释了阴阳五行是如何从作为"中"与"一"的原初太极之气中产生出来的。②

以上注释看似融贯,但却透露出"中"之观念在内涵上的一个明显问题:太极作为"混一未分"之"一"或"中",必存在于阴阳差异出现之前;而"一"衍为"三",其中又含"中和",此作为阴阳之"无过不及"状态的"中

---

① 《温公易说》卷五,第584页。其中"大衍之则为五十",原文"五十"作"五",依上下文意校改。
② 此段数字推演实用关朗之说,见温公注释前引"关子明曰"一段,同上书,第584页。

和"却产生于阴阳差异出现之后。"混一未分"之"中"与"无过不及"之"中"之间显然存有张力,那么这两种"中"之意涵究竟是何关系?两者说的是同一个"中"吗?

实际上,如果回过头来细究《易说》"易有太极"一章的注释,就会发现刚才凭字面含义对"混一未分"之"中"的理解,恐怕并不全合温公本旨。在这段注释冗长的后文中,温公列举了多条喻例来阐明"太极"之意,其中以设问手法阐述"太极"有形无形问题的一条譬喻尤其值得注意:

> 或问太极有形无形。曰:合之则有,离之则无。何谓也?曰请以宫喻。夫宫者,土木之为也。举土木则无宫矣。土木者,堂墉栋宇也。举堂墉栋宇则无土木矣。虽然,合而言之,则宫巍然在矣。①

在这条比喻中,"太极"被比作宫室,阴阳五行等被比作构成宫室的土木结构。② 宫室与土木间的关系,显然不是宫室作为无差别的混一物生出土木,而是土木作为部分构成了宫室这一统一整体。这意味着,作为"中"与"一"的太极,与阴阳五行之间并不仅仅是无差别物与有差别物间的生成关系,而更可以是统一整体与差别部分之间的逻辑关系。也就是说,太极不仅仅是生成阴阳五行的起点,更是由阴阳五行共同构成、内含着阴阳五行之差异性的统一体。温公进一步论述说:"举土木则无宫",将整体的各部分离析列举,就看不到整体本身了;"合而言之,则宫巍然

---

① 《温公易说》卷五,第588页。按司马光在《道德真经论》注《老子》三十九章"故致数舆无舆"云:"式较轵辕,各指其名,则无复舆矣。"(《正统道藏》第12册,第267页下)与此处"举土木则无宫矣"同义。此类譬喻盖源自佛教华严宗法藏之"椽舍喻"。法藏欲通过对屋椽与房舍、部分与整体间关系的讨论论证华严"一切即一,一即一切"之旨。对于法藏此喻,今人章太炎于《齐物论释》中有所阐述和批评,见《章太炎全集·齐物论释定本》,上海人民出版社2014年版,第108—109页。
② 具体来说,此段比喻是以宫室比太极,土木比两仪,堂墉栋宇比四象。宫室作为整体可分析为土、木作为其组成部分,土、木作为整体可进一步分析为堂、墉、栋、宇为其组成部分(堂墉属土结构,栋宇属木结构),这便相当于《系辞》所说的"太极生两仪""两仪生四象"。分开看其部分,则不见整体,所以说"举土木则无宫矣","举堂墉栋宇则无土木矣"。

在",将各部分统合为一体来看,整体就会显现。这之中的离析与统合,显然不是在现实中将宫室拆除成各个构件或是用各个构件重建宫室,而是思想上加以分析综合的过程。那么,所谓"物之未分,混而为一"之"中",便也不单单是具体地指称在现实中尚未分化的原初之物的混一状态,更可以抽象地指称在思想中未析解成各个部分的事物整体的统一状态。①

温公此段注释中列举的其他譬喻,也可以佐证我们以上对"中"作为整体之"一"的分析:

> 太极,天也。乾坤,日月也。四象,五宫也。八卦,十二辰也。六十四卦,列宿也。众爻,三百六十有六度也。太极,地也。乾坤,山泽也。四象,四方也。八卦,九州也。六十四卦,万国也。众爻,都邑也。太极,岁也。乾坤,寒暑也。四象,四时也。八卦,八节也。六十四卦,十二月也。众爻,三百六旬有六日也。

若以"太极"为天,则日月、五宫、十二辰为其"两仪""四象""八卦",这里显然不是天生出了日月、五宫,而是日月、五宫作为部分共同构成了天空这一整体。同理,以"太极"为地,则山泽、四方、九州为其"两仪""四象""八卦",也同样是各种地理区域作为部分构成了统一的大地。以"太极"为岁,则寒暑、四时、八节为其"两仪""四象""八卦",也是以不同跨度的计时单位为部分,共同构成年岁这一整体的历法单元。类似的整体部分关系可推广到任何事物上,故温公云:"凡物之未分,混而为一者,皆为太极。"从天地宇宙到一草一木,凡是可以在思想中把握为由部分构成统一整体的事物,都体现着"太极"即"中"之统一性原则。如是,温公一转传统易学对《系辞》"易有太极"章的宇宙生成论解读,将太极与两仪、四象、八卦的关系创造性地诠释为整体之"一"与部分之异的关系,由此

---

① 司马光在《答范景仁论养生及乐书》中谈及他对《左传·成公十三年》刘康公所云"民受天地之中以生"的理解时说:"盖所谓生者,乃生存之生,非始生之生也。"(《司马光集》卷六十二书启五,第1289页)也是强调"中"并不仅仅是生成万物的起始点,更是万物赖以生存的普遍性、统一性原则。

也阐明了具有整一意涵的"中和"原则遍在于天地万物的绝对普遍性。

从以上分析我们看到,温公所讲的作为"太极"之"一"的"中",可以抽象地意指任何事物内含部分差异性的整体统一性。而整体与部分的关系,按温公宫室土木之喻的论证,是"合之则有,离之则无",即是说差异部分的统合是整体存在的逻辑前提,在逻辑上差异性先于统一性。在此方面,"混一未分"之"中"与作为差异性之调和状态、因而逻辑上同样后于差异性的"无过不及"之"中"并无冲突。如果再深入一步思考,我们便会发现,具有整体性意涵的"中"若欲成为一价值原则,就必定要在内涵上包纳"无过不及"之"中"。这是因为,尽管差异性的任意组合都可以构成某种整体,但是欲构成价值上善好的、能够长久维系的整体,显然是要对其各部分的组合方式有所要求与限定的。仍以宫室为例,一间合格的宫室不可能通过土木结构的随意堆放建成,而必定要求土木作为其组成部分,按照修建宫室的规制处于恰当合宜的位置。这一对各部分恰当合宜状态的规定,不正是"中"之"无过不及"之意吗?《易说》于"易有太极"章的另一段注文中说:

> 阴阳不相让,五行不相容,正也。阴阳醇而五行不杂,中也。阳盛则阴微,阴盛则阳微。火进则木退,土兴则水衰。阴阳之治,无少无多;五行之守,无偏无颇。尸之者其太极乎?故太极之德一而已。①

"太极"之"中"是阴阳五行共同构成的整体,但在此整体中阴阳五行的关系绝非任意,而是有着"淳"与"不杂"的规定性。这一规定性,无疑就是"无少无多""无偏无颇""无过不及"的"中"之内涵。从另一个角度看,"阴阳不相让,五行不相容",阴阳五行之气性质本来相反不容,这本是天地之间"正"之秩序性的体现。但如果仅有"正"的原则,宇宙必因阴阳五行之性的相反相背而陷入分裂的局面。阴阳五行所以能变通乖违不

---

① 《温公易说》卷五,第589页。

合的本性,以醇和不杂的理想状态融合为一,其所主("尸之者")仍在具有"一"之德的"太极"。这意味着,唯独在一个理想的整体之中,各种差异性才能通过整一结构所含具的"无过不及"之"中和"原则的限定,而获得最为恰当合宜的存在状态。可见,尽管部分的差异性是整体成立的前提,但整体性却能给差异性提供合宜共存的基础,就此而言,作为整体性的"一"或"中",又是凌驾于差异性之上、具有超越性与价值性的根本原则。故温公于《易说》此章注释中说:"阴阳相违,非太极则不成;刚柔相戾,非中正则不行。"①由此,遍在于天地万物的"太极"之整体统一性,就为所有事物都提供了一个普遍的、以"中和"为目标的价值准绳。温公于《答李大卿孝基书》中说:

> 光闻一阴一阳之谓道,然变而通之,未始不由乎中和也。……故阴阳者,弓矢也;中和者,质的也。弓矢不可偏废,而质的不可远离。②

阴阳如同弓箭,"中和"则如同弓箭射向的靶标。对于阴阳之气以及由其构成的天地万物来说,"中和"作为"质的"虽然"不可远离",但弓矢射向质的仍需要一个过程,这意味着"中和"这一理想目标并非现成完具,而是一切事物都内在具有从过度或不及状态趋于"中和"之理想状态的根本倾向。此种根本倾向,正具备了价值应然性的特征。③ 故阴阳之气"必有中和",《名图》所示五十五名周天轮转而齐××必居其正中,四时之中五行气运必在初始(纯生数)与终极(纯成数)之间存一"中和"阶段(生成相配),凡此皆是事物内禀的"中和"之本质价值倾向的具体体现。正如温公在注释《老子》四十二章"故物或损之而益,或益之而损"时

---

① 《温公易说》卷五,第588页。
② 《司马光集》卷六十一书启四,第1271—1272页。
③ 余敦康先生指出,司马光的"中和"观念是将"事物的本然状态转化为应然的价值准则和理想目标",达成了"宇宙论、价值论、方法论三者的统一"(见氏著《汉宋易学研究》,华夏出版社2006年版,第173页)。张晶晶也将司马光宇宙论思想之"中"的观念解释为含具在气之中的"价值倾向"(见《司马光哲学研究》,第44—47页)。

所说:"满招损,谦受益,皆所以去甚泰,就中和。"①事物的一切损益变化,最终都是要去除"甚泰"之偏颇,趋向协调、适宜、统一的应然"中和"状态。

总而言之,温公思想中"混一未分"的"中"之观念,并非仅在字面意义上意指无差别的、空洞无物的同一状态,其更重要的内涵是抽象地意指内含各部分之差异性,同时包纳"无过不及"之价值目标的整体统一性。因此,"混一未分"之"中"不仅与"无过不及"之"中"不相矛盾,而且在内容上含具后者,具有更根本的意义。而前引《易说》"易有太极"章注释对于"中"与"正"两种原则的分判,也暗示出《潜虚·名图》对于"中和"原则的凸显,是与"正"之秩序性原则所代表的以天地实然秩序为人世价值立根的思想方法相区别,真正具有价值应然性特征的价值奠基思路。

将上述对温公思想"中和"观念的分析,运用到《名图》诸名所象人世境遇中,便可更准确地理解五十五名十一分组之中,兼有"统一"与"适中"二重含义的"中和"原则是如何得以具体呈现的。如上节所举"家"一组五名:特⚏、偶⚏、曛⚏、续⚏、考⚏,特(夫)、偶(妇)与续(子)、考(父)为两组阴阳对待关系。而居中位的曛(亲),则是所有亲属关系的总称。显然,并非任意的夫妇、父子关系都能构成整全的亲曛人伦,《曛》作为居中位的统体之名,内在即包含着如父子有亲、夫妇有别等"无过不及"的合宜中道为其家人之道的具体内容,以此中道为目标,特、偶、续、考方能统一于"曛",成就和睦融洽的家庭生活,这就是"家"道之"中和"原则的具体体现。又如"家"之后的"国"组五名:范⚏、徒⚏、丑⚏、隶⚏、林⚏。"范"训"师","徒"训"生",师为阳,生为阴。"隶"训"臣","林"训"君",君阳而臣阴。师生、君臣皆为国家范畴内的非血缘关系,构成两组阴阳对待,其中君臣更为根本,故以《隶》《林》名右数为水、火的⚏、⚏,《范》《徒》名右数为木、金的⚏、⚏。

---

① 《道德真经论》卷三,《正统道藏》第12册,第268页上。

⚏×右数土居中,名为《丑》,训"友",表明师生、君臣虽然尊卑地位相差悬殊,却应以成为道德修养上平齐之"友"为其共同的价值目标。① 朋友关系正构成了能将师生、君臣间的尊卑关系连通为一的适宜中道,国人竞相为友,国家自然团结如一。再如其后的"政"组五名:禋⚏⚎、准⚏⚍、资⚏十、宾⚍丨、戚⚍⚋。此组命名直接取自右数五行之象:⚏⚎右木主生,故象生民之祭祀("禋"训"祀");⚏⚍右金主杀,故象禁民之法度("准"训"法");⚍丨右水有交通之义,故象宾客之结交(名《宾》);⚍⚋右火能焚物,故象兵战之惨烈("戚"训"兵")。⚍十右土居中,名《资》,训"用",为财用之意。② 祭祀、法度、外交、战争诸种政治活动,皆不能离于国家财政,否则便成空谈。而财政欲成利国之用,必须针对禋、准、宾、戚诸政事适中合宜地分配管理财富,使得各个方面都无所偏颇、恰到好处,由此形成总体性的施政理财方略,这便是"资"作为"政"道之"中和"原则的意义。

《名图》十一组每组之内居中一名所体现的"中和"原则,基本都可以按照上述思路加以阐说。其中特别值得玩味的是上节提及的五十五名最后的"业"之一组。我们说过,这一组象征的是"基业",可谓人世活动之最高及最终者。右数属木、金、水、火的四名分别是兴十⚎、痛十⚍、造丁丁、隆丁⚏,分别象征基业的兴起、衰病、创始、隆盛。而其中位右数属土的则是泯丁十,象征基业的最终泯灭。这种看似费解的安排,实则透露着作为史学家的温公对于兴亡盛衰之人世历史进程的深刻思考。《名图》图说云:"业终则返于虚矣",无论何种基业,经历创始、隆盛、兴起、衰病之后,终有灭亡的一天,这是其一致的、必然的历史命运。以

---

① 《周易·兑·大象》云:"君子以朋友讲习。"儒家对友道的理解往往与学问修养有关。《行图》中《丑行》之辞也说"君子相友,道德以成"(《潜虚·行图·丑》,《四部丛刊》三编第218册,第12页左,其文或为续补之作)。

② "资"本有财物之意,且《潜虚·行图》所列《资》之《行》辞与七《变》辞皆涉财用之事,可见"资"为财用之意。(《潜虚·行图·资》,《四部丛刊》三编第218册,第24页左—25页右,其文或为续补之作)

"泯"为"业"之中道,意味着为国者应始终清醒地意识到国之基业的根本有限性,对于时刻可能到来的基业泯灭之危机常怀忧惧之心,方能在始、盛、兴、衰各个阶段做出恰当中平的决策,使基业作为整体得以存续。本质上讲,正是对于基业必然泯灭的忧患意识构成了基业赖以存续的统一性原则,即其中道。"业"之"兴""痛""造""隆"皆需"泯"之忧思参与其中,方获得其整体性。这一对《周易》本有的政治忧患思想的独到发挥,颇有西方大哲海德格尔所论此在"向死而生"的意味。①

总结来说,《名图》五十五名、十一分组中,由每组右数属土、位居中位的一名所代表的中和原则,绝非调和两端、空洞无内容的某种中性表述,而均应按照兼具"混一未分"之统一性与"无过不及"之合宜性的完整"中和"意涵加以具体理解。这样,从自然天道方面普遍的"太极"之"一"之"中",到人世境遇方面具体的"中和"之呈现,《名图》以"中和"为核心展开的、具有应然性特征的价值奠基思路,可以说是构成了一个完满的闭环。但如果将温公易学宇宙观所采用的此种独特的价值奠基方式,与同时代道学家的思想相比较,便会发现其中仍存在不少矛盾与问题,需要进一步加以检讨。这是我们下一节将要讨论的内容。

第四节 "中和"观念面临的理论困难及其与二程、张载思想的比较

由上一节的讨论我们看到,温公在《潜虚·名图》中着力彰显的兼具统一性与合宜性意涵的"中和"观念,揭出了自然气运中客观本具的"去甚泰,就中和"的根本价值趋向,从而使《名图》的价值奠基思路真正具备

---

① 海德格尔在《存在与时间》中亦是通过揭示死亡的悬临特征(死亡作为最本己的可能性时刻参与到生存之中)把握此在的整体性,将此在的存在阐释为"向死而生"(das Sein zum Tode)。见海德格尔著,陈嘉映、王庆节译:《存在与时间》(修订译本),第二篇第一章第五十节,三联书店2006年版,第287—290页。当然,海德格尔的思想中没有任何可与司马光哲学之"中和"观念相比拟的内容,我们这里所说的只是二者思路上的相近。

了价值应然性的特征。与道学家中周敦颐、邵雍仅仅以天地间的实然秩序为应然价值奠基的思路相比，温公的思想路径弥合了应然与实然之间的鸿沟①，无疑更胜一筹。而标志着北宋道学发展走向成熟的二程、张载的哲学体系中，我们正可以看到类似的应然性价值奠基思路的登场②，温公对"中和"观念的思考实足以望其项背。不过，相较于程、张，温公的"中和"观念及其价值奠基思路仍存在两方面关键的理论困难，造成了其思想体系内部的一系列矛盾，这也是我们不能不指出的。

首先，温公这里等同于"太极"的"中和"观念面临的一个最大困难便是：它究竟意指的一种抽象的原则，还是某个具体实在物呢？实际上，当温公说"凡物之未分，混而为一者，皆为太极"的时候，他所想表达的显然不是把各种作为整体的具体事物如天空、大地、宫室等都当作"太极"或"中"。"太极"作为"一"，必定是具有普遍性的，所以如是对"太极"的界定，必定是欲将之把握为抽象意义上的整体性原则或结构，而不应是任何具体的实有之物，这也正符合其"宫室之喻"中对于整体"合之则有，离之则无"特征的论述。但是，当温公以举例的方式说明"太极"即"中"的观念时，又时常表现出把"中"混同于实在物的倾向。比如，前引《温公易说》"易有太极"一段注文中，温公便以"王"为例解说"太极"云：

> 太极，王也。乾坤，方伯也。四象，四岳也。八卦，州牧也。六十四卦，诸侯也。众爻，卿大夫士也。③

---

① 实然与应然，亦即"是"与"应当"的差别问题，不仅为西方哲学所探讨，中国古代哲学中亦有类似问题的提出。如北宋刘敞曾说："天之道有常，人之道无常"，"天之道无为，人之道有为。"（刘敞：《公是先生弟子记》卷一，华东师范大学出版社 2010 年版，第 7 页）其所谓天道之有常无为与人道之无常有为，即触及天道之客观的实然或必然性与人道之主观的应然之间的根本差异。而根本弥合两者差异的方式，只能是在天道层面找寻具有客观性的应然性特征，以此为人世的价值应然性奠基。

② 二程的天理观念，张载气论中的"两一"结构，均可看作是以天道层面的客观应然性为人世价值应然性奠基的思想路径的体现。参见拙作《北宋道学的易学哲学基础》第三章第一节、第四章第一节。

③ 《温公易说》卷五，第 588 页。

这里以"太极"对应"王","两仪""四象"对应"方伯""四岳"等朝中群臣,本来大概是想传达王者一统独尊之意,却显然不符合以"太极"为抽象整体的界定。"王"不可能是包容方伯、四岳于自身之中的整全,而只能是超越于群臣之上的最高统治者个人,这便无疑是将"太极"或"中和"混同于一物。实际上,追根溯源,这种混同仍然来自温公对于"太极""物之未分,混而为一"的概念界说的含混不清。我们在上节说过,此界定的字面意义,便是将"太极"或"中"把握为处在天地万物之先、阴阳未分之前的纯一无差别的混一之气,使得"太极"或"中和"的观念在抽象的整体性与具体的混一之气两种对立含义之间摇摆不定。而在论说太极与阴阳的关系时,温公又说"太极生两仪"是"阴阳判也","一生二"是"分阴分阳",将两方描述为如同实有物之间母生子一样的分生关系,这些无疑进一步加重了将"太极""中和"之抽象原则混同于实在之物的嫌疑。

将温公的"中和"思想与二程兄弟的"天理"思想比较,更能看出其中的问题所在。二程之"天理"作为世界本体,同样具有客观应然性的特质(亦即后世朱子所云之"所当然"),同样赋予天地万物以价值性的趋向和目标。① 但在二程那里,"天理"与构成实在物之"气"有着截然的区分,是彻底抽象的、只能用思想加以把握的本质结构。二程兄弟尤其是程颐反复强调的形而上之道、形而下之气的严格分别,正是为了凸显天理的此种抽象性,排除任何将天理混同于一物的错误倾向。而二程对于温公思想的一个重要批评,就在于指出其"中和"观念在抽象性上的不足。《二程遗书》云:

> 君实自谓"吾得术矣,只管念个中字",此则又为中系缚。且中字亦何形象?若愚夫不思虑,冥然无知,此又过与不及之分也。②

---

① 相关论述参见拙作《北宋道学的易学哲学基础》,第四章第一节第五小节。
② 《二程遗书》卷二下,二先生语二下,《二程集》,第53页。

二程认为，温公在修养方法上"只管念个中字"，其实犯了"为中系缚"的毛病。其对"中"过分执着，总试图将"中"把捉为某种有形有象的具体物事。这便从侧面反映出，温公尚未能将"中"彻底当作一种抽象的观念加以思考。而在二程的理本论体系中，"中"恰恰属于"理"的层次，是完全抽象的，所以说"中字亦何形象"。温公在修养方面"为中系缚"，透露出的正是其理论层面上抽象思维能力的欠缺，二程对他的批评绝非无的放矢。

其次，温公"中和"观念在抽象性上的不足，又连带出另一重关乎应然性与差异性之关系的理论困难。如果我们对温公"中和"观念在《名图》十一组五十五名中的具体呈现加以细致分判，就会发现其作为包含各部分之间适宜关联的整体结构，实际上可分为两大类。第一类之"中和"，本身就是一个总名或集合概念，与同组其余四名之间构成包含关系。如上节所举"家"组五名：《特》（夫）、《偶》（妇）、《曛》（亲）、《续》（子）、《考》（父），"曛"自身就是所有家庭亲缘关系的总称，是由夫妇、父子等亲属人伦共同构成的，那么其中必定要涵括对于这些差别性人伦关系的适中规定，方不致沦为空名。与之类似的还有"情"组五名：䚢ⅢⅢ（喜）、憎ⅢⅢ（怒）、得Ⅲ十（欲）、罹Ⅲ｜（忧）、湛ⅢⅡ（乐），右数属木金、水火的四名分别象征喜怒、忧乐四种情感，构成两组阴阳对待；居中右数属土、体现"中和"原则的是《得》名，训"欲"，表示一切情感归根结底都是某种欲求或欲望，人之所欲也是由各种具体情感构成，可谓对于"情"的总称。而在此"得"（欲）之总名中，也必须包含对于不同情感之无过不及的适当规定，其方能成为具有道德价值的应然欲求（如《论语》所谓"我欲仁"、《孟子》所谓"可欲之谓善"）。此皆为以总名为"中和"之例。第二类"中和"自身并非总名，与同组诸名间的关系也并非包含而是并列，但作为居中调和者仍可包容其余四名的阴阳对待因素于其内，构成一个整体性的价值原则。如上节所举"国"组五名：《范》（师）、《徒》（生）、《丑》（友）、《隶》（臣）、《林》（君）。显然居中的"丑"（友）

并非师生、君臣的总称,而是与之并列的国人关系中的一种,但朋友关系仍可为尊卑悬绝的师生、君臣之伦提供德性上齐一、适中的价值目标。师生、君臣均应成为道德平齐之友,表明朋友之道是可以包容师生、君臣之差异的整体合宜原则;反过来说,如果完全排除了师生、君臣,朋友之道也不再完整。与之类似的还有"性"组五名:《柔》《刚》《雍》(和)、《昧》(暗)、《昭》(明)。其居中的"庸"也不是所有物性或性格的总称,而是与柔刚、明暗并立的第五种"性"。但是"庸"作为中平调和之性,自身必定包含柔刚、明暗这些阴阳对待的性格因素之差别。唯有使得柔刚、明暗各个要素处于无过不及状态的性格才称得上是雍和之性,如果离开了这些差别,雍和之性便也无处安顿了。由此可见,《名图》十一分组之中,无论是包含他名直接作为总名的"中和",还是与他名并列作为其居中调和状态的"中和",其中都必定涵具差异性的因素方构成整体性、适宜性的原则,差异性正是"中和"作为一种应然性价值原则得以成立的逻辑前提。

但是,若将对于上述两类"中和"观念的分析带入到《潜虚》易学宇宙观的架构里面,却会出现难以解答的困难。根据前文的讨论,温公对其易学宇宙观的建构与汉代扬雄一样借鉴了《老子》"道生一,一生二,二生三"的框架,在温公这里,"道"是超言绝象的宇宙始源"虚","一"是"太极"即"中","二"是"分阴分阳"即阴阳二气分判,"三"则是"济以中和"即阴阳之气调和成中和之气,与阴阳并立为三。前面说过,由于温公对于"太极"或"中"之概念界定的含混,使之既可意指具体的阴阳未分或阴阳调和之气,也可意指抽象的整体性原则。我们在这里不妨暂且排除其中的含混因素,将"中"严格作为抽象观念来看待,那么显然"太极"之"一"应当属于作为天地宇宙之整体、总名的第一类"中和"观念,而与阴阳并立为"三"的"中和之气"的"中和",则当属于与他者并列、居中调和的第二类"中和"观念。即使我们为温公的宇宙观做了以上贯融性的理论诠释,却仍无法回答:既然"太极"之"一"作为一种整体的中和状态,已经现成地出现在天地未生、阴阳未分之前,在时间上先于阴阳差异的产生,那么究竟为什么这样现成完满的"中和"状态还要分化出阴阳的差异,再使阴阳重新趋向于一种新的、后于阴阳差异而有的"中和之气"的状态呢?而且,第一类作为总名的"中和"观念,必以差异性为其成立的逻辑前提,但温公宇宙观中"太极"却先于一切差异性而存在,在何种意义上它仍能被界定为以合宜方式统一差异性的"中"之原则呢?

实际上,温公易学宇宙观之所以在"中和"这一核心观念上出现如此严重的理论问题,病根就在于其尽管采用了价值的应然性奠基这一崭新的理论思路,却仍在总体框架上保留了传统的宇宙生成论的尾巴,而并未察觉二者本质上的不相容性。关于这个问题,主张气本论的道学家张载则作出了相当深刻的思考,其《横渠易说》注解《说卦》"参天两地"云:

> 有两则有一,是太极也。若一则有两,有两亦一在,无两亦一在。然无两则安用一? 不以太极,空虚而已,非天参也。①

这里"两"代表着阴阳之间的差异性,"一"则代表二者的统一性。张载认为,"两"与"一"的关系不应当是传统的宇宙生成论所讲的"一生两",因为如果统一性时间上先于差异性,现成地在差异性产生之前就达成,就会出现"有两亦一在,无两亦一在"的问题:无论"一"是否生"两"都会持存,那么统一性之分化为差异的必然性何在呢?② 所以必须将差异性之"两"把握为统一性之"一"成立的逻辑前提,将"两一"关系从"一生两"转为"两合一",认识到气化生生并非是从一个无差别起点开始的分生过程,而是差异不断趋向统一的永恒活动,才是对"两一"问题的完善解答。从价值奠基的思路来看更是如此:张载的气本论中,"两"之合"一",即差异朝向合一的本质趋势,构成了自然气运中普遍存在的、具有

---

① 张载:《横渠易说·说卦》,《张载集》,中华书局1978年版,第233—234页。
② 相关论述参见杨立华:《宋明理学十五讲》,北京大学出版社2015年版,第142页。

应然性特征的价值倾向。而应然性之为应然性,就在于其必定要伴随现实事物对于自身应然倾向的不息实现活动方得成立,这便决定了应然性原则绝对不能处于现成凝滞的状态。但是,按照传统宇宙生成论的思路,宇宙最开始就是一个现成不动的"一",然后才活动分化出阴阳之"两",显然在这样的架构中,"两合一"之价值倾向存在的必然性无法得到证明,"一"也便沦为了在价值奠基层面空疏无用之物。① 而张载的气本论建构处处贯彻"有两则有一""无两则安用一"的原则,彻底抛弃宇宙生成论的框架,认为阴阳差异在太虚气运中是无始无终、永恒存在的,正因为差异之永存,天地万物才永远保有"两"之合"一"的本质倾向,"一"作为差异性之统一,才具备了应然性价值基础的意义。②

反观温公的《潜虚》宇宙观,尽管与张载所论"两一"关系类似,揭示出万物趋向"中和"之统一合宜状态作为天道本有的应然价值倾向,却又将之配合到一个宇宙生成论的框架内,认为"太极"作为"一",作为万物万有的起源,本身就是"中",这岂不意味着,最根本的价值原则甚至在天地万物产生之前、在任何差异尚未分别之前就已经现成地实现了,那么阴阳的分判、万物的生生,其意义与必然性究竟何在呢? 在此情况下,价值应然性全然缺乏进一步实现自身的前提和动力,就连"差异性的适宜统一"这一"中和"价值原则的基本内涵,也似乎无从安顿了。这样的宇宙观建构,必定会陷入张载所谓"有两亦一在,无两亦一在"的困局。由此可见,宇宙生成论架构不仅在事实上缺乏"一"生"两"赖以成立的必然性,在价值上也会不可避免地导致价值应然性的现成化,使始源之"一"难以合理地构成人世价值的天道根据。唯有在张载的气本论(以及二程

---

① 宇宙生成论框架下的价值奠基通常采用的是实然秩序性奠基的思路,而秩序性恰恰来自于相反因素的对立(如阴阳五行性质的对反),因而属于差异性之"两"的层次,至于自然秩序所源出的作为生成起点的无差别之"一"究竟在价值奠基中起到什么作用,往往难以言明。
② 相关论述参见拙作《北宋道学的易学哲学基础》第三章第一节第五小节。

的理本论①)这样完全摆脱宇宙生成论构架而采用本体论构架,将差异性作为逻辑前提来把握统一性与应然性的哲学体系中,以天道之客观应然性为人世之价值应然性奠基的思想路径才能畅通无碍地得以贯彻。在这一点上,惜乎温公仍未达一间。

---

① 二程在其理本论框架下对于两一关系的思考,得出了与张载十分类似的结论。如程颐说:"言开阖,已是感,既二则便有感。"(《二程遗书》卷十五,伊川先生语一,《二程集》第160页)也将阴阳差异性之"二"看作感通之"一"的逻辑前提。又《程氏经说·易说》云:"动静无端,阴阳无始。"(《河南程氏经说》卷一,《二程集》,第1029页)肯定阴阳差异是永恒持存的,宇宙没有无差别的生成起点。

第七章 《行图》《命图》与人事

《潜虚》于《名图》之后所列为《行图》(包含《变图》《解图》在内)与《命图》,对应首章所云"名以立行,行以俟命","行者人之务也,命者时之遇也",象征着人的行事及其命遇,这便标志着《潜虚》宇宙观的建构从天道完全过渡到了人事的界域。《行图》《命图》内容丰富,本应是研究温公易学思想的重要文本,但根据本书第一章的考辨,《行》《变》《解》诸图文辞皆掺入后人续作,真伪难辨,恐怕很难作为可靠的文本材料加以讨论。不过,《行图》《命图》排布遵循的原则规律,《行图》所系之辞的文字风格,以及温公为《潜虚》制定的独特卜筮之法等问题,仍值得一探。

第一节 《行》《变》《解》《命》诸图排布的特征与规律

从形制上说,《行图》与《变图》《解图》合列为一表,可以作为一幅图式来处理。如前文所论,《行图》与《名图》五十五名一一对应,一《名》配一《行》辞,相当于《周易》六十四卦之《象传》,《太玄》八十一首之《首》辞,为对人事某一总体时境的阐述。除《元》《余》《齐》外,一《行》之下均有七《变》,以初、二、三、四、五、六、上计其序,皆配文辞,相当于《易》之一卦六爻、《玄》之一《首》九《赞》,象征总体时境下的具体处境变化。每一《变》又配有一《解》,为简要析解《变》辞之意者,相当于《易》之《小象传》、《玄》之《测》。五十五名之中,《元》为初始,《余》为终末、盈余,《齐》象中和、"包幹万物"、居中无位,故皆有《行》而无《变》,但三名在《变》

《解》图表中仍各占一格位置,均有对应文句(见图9)。

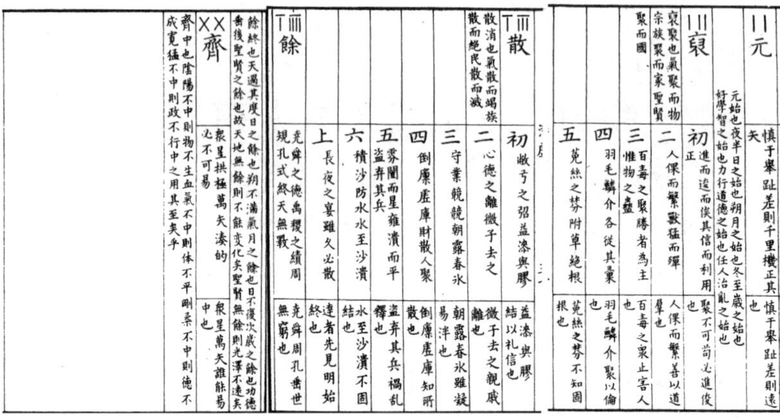

图9 《潜虚》之《行图》《变图》《解图》局部(四部丛刊本)①

《潜虚》创图,所依数字几乎全为五、十,唯《变图》用七数,其中必有蕴意。张敦实《潜虚发微论》认为取七数之意在于五行对应音律为宫、商、角、徵、羽五音,五音有变为变宫、变徵,合为七变。② 张氏的讲法可备一说,不过《变图》用七数的真正原因,恐怕仍关乎历法。温公欲用五十五名配周年三百六十五日,其一名所当之日数,六则不足,八则过多,唯七数差为合适。故五十五名取其五十二,一名当一行,一行有七变,一变值一日,共计三百六十四日。其余三名,则《元》当一日,为岁首冬至;《馀》当四分之一日,象历法之闰余;《齐》居中不偏,不值任何一日。如此总计,正合于周岁三百六十五有四分之一的日数。而且,以七日为一周期的纪日方法,中国古已有之。据陈尊妫《中国天文学史》,周初即已出现"月的四分法","把月分做四份,每七天为一份,用来纪日,就是现今星期周法的原型"。《周书》等典籍记载的"哉生霸,既生霸,哉死霸,既死霸",便是此种纪日法留下的痕迹。此后又出现了"以二十八宿轮流值日,作为二十八日周期的纪日法",因四方各有七宿,故也相当于七日一周的纪日方

---

① 《潜虚》之《行图》《变图》《解图》,《四部丛刊》三编第218册,第8页右、第31页。
② 见《潜虚发微论·玄以准易虚以拟玄论》,《四部丛刊》三编第218册,第41页。

法。① 温公《潜虚》之一行七变,或取于此。

我们说过,《变图》文辞全仿《易》爻、《玄》赞而作,但却与后两者存在一个形式上的重大区别。《易》之爻辞、《玄》之赞辞为卜筮之用,皆有吉凶悔吝的占断之语。而《虚》之《变图》本身却有辞无占,所有占断单列为一表,即《命图》。这种辞、占分离的用意,即是《潜虚》首章所云"行以俟命",指导人们更多去把握自身的行动,而不要过度在意不测之运命,蕴涵着《中庸》"君子居易以俟命"的儒家精神。不过,诸行七变并未全部见于《命图》。按《命图》图说所云,"《元》《馀》《齐》三者无变,皆不占",此三《行》无《变》,亦无占断,故不列于《命图》。"初上者事之始终,亦不占",每《行》之初、上两《变》,象征境遇发展的始、终阶段,也无占断,不列于《命图》。② 这显然是借鉴了王弼注《易》爻辞确立的"初上无位"体例。其余从《哀》至《散》诸行的二、三、四、五、六《变》,则配以吉、臧、平、否、凶之占,以表格形式列于《命图》中(见图10)。

元餘齊三者無變皆不占初上者事之始終亦不占	散	隆	造	泯	痛	興	昭	昧	雍	剛	柔	哀	命圖
	五	六	二	二	四	五	六	二	三	四	五	六	吉
	四	四	四	二	六	四	四	四	二	六	四	四	臧
	三	二	五	五	五	三	二	五	五	五	三	二	平
	六	五	六	六	二	六	五	六	六	二	六	五	否
	二	三	三	四	三	二	三	三	四	三	二	三	凶

图10 《潜虚·命图》局部(四部丛刊本)③

《命图》所列诸《变》占断的分配看似纷乱,实则仍有规律可循。最明

---

① 陈遵妫:《中国天文学史》,上海人民出版社1960年版,第1349—1350页。
② 《潜虚·命图》,《四部丛刊》三编第218册,第35页右。
③ 同上书,第32页右、第35页右。

显的是吉、臧、平、否、凶的排列每隔五《行》便循环一次,如《哀行》是六吉、四臧、二平、五否、三凶,后面《柔》《刚》《雍》《昧》四《行》的排列模式均与之不同,但隔五行至第六《昭行》,则又回到了六吉、四臧、二平、五否、三凶的状态。这表明,《命图》的创制一定是遵循着某种确定规则的。而反观《变图》文辞,无论是温公原作还是后人伪造,其文辞中透露的吉凶之意与《命图》所列皆相符合。① 可见当初温公创作《变图》的方式,应该是先依据一定规则确定《命图》中诸《变》占断的排列,再据其吉凶之占写作诸《变》文辞。而《潜虚》的续补者大概也是严格遵照这一义例补全了其余的《变》辞,故今日所见《潜虚》足本之《变图》《命图》是完全相配的。

那么《命图》排布依循的原则到底是什么呢?对此问题,今本《潜虚》中未见其解,但我们仍可从宋人留下的只言片语中找到线索。如朱子曾说:

> 《潜虚》只是"吉凶臧否平,王相休囚死"。②

南宋林希逸在其《潜虚精语》中也说:

> 《潜虚》体、性本于五行之生成,每行七变,初上者始终也,于占不用,二、三、四、五、六则以生克王相别之。③

---

① 举《哀行》为例,其六《变》"八音和鸣,神祇是听",为哀聚中大有吉庆者,《命图》亦断为吉;二《变》"羽毛鳞介,各从其汇",言物以类聚之理,其吉庆程度较六稍逊,《命图》亦断为次吉之臧;四《变》"人倮而繁,兽猛而殚",言人虽无毛裸身,但能群聚,故繁盛,兽虽凶猛,但不能群聚,其猛力终将竭尽而有危殆,其辞吉凶参半,属平,《命图》亦断为平;五《变》"菟丝之梦,附草绝根",言菟丝附聚草上,不能牢固其根本,无根而聚则有凶险,但尚不甚凶,《命图》亦断为愈于凶之否;三《变》"百毒之聚,胜者为主,惟物之蛊",为恶物之聚,象小人得势,大有凶害,《命图》亦断为凶。(《潜虚·行图·哀》,《四部丛刊》三编第218册,第8页)观其余诸《变》,无论是真是伪,其与《命图》之相符皆类于此。清人苏天木《潜虚述义》解《命图》时亦云:"《行图》爻辞已分吉臧平否凶,此更欲其易见耳。"(苏天木:《潜虚述义》,《丛书集成初编》第697册,第99页)
② 《朱子语类》卷六十七,第1675页。
③ 《竹溪鬳斋十一稿续集》卷二十七,《宋集珍本丛刊》第八十三册,第624页。

两人都提到，《命图》之占与五行之"生克王相"有关。五行王相之说，《太玄》中即有记载。《太玄·玄数》云：

> 五行用事者王，王所生相，故王废，胜王囚，王所胜死。①

此说大概是一种利用五行生克关系进行占卜的方法。其含义是：五行中有某一行主事，则以此行为"王"，"王所生"即其按五行相生关系所生者为"相"，"故王"即生此行者为"废"，"胜王"者即按五行相克关系克此行者为"囚"，"王所胜"即此行所克者为"死"。早于《太玄》的《淮南子》中对此有更详细的记述。《淮南子·墬形训》云：

> 木壮水老火生金囚土死，火壮木老土生水囚金死，土壮火老金生木囚水死，金壮土老水生火囚木死，水壮金老木生土囚火死。②

对照《太玄》的讲法，这里的"木壮"，即指木行用事为"王"；"火生"即木生火，火为"相"；"水老"，即水生木，水为"故王"，为"休"；"金囚"，即金克木，金为"囚"；"土死"，即木克土，土为"死"。其余"火壮""土壮"等情形皆以此类推。

按照朱子、林希逸的说法，《潜虚·命图》应该是以诸《行》二、三、四、五、六《变》对应五行，再以五行王相说之"王、相、休、囚、死"分别对应"吉、臧、平、否、凶"，③以确定诸《变》的占断的。但对于诸《变》究竟如何与五行相配，两人则语焉不详。朱子《书张氏所刻〈潜虚图〉后》一文提到其所见《潜虚》阙本之《命图》"别有凡例二十六字，尤为《命图》之关纽"④，此二十六字或即是阐述《命图》排布所据原则者，可惜今日已无从得见了。

---

① 《太玄校释》，第297页。
② 《淮南子集释》卷四，第354—355页。
③ 按五行王相说概以相生为吉，相克为凶。其中王、相皆吉，相（王所生者）次于王，故分别对应吉、臧；休（生王者）又次于相，故对应平；囚、死皆凶，囚（王所克者）愈于死（克王者），故分别对应否、凶。
④ 《朱文公文集》卷八十一，《朱子全书》（修订本）第24册，第3832页。

尽管如此，我们仍有望通过《命图》的排列方式本身反推出诸《变》是如何配位五行的。上文曾反复提及，《潜虚》诸图中贯穿者一条核心原则，那就是与天地十数相应的五行生成次序。《体图》《性图》左右数以及《名图》右数次序的排列，都严格依据五行生序，林希逸《精语》所云"《潜虚》体、性本于五行之生成"，即是就此而言的。那么，我们就有理由推测，《变图》一行七变中同样存在一个五行生成次序。诸《行》次第源自《名图》，又可推断温公是以《名图》五十五名符号依五行生序排列之右数，决定每一《行》更替用事（为"王"）之五行，再结合七《变》依生序相配之五行属性，别其"王、相、休、囚、死"，以为《命图》"吉、臧、平、否、凶"之占。

而《变图》所仿拟的《太玄》之《玄赞》，恰恰就是按照生成之序与五行相配的，其配法是直接以一首九赞序号之数配五行，如初一必配水，次二必配火等。那么，《潜虚》一行七变是否采用了同样的配位方式呢？稍加尝试即知，情况并非如此。如果诸《变》也是按序号数分配其五行属性，则以《哀行》为例，《哀》在《名图》排序中右数属火，故《哀行》为火用事为王之时，其二《变》之"二"也属火，当王为吉，三《变》之"三"属木，木生火，当休为平；六《变》属水，水克火，当囚为否；五《变》属土，火生土，当相为臧；四《变》属金，火克金，当死为凶。这样《哀行》诸《变》之占便应是二吉、五臧、三平、六否、四凶，与《命图》实际所列之六吉、四臧、二平、五否、三凶全然不符。

照搬《玄赞》的五行配法既然不可取，一行七变与五行相配的方式是否还存在其他的可能性呢？在此我们需要再次回到五十五《行》（即五十五名）次序的源头《名图》中加以思考。上一章我们已指出，《名图》左右数的五行次序均有其天道层面的象征意义：左数象征四时依照五行相生之序推移运行的整体次第，右数则象征气运在四时之中依五行生成之序变化的具体阶次。由此可以推知，如果一名对应一《行》之七《变》也是按五行生序排布，其在天道层面所象征的便应是气运在一名所值七日之中

(《元》《馀》《齐》除外)按水火木金土之序更迭的更其细微具体的过程。而气运过程必定是连续的,既然《名图》五十五名右数是从《元》到《馀》、自始至终按五行生序连续排布,那么三百六十四《变》按五行生序的排列便也应当是从首至尾连为一体的。

按照这样的思路,我们便可地将《潜虚》三百六十四《变》看作一个连续的总体序列,顺理成章地得出其与五行相配的真正方式。需要注意的是,这一序列的起点不是《衰行》的初《变》,而是《元行》,这是因为《元》虽无变,但在《变图》仍占一位,值岁首之冬至日,为诸《变》值日之端始。这样,《元》列第一位,属水,则按五行生序依次挨排,其次《衰行》七变的五行属性分别是:初《变》属火,二《变》属木,三《变》属金,四《变》属土,五《变》属水,六《变》属火,上《变》属木。《衰行》为火用事,排除初、上不看,余《变》按五行王相之法断之:六《变》火王为吉;四《变》土为火所生,为相为臧;二《变》木生火,为休为平;五《变》水克火,为囚为否;三《变》金为火所克,为死为凶。这样,《衰行》诸《变》之占为六吉、四臧、二平、五否、三凶,与《命图》全合。按这种方式将一《行》七《变》与五行相配,验之他《行》,无不合者。兹将诸《变》配五行之法及其五行王相与《命图》之相合列为下表,以便观览。

表2 《潜虚》诸《变》与五行相配表

名(行)	变	五行次序	五行王相	《命图》
元		水	水王	
衰	初	火	火王 土相 木休 水囚 金死	六吉 四臧 二平 五否 三凶
	二	木		
	三	金		
	四	土		
	五	水		
	六	火		
	上	木		

名(行)	变	五行次序	五行王相	《命图》
柔	初	金	木王 火相 水休 金囚 土死	五吉 四臧 三平 六否 二凶
	二	土		
	三	水		
	四	火		
	五	木		
	六	金		
	上	土		
刚	初	水	金王 水相 土休 火囚 木死	四吉 六臧 五平 二否 三凶
	二	火		
	三	木		
	四	金		
	五	土		
	六	水		
	上	火		
雍	初	木	土王 金相 火休 木囚 水死	三吉 二臧 五平 六否 四凶
	二	金		
	三	土		
	四	水		
	五	火		
	六	木		
	上	金		
昧	初	土	水王 木相 金休 土囚 火死	二吉 四臧 五平 六否 三凶
	二	水		
	三	火		
	四	木		
	五	金		
	六	土		
	上	水		

续表

名(行)	变	五行次序	五行王相	《命图》
昭	初	火	火王 土相 木休 水囚 金死	六吉 四臧 二平 五否 三凶
	二	木		
	三	金		
	四	土		
	五	水		
	六	火		
	七	木		

上表只到《昭行》七《变》为止，因为其后《命图》便出现每五《行》一循环的模式，无须具列。此循环规律，实际上也可以通过诸《变》与五行的对应方式加以合理说明。既然《命图》之占全依五行王相，这便意味着，《命图》的模式若欲出现五为周期的循环，即第$(N+5)$《行》的第 m《变》的五行王相情况与第 N《行》第 m《变》相同，必须满足两个条件：（1）第$(N+5)$《行》所用事之五行与第 N《行》相同；（2）第$(N+5)$《行》第 m《变》的五行属性与第 N《行》第 m《变》相同。只要在数学上证明上述两点，就可以对《命图》的循环规律给出完备的解释。

由于五十五名右数（决定一《行》用事之五行）以及三百六十四《变》都是严格按照五行生序连续排列的，所以判定其五行属性的简单办法，就是看其所在序列的序数除以 5 的余数：此序数除 5 余 1 则属水，余 2 则属火，余 3 则属木，余 4 则属金，余 0（整除）则属土。举例来说，《柔行》在五十五名序列排第 3 位，除 5 余 3，为木用事。《柔行》初《变》在三百六十四《变》序列中排 9 位（以《元》为始），除 5 余 4，属金；二《变》排第 10 位，被 5 整除，属土。这样，欲满足上述两个条件，我们只需证明，第$(N+5)$《行》第 m《变》与第 N《行》第 m《变》在《行》《变》序列中的序数对于 5 的余数分别相同就可以了。

这里我们可以运用数学上的同余原理，即"给定整数 A、B、C，如果(A-B)能够被C整除,则A与B对于C的余数相同"。对于条件(1),显然第(N+5)《行》与第N《行》在五十五《行》序列中的序数差为5,能够被5整除,两者对5的余数一定相同,用同余式可以写成:

$$(N+5) \equiv N(mod\, 5)$$

由此,《行图》用事之五行在间隔五《行》之后必定是相同的,这便证明了第一个条件。而对于条件(2),我们首先需要给出第N《行》第m《变》在三百六十四《变》总体排列中的序号的计算公式。这一序号F可以写成关于N与m的一个函数:

$$F(N,m) = \begin{cases} 1, & N=1 \\ (N-2)\times 7+m+1, & 2 \leqslant N \leqslant 53 \end{cases} \quad ①$$

这是一个分段函数。由于起始《元行》无七变,所以单独列出。如前举《柔》行二《变》,其序号即为$F(3,2)=10$,用其余诸《变》皆可验证此公式无误。按照同余原理,我们可以计算第(N+5)《行》第m《变》的序号$F(N+5,m)$与第N《行》第m《变》的序号$F(N,m)$之差为:

$$F(N+5,m) - F(N,m) = [(N+5-2)\times 7+m+1] -$$
$$[(N-2)\times 7+m+1]$$
$$= 35$$

其差值必为35,能够被5整除,这样$F(N+5,m)$与$F(N,m)$必对5同余,用同余式写成:

$$F(N+5,m) \equiv F(N,m)(mod\, 5)$$

由此,一《行》某《变》的五行属性与间隔五《行》之后的同一《变》也是相同的,这便证明了第二个条件。于是,按五行王相判定的吉凶占断必定每隔五《行》重复出现一次,这便圆满解释了《命图》的循环规律。

以上便是《命图》所列诸《变》吉、臧、平、否、凶之占的排布规律及其数理依据。温公对于《命图》的设计仍可说是十分精巧的,将三百六

---

① 因《馀》《齐》无变,故N最大只取到53;《元》虽不变但为三百六十四变之始,故N最小可取1。m取值则为1至7的整数。

十四《变》按照五行生序连续排列,再以五行王相断其吉凶,实在是将五行生成数这一贯穿《潜虚》宇宙观始终的原则发挥到了极致。相较于《太玄》在一《首》之内将九《赞》按序号与五行相配,并不连续,诸《赞》吉凶也只按所值昼夜机械安排的做法,《潜虚》将诸《变》作为连续一体的序列按照生成之序匹配五行的方式,无疑更与其气运、历法的象征义相贴合,并且由此在《命图》中引入了更多的占断变化,更接近易道"不可为典要"的特质,可谓过《太玄》远矣。不过,《行图》《命图》既然要用于指导人事、卜筮吉凶,文辞仍然十分关键,而《行》《变》《解》之文恰恰构成了《潜虚》体系的一个重大短板,这是我们下一节所要检讨的内容。

第二节 《行图》《变图》的文辞风格及其相对《易》《玄》之不足

《潜虚》之《行》《变》仿照《易》之卦爻、《玄》之首赞而来,文辞关乎人事,本应示人以吉凶,以成垂教化民之用,成为《潜虚》体系以形上天道为人世价值奠基之思想意旨的落脚点。可惜的是,温公晚年未能完成对《行》《变》诸图文辞的创作,被后人续补完成,导致今本《潜虚》真伪掺杂,难以拣择;而且,即使是温公自作之辞,在文辞特征、行文风格等方面相较《易》《玄》也存在很大的差距。下面我们姑且就林希逸《潜虚精语》所引阙本文句,以及按照本书第一章所述押韵法能较有把握地判别为温公原作的《行》《变》之辞,略作讨论。

首先来看《行》辞。我们在第二章已经说过,《行》辞与《玄》之《首》辞一样,其所拟者严格来说并非《周易》的卦辞,而是《易传》十翼中从天道人事相关联的角度阐发一卦之义的《象传》。故《虚》之《行》辞在形式上与《象传》相类,将《潜虚》五十五名之义分作天道、人事两方面加以发挥。如《精语》所引《元行》之辞云:"元,始也。夜半,日之始也。朔,月之始也。冬至,岁之始也。好学,智之始也。力行,道德之始也。任人,治乱之始也。"①"元"取初始之义，《行》辞前三句言天道历法日、月、岁之始，后三句言人世智慧、道德、治乱之始，指导人们应当注重好学、力行、任人之事，发挥易道"慎始"之义。又如《精语》所引《昧行》云："昧，晦也。日之晦，昼夜以成；月之晦，弦望以生；君子之晦，与时偕行。""昧"为暗昧之意，此《行》也是先从天道出发，讲日月有明亦有暗，方成昼夜、弦望的更替不息；然后再从人事方面引申，言君子亦当效法天道，顺应时势、韬光养晦。比较而言，《太玄》之《首》辞只从天道阴阳气运处立论，不及人事；《潜虚》之《行》辞兼顾天道、人事两面，更接近《易象》的文字风格。故林希逸于上引《昧行》文辞下点评云："此三句比象也颇有味"，可见温公《行》辞对于《象传》的仿拟还是比较成功的。②

不过，《虚》之《行》辞只能比拟《象传》，就意味《潜虚》体系中缺乏相当于《周易》卦辞的部分，便少了对于一《名》作为总体人世处境的吉凶判断。《周易》卦辞有吉有凶，亦有如何趋吉避凶的具体指导，《潜虚》之《行》辞拟《象》无占，便只能空讲一个道理，不够具体，亦不具有占筮垂教之用。当然，缺乏真正的卦辞是《潜虚》与《太玄》的通病，个中原因我们在第二章已做过分析，在于《玄》《虚》等拟经之作不能充分实现《周易》系统中象、数、义三者的完美结合，所以无法以一首、一名之象作为整体来取象设辞、占卜吉凶，在此方面对温公亦不必苛责。

其次来看《变》辞。《变》辞是对于一《名》或一《行》所象人世总体处境所发生的种种具体变化的描述，故名为"变"。举全本《哀行》为例，按押韵法判断，此《行》七《变》七《解》皆有韵，可断定为温公原作。《哀》象征一种聚集、会聚的处境。其初、上二《变》按照《命图》图说为"事之始终"，故初《变》云"进而逯而，俟其信而，利用正"，为哀聚之始，当谨慎、信

---

① 《潜虚·行图·元》，《四部丛刊》三编第218册，第8页右。按《潜虚精语》引《元行》只到"好学，智之始也"为止（《竹溪鬳斋十一稿续集》卷二十七，《宋集珍本丛刊》第八十三册，第619页），但全本后句文意皆连属，应当都属温公原作。

② 《潜虚·行图·元》，《四部丛刊》三编第218册，第10页右；《竹溪鬳斋十一稿续集》卷二十七，《宋集珍本丛刊》第八十三册，第619页。

实、守正;上《变》云"云还于山,冰泮于川",象哀聚之终,聚极则散,合于易道物极必反之意。其余五《变》则分述各种具体的聚集处境,依《命图》占断,吉凶互见。二《变》"人倮而繁,兽猛而殚",言人虽裸身,无爪牙之利、筋骨之强,但因为能够群聚,形成社会组织,所以繁盛;兽虽凶猛,但不能群聚,其猛力不可长久,终将竭尽;其辞吉凶参半,《命图》断为平。三《变》"百毒之聚,胜者为主,惟物之蛊",为恶物之聚,推其甚毒者为主,蛊害他物;象小人群聚得势,必以凶猛桀骜者为首,大为世害,《命图》断为凶。四《变》"羽毛鳞介,各从其汇",言物以类聚之善理,《命图》断为臧。五《变》"菟丝之萝,附草绝根",言菟丝附聚草上,不能牢固其根本,象征人若无本而聚,必定不能长久维系,《命图》断为否。六《变》"八音和鸣,神祇是听",象征如八音协奏般至为吉祥、和谐的聚集状态,《命图》断为吉。① 其余诸《行》之《变》,其安排大抵如此,都是在一个总的时境之下构建各种具体化的人世处境,其文辞可用于占筮,指导世人为善去恶、趋吉避凶,这与《易》之爻、《玄》之《赞》都是相类似的。

  从内容上加以分析的话,《变》辞的文字可分为三种类型。其一是取象设喻。如上引《哀行》三《变》以"百毒之聚"象小人得势,五《变》以"菟丝附草"象征无本而聚,上《变》以"云还于山,冰泮于川"象征聚极则散,皆为取象。我们说过,《周易》思维方式的本质特征就在于象征,所以此类可谓最合于《易》爻、《玄》赞之文字风格者。此类之中颇有佳句,如《隶行》(言臣道)三《变》以"一身三首,蜂蚁所丑"之象,喻无忠心、事二主之臣,《精语》点评"八字极工"。又如《准行》("准"训"法")二《变》"瞽夫执铚,兰艾同刈;上罔下罩,兽骇而突",前两句以盲人执镰刀则兰草、杂草同遭刈除,象法制不良则善恶无别;后两句以狩猎设网太密则群兽惊骇奔逃,象治国者用法太严则惊扰百姓,《精语》亦评"此四句佳"。②

---

① 《潜虚·行图·哀》,《四部丛刊》三编第218册,第8页。相应解释参考《潜虚精语》,《竹溪鬳斋十一稿续集》卷二十七,《宋集珍本丛刊》第八十三册,第619页。
② 《潜虚·行图》之《隶》《准》,《四部丛刊》三编第218册,第23页右、24页右;《竹溪鬳斋十一稿续集》卷二十七,《宋集珍本丛刊》第八十三册,第623页。

其二是征引史事。典型的如《泯行》，其《变》《解》皆有韵，较有把握断定为温公原作。《泯》如上章所述，为"业"组五名之中道，象征面对基业必将泯灭的命运而常怀忧惧之心的政治处境。其二《变》之辞云"微子前见，商祀不殄，其绍如线"，举商代微子启之事，言微子见商纣残暴，预知商祚将终，故选择逃亡保身，终于在周武灭商之后受封宋国，得以延续殷商祭祀。以此告诫治国者行动当有远虑，方能常保基业。三《变》云"缗自窦亡，乃生少康"，举夏代之事，言相后缗在寒浞之乱中从小径逃亡至有仍，生少康，少康最终讨伐乱臣、中兴夏业，以此阐发基业延续有赖明主降世的道理。① 引史设辞，也是《周易》之中本有的体例。温公为史学家，对古代历史颇为通晓，大概在创作《变图》之时本打算广泛引征史例，亦可借此发挥自己的史学主张，可惜著书未竟，我们终无从得见其全体了。②

在上述两种之外，《变图》之辞尚有第三种直白说理一类，则与《易》《玄》文字颇不相似。如《精语》所引《昧行》初《变》云"取足于己，不知外美"，既无设象，也非引史，而是直接讲了一个君子贵于自足自得、韬光养晦、不关注外现之美的"被褐怀玉"的道理。又如《愭行》（"愭"训"怒"）二《变》"自怒自解，人之不畏"③，也是平铺直叙地讲了一个关于"怒"的道理：自己生气、自己消气这样情绪化的愤怒，不足以让人敬畏。《易》《玄》文字皆有象有占，于象、占之中蕴涵义理，但绝无不设象而直陈道理者。《易》辞所以注重设象，就在于其简洁、深奥的符号与文字只有借助易象所含纳的丰富象征义，才能与林林总总的具体人生处境建立关联，起

---

① 《潜虚·行图·泯》，《四部丛刊》三编第218册，第29页。
② 按，《潜虚》续补者大概亦知温公引史之好，故续补《变图》之文也间有引证史事者，但其文意多粗陋不足观者。如《宜行》五《变》云"李傕杀身，无所成名"（《潜虚·行图·宜》，《四部丛刊》三编第218册，第18页右）。此《变》《精语》未引，且其《解》不韵，可断定为续补伪作。《宜》为行义的处境，此《变》于《命图》断为凶，当配不义致凶之辞。历史上多行不义、自陷凶害之事甚多，而此《变》所引之史，竟为汉代李傕之事，卢文弨《潜虚校正》评曰"傕为董卓之党，至不足道"，可见浅陋之甚。其余续补《变》辞之引史，大抵类此，单从文字品质上看，也可知其不可能出自温公手笔。
③ 《潜虚·行图·愭》，《四部丛刊》三编第218册，第13页右。

到对人世活动广泛进行占筮、教谕的作用。如果仅是要了解一些做人做事的道理的话,大可直接去读《论语》《孟子》,何必借助易占呢?而《潜虚·变图》之中,此种不类易辞之语比比皆是,《精语》在引用时亦多以"浅露"之病批评之,如对上引《昧行》初《变》,评曰"其词虽佳,以比《易》爻则露",《愭行》二《变》,评曰"八字尤弱,意亦浅露"。[①] 此类过于浅白、直接的说理之语,造成了《变图》在文辞风格上的严重缺陷。

而《变图》除部分文辞过于直白,不类易辞风格外,还存在另外两方面的弊病。其一方面问题在于,《变图》设辞全然缺乏象数依据。我们在第二章已经讨论过,《周易》系统中符号与象征义是紧密结合为一的,故一卦六爻之爻辞皆与爻象符号相应,其取象、占断都可以通过爻位体例(如中位、当位、承乘比应、所在卦体等)找到某种符号象征根据。《太玄》系统尽管象、数、义相互割裂,《赞》辞没有象征符号与之对应,但仍可借重于"数"来取象,即以九赞序数配合五行生成数,再利用相应五行取象设计《赞》辞。如上节所述,《潜虚》三百六十四《变》也是与五行依生序相对应的,完全可以按其五行属性来取象。但观今本《潜虚·变图》之文,似无依此取象者,如《哀行》三《变》属金,其《变》辞之设象如"百毒""惟物之蛊"等,与金无关;上《变》属木,其《变》辞"云还于山,冰泮于川",亦无木象。看来温公是将《变图》与五行的联系完全用于安排《命图》占断,而没有考虑到可以借五行之象创作《变》辞,殊为憾事。

《变》辞之设既无象数根据,其文辞便可以遵照《命图》吉、臧、平、否、凶之排布人为任意地设定,这恐怕也是为何《潜虚》全本之作伪者能够轻易将《变》《解》之辞补全的原因。《周易》本是以象设辞、以辞定占,一爻吉凶本无定数;《潜虚·变图》反而是以占设辞,故其诸《变》占断,虽较《玄赞》昼夜吉凶交替的单调排列更显复杂,但说到底还是按照确定规则作出的机械安排,和"不可为典要,唯变所适"之易道仍相去甚远。

《变图》设辞无象数根据的弊病,又引出了另一方面的问题,即《体》

---

① 《竹溪鬳斋十一稿续集》卷二十七,《宋集珍本丛刊》第八十三册,第619、620页。

《名》诸图中以天道为根基奠定的"纲纪""中和"等人世价值,在《变》辞中无法得到妥善的落实。我们知道,对《周易》系统来说,人世价值可以借助爻象符号及其居位在诸爻之中具体地加以呈现。如六爻之位,二、五为上下二体之中位,可以体现"中"之价值;阳爻居阳位、阴爻居阴位的"当位"体例可以体现"正"之价值,等等。《太玄》之《赞》辞虽无符号相应,但仍可通过居位体现中正价值。如九赞之位,以二、五、八分属思、福、祸三段之中位,寓中道之意①;以奇《赞》逢阳家、偶《赞》逢阴家为正位,寓正当之意。② 但《潜虚·变图》一《行》七《变》之位,仅仅与五行对应决定《命图》占断,全无中位、正位之意,则不知《体图》"纲纪"之"正"、《名图》"中和"之"中",究竟以何形态落实在三百六十四《变》之具体人世处境中。对一部拟《易》之作而言,此等病痛绝非小小。

综上所论,我们看到,《潜虚》尽管在《体》《性》《名》《命》诸图式的创制上颇为精妙,但在《行》《变》文辞上却有诸多欠缺。对此,林希逸《潜虚精语》中给出了一个十分恰切的评价:

> 辞之有古今,又不可不精别之。《潜虚》非无佳语,但只是后世文字,《太元》则犹有古意。……前后本有缺有全,续添者为伪,文公言之尽矣。初本已有肤浅无深味者,况续增者乎?③

大意是说,《太玄》拟《易》尚能模仿出《易》辞的古奥风格、得其神韵,

---

① 《太玄图》云:"夫一也者,思之微者也,四也者,福之资者也,七也者,祸之阶者也,三也者,思之崇者也,六也者,福之隆者也,九也者,祸之穷者也,二五八,三者之中也。"《太玄集注》卷十《玄图》,第213页。
② 《太玄集注》解《中首》五《赞》"日正于天,利用其辰作主",引王涯注云:"五既居中体正,得位当昼,且为一首之主,故象曰正于天。"温公自注亦云:五《赞》"三仪之道莫善于中正,故阳家之五,赞之中也……而又当昼得正,一首之中最吉者也。"(《太玄集注》卷一,第6页)由此可以推断《太玄》应当存在一种类似易爻的"得位"或"正位"的体例。根据《太玄》象数系统的特点,奇数《赞》逢"阳家"(序号为奇数的《首》)、偶数《赞》逢"阴家"(序号为偶数的"首")时,必定值昼为吉,此为"得位";相反,偶数《赞》逢阳家,奇数《赞》逢阴家,则必定值夜为凶,为"不得位"。
③ 《竹溪鬳斋十一稿续集》卷二十七,《宋集珍本丛刊》第八十三册,第618页。其中《太元》即是《太玄》,因避"玄"字讳写作"元"。

而《潜虚》的《行图》《变图》之文,虽然不乏佳句,但其文风让人一读即知是"后世文字"。温公原作中已有"肤浅无深味者",更遑论后人之伪作,可见其对《易》《玄》文字的仿拟,只能说是不得其门而入了。而《变图》设辞之无象数根据、无从具体落实中正价值,亦是十分严重的问题。如此宏大的《潜虚》易学宇宙观系统,却在文辞这一关键层面出现了不小的败笔,在此不能不为温公惜之。

第三节 《潜虚》筮法及其与《易》《玄》筮法的比较

温公除仿照卦象、爻辞创作《潜虚》之《行图》《变图》外,还为自己的拟《易》系统设计了一套占筮方法。这套筮法见于今本《潜虚·命图》图说中:

> 五行相乘,得二十五,又以三才乘之,得七十五,以为策。虚其五,而用七十。分而为二,取左之一以挂于右,揲左以十而观其余,置而扐之。复合为一而再分之,挂、揲其右,皆如左法。左为主,右为客。先主后客者阳,先客后主者阴。观其所合,以名命之。既得其名,又合著而复分之。阳则置右而揲左,阴则置左而揲右,生纯置右,成纯置左。揲之以七,所揲之余为所得之变,观其吉、凶、臧、否、平而决之。阳则用其显,阴则用其幽。幽者,吉、凶、臧、否与显戾也。欲知始、终、中者,以所筮之时占之,先体为始,后体为中,所得之变为终。变已主其大矣,又有吉、凶、臧、否、平者,于变之中复为细别也。不信不筮,不疑不筮,不正不筮,不顺不筮,不蠲不筮,不诚不筮。必蠲必诚,神灵是听。①

按照朱子《书〈潜虚图〉后》一文所作的考订,全本《潜虚》所载筮法其

---

① 《潜虚·命图》,《四部丛刊》三编第218册,第35页左—36页。

实并不完整,朱子所见阙本尚有"记占四十二字,注六字,又足以见占法之变焉"①,为全本所无。但阙本既已佚散,我们仅能根据全本的记载略作讨论。

从《命图》这段文字来看,《潜虚》筮法处处皆是比照《易传·系辞》所载大衍筮法设计而成的。首句"五行相乘,得二十五,又以三才乘之,得七十五,以为策",是仿照"大衍之数五十",说明筮法所用蓍草的策数。《潜虚》用策为七十五,这个数字是由五行之五数自乘得二十五,再乘以天地人三才之三而得的,表示其中蕴涵五行、三才之道。次句"虚其五,而用七十",则是仿效大衍筮法"其用四十有九",讲明实际参与占筮之用的策数。《周易》大衍五十策,虚一而用四十九,《潜虚》则是七十五策虚其五(五行之数),实际使用七十策。

其下所述为具体的占筮过程。《潜虚》虽只能以《变》辞占,但仍需先得出《变》辞所属的《名》《行》之象,故其方法全仿大衍筮法确定卦爻象的步骤而来。"分而为二,取左之一以挂于右",是仿照大衍筮法"四营"(一"变")之分两、挂一,即将所有蓍草分为两股,以象两仪;再从左边单独挂出一根,以象三才。"揲左以十而观其余,置而扐之",则对应"四营"中的"揲之以四"和"归奇于扐"。大衍筮法过揲以四数,《潜虚》体系以五、十之数为主,故过揲以十数。这一步骤是十个十个地计数分两之后左边一股蓍草的数目,最后将余数挂于指间(挂扐)。所得余数必为一至十,对应天一到地十的天地之数即五行生成数,以及《潜虚》的十个基本符号,这便得到了《名图》五十五名之象的左数。然后"复合为一而再分之,挂、揲其右,皆如左法",将第一轮数过的左边一股蓍草与右边合并为一,再次重复以上分两、挂一、过揲、归奇的步骤,不过这次数的是分两之后右边的一股蓍草,以求得的挂扐余数确定五十五名之象的右数。

下文云,"左为主,右为客",这便是我们在对《体》《性》《名图》讨论

---

① 《朱文公文集》卷八十一,《朱子全书》(修订本)第24册,第3832页。

中已遇到的《潜虚》符号对的左右之位。在占筮之中也有此左右主客的分别,即第一次揲左股蓍草所得余数为左数为主,第二次揲右股蓍草所得余数为右数为客。但前文已述,《潜虚》诸象的左右数必须满足一个条件不等式,而筮法先后所得之左右数关系不一定与条件式相符,所以会出现下句所言"先主后客者阳,先客后主者阴"两类情况。举例来说,如果第一轮过揲得挂扐余数为1(天一水生数,丨),第二轮过揲得余数为4(地四金生数,丨丨丨丨),以丨在左为主,丨丨丨丨在右为客,所得符号对丨丨丨丨丨(《刚》)自然满足《潜虚》条件式。但是如果第一轮数仍余1,但第二轮则余7(天七火成数,丌),要是还以丨在左为主,丌在右为客,则所得符号对丨丌便不满足条件式中的不等式(1)(右数大于左数的情况下,两者之差不能大于5),只有颠倒一下,以丨为客在右,丌为主在左,其象丌丨(《续》)才是一个有效的《潜虚》符号对。温公将上述先后所得之数直接满足《潜虚》符号条件的情形称为"先主后客者阳",先后所得之数需要主客颠倒才能满足条件的情形称为"先客后主者阴"。在《周易》的大衍筮法中并不存在类似的主客先后分别,它是《潜虚》象数符号体系的独有特征,并且关联到《潜虚》筮法最终的吉凶占断。

　　经过两轮过揲,《名》《行》之象得以确定,故"观其所合,以名命之"。不过下面仍需第三轮的过揲来进一步确准应当使用此《名》对应之《行》的哪一变来占筮,所以"既得其名,又合蓍而复分之"。由于一《行》变数为七,所以此轮过揲不再以十数,而是以七数。同时,对应前述"先主后客者阳,先客后主者阴"两类情况,第三轮过揲当用左右哪股蓍草也有区分:"阳则置右而揲左,阴则置左而揲右,生纯置右,成纯置左"。这是说,先主后客不用颠倒的情况就用分两后左边的蓍草,先客后主需要颠倒的情况则用右边的蓍草。另外,如果遇到前两轮所得左右数相等,即《潜虚》符号对为纯生数或纯成数的情形,前者用左揲(右股搁置),后者用右揲(左股搁置)。第三轮过揲结束后,"所揲之余为所得之变,观其吉、凶、臧、否、平而决之",以余数对应七《变》序数确定《变》辞,再查阅《命图》

观其吉、凶、臧、否、平之占。不过至此尚不能完全确定占筮结果，因为左右主客之数有"阳""阴"之分，其占断亦相应有"显""幽"之别。《命图》云："阳则用其显，阴则用其幽。幽者，吉、凶、臧、否与显戾也。"这是说，如果前两轮过揲是"先主后客者阳"无需颠倒的情况，那么第三轮过揲确定《变》数后，直接看《命图》占断定其吉凶即可，此为"用其显"。如果前两轮过揲是"先客后主者阴"，需要主客颠倒才能得到所占之象，这便意味着第三轮过揲所得之占断结果也需要经过颠倒反转，才能反映所占之事的真实境况，所以"吉、凶、臧、否与显戾"，若《命图》云吉便需戾反为凶，云凶便需戾反为吉，这便是"用其幽"。① 这一占筮上的"显幽"分别，也是温公所独创。

《命图》下文云"欲知始、终、中者，以所筮之时占之，先体为始，后体为中，所得之变为终"，其文义不甚清晰，张敦实《发微论》亦未作解释，大意是《潜虚》也可以始、中、终之时辰为占，即通过占筮过程中第一轮过揲得《潜虚》五十五名左体之数的时辰为始，第二轮得右体之数的时辰为中，第三轮得《变》数的时辰为终加以占断，但没有讲明具体的占法。结尾"不信不筮，不疑不筮，不正不筮，不顺不筮，不蠲不筮，不诚不筮，必蠲必诚，神灵是听"，明显是仿效《太玄》筮法所云"凡筮有道：不精不筮，不疑不筮，不轨不筮，不以其占不若不筮"②写成，罗列了几种占筮之道，有"易为君子谋"的意思。

以上所述便是今本所见《潜虚》筮法的大貌。当然，朱子在《书〈潜虚图〉后》中也指出，全本对占法的记载由于不完整而错失许多关键细节，"其所附论说，徒知以凶吉臧否平为所遇之占，而不知所占者之又有所待而然也"③。就是说，按照阙本，《潜虚》筮法最终的吉凶占断绝非仅依《命图》所遇，还有其他一些"有所待"的条件，由此构成了"占法之变"。这些

---

① 相应解说参见张敦实《潜虚发微论·著论》，《四部丛刊》三编第218册，第55页左—56页右。
② 《太玄集注》卷八《玄数》，第193页。
③ 《朱文公文集》卷八十一，《朱子全书》（修订本）第24册，第3832页。

内容我们今日已无缘得见了。不过,从另一个角度看,既然朱子已经认定全本与阙本的差别只在最后的"占法之变"上,就说明今本《潜虚》对筮法其他方面的记载应该还是大体不差的。

温公的《潜虚》筮法,虽然从形式上看是亦步亦趋地照着大衍筮法制定的,但如果从数学原理的角度仔细加以分析比较,就会发现二者之间有着本质性的差别,这一差别主要体现在过揲、挂扐的步骤中。我们知道,大衍筮法在分两、挂一之后,其"过揲"是左右两边的蓍草都要四四来数,挂扐则是将两边剩余蓍草合并在一起,也就是计算左右两边策数除以4的余数之总合。这里实际上用到了数学上同余原理的一个推论:"给定正整数A、B、C,如果(A+B)能够被C整除,则A与B分别除以C得到的余数总和或者是0,或者是C本身。"大衍筮法"其用四十有九",如果再排除第一次挂一的一策,那么实际上参与占筮演算的策数便是48,正好是4的整数倍。所以第一次分两后便会出现两种情况:(1)左右策数都不能被4整除,则左余1右必余3,则左余2右必余2,则左余3右必余1,这种情况下归奇的余数总和总是4;(2)左右策数都能被4整除,由于过揲必须留有余数,所以左余4右亦余4,挂扐归奇之数便是8。这一对同余原理的运用,意味着左右两边过揲所得余数必然处于总和一定的联动关系中,其加和即第一变"四营"之后的挂扐数非4即8(计挂一之数则非5即9),而进入第二变的过揲之数则或为44,或为48,仍是4的倍数,故仍满足上述余数和非4即8的演算规律。① 正因如此,大衍筮法经三次"四营"即三变,第一变后过揲数为48或44,第二变后过揲数为44、40或36,第三变后过揲数为36、32、28或24,分别是4的9、8、7、6倍,由此确定爻象之阴阳老少。② 可以说,同余原理正是大衍筮法成立的关键所在。

而同样仿效《周易》大衍制定筮法的《太玄》,在数学上也应用到了同

---

① 对于大衍筮法得一爻之象的第二变与第三变,需要将"挂一"之数计入余数和中,才符合挂扐数非4即8的规律。
② 对大衍筮法应用同余原理的具体数学推演,参见董光璧:《"大衍数"和"大衍术"》,第46—48页。

余原理。《太玄·玄数》记载扬雄自创占筮之法云：

> 三十有六而策视焉。天以三分,终于六成,故十有八策。天不施,地不成,因而倍之,地则虚三以扮天之十八也。别一以挂于左手之小指,中分其余,以三搜之,并余于艻。一艻之后而数其余,七为一,八为二,九为三,六筭而策道穷矣。①

《太玄》象数体系已三数为主,所以其筮法总策数为天"三分""六成"之数相乘得十八,再因地数加倍为三十六,虚去地数之三,实用三十三。过揲以3数("以三搜之"),所用策数33也是3的倍数。对于《太玄》筮法究竟是一次过揲挂扐得一位还是两次过揲挂扐得一位,历来有所争议。相较而言,刘韶军采纳北宋苏洵《太玄总例》中提出的再扐得一位之说较为合理。② 按这种解释,《太玄》筮法使用了两次同余原理:第一次"三搜",所得挂扐余数总和非3即6,过揲策数为30或27;第二次"三搜",挂扐余数同样非3即6,过揲策数为27、24或21,正是3的9、8、7倍,根据"七为一,八为二,九为三"的原则便可确定玄首之一位。③

由以上讨论可知,《易》《玄》筮法均运用了同余原理,其确定卦象或首象的过揲步骤中左右策数之余数是联动的,需要一次以上的分两、过揲过程才能确定卦之一爻或首之一位。反观《潜虚》筮法,不难看出其确定《名》象左、右数以及《变》数的三轮过揲中,每一轮或数其左,或数其右,彼此独立,左右余数并无联动关系,期间完全没有运用同余原理。《潜虚》筮法之所以如此设计,温公恐怕也有苦衷。因为《易》《玄》象数系统

---

① 此段文字版本诸本有差,以刘韶军《杨雄与〈太玄〉研究》所引为准,见该书第247—248页。
② 郑万耕在《太玄校释》中采信王涯、叶之奇等人的观点,认为"一艻之后而数其余"是指"数至十艻以下,所余者必为七、八、九策,其余七策为一画,八策为二画,九策为三画,这便是一艻得一位之说。(《太玄校释·太玄数》注释十五,第301页)刘韶军指出,按《太玄》筮法一扐之余只能是30或27,除以3只能得到10或9,得不到确定一、二、三之象的7、8、9。所以他采信苏洵的观点,认为《玄数》原文"一艻之后而数其余"或有讹误,当作"再艻",应为两艻得一位(《杨雄与〈太玄〉研究》,第248页)。
③ 对于《太玄》筮法应用同余原理的数学推演,参见王兆立、于成宝:《〈太玄〉的筮法和天道观略论》,第25—26页。

之基本符号数量都很少,《周易》仅有阴阳爻两种,在占筮中虽复以老、少区分变爻与不变爻,也仅需让筮算经历三变,出现四种可能结果,就足以得出一爻之象;《太玄》有一、二、三三种符号,其筮法仅需经两次"三搜"出现三种可能结果,就能囊括玄首一位之象;而《潜虚》的基础符号竟达十种,如果严格仿照运用同余原理的大衍筮法加以设计的话,则确定左右一位所需挂揲的次数将有九次之多,蓍草总数将有上百之巨,无疑过于繁琐①,所以只好采用三轮独立过揲、观其挂扐余数这样比较简洁的方式。②退一步讲,筮占结果之复杂多变的源头本不在于过揲一步,而在于"分两"这一随机过程。《潜虚》筮法虽然在过揲的步骤上放弃了同余原理,但只要保留通过"分两"产生随机数量的步骤,就占法而言便仍然是有效的。当然,《潜虚》筮法没有应用同余原理,毕竟错失了《周易》大衍筮法的精髓,可谓形似而神不似;再加上今本《变图》《解图》之辞真伪掺杂、文风不古,温公颇费心力创制的这套筮占之法恐怕只能引起理论研究的兴趣,而无望付诸实用了。

---

① 不难推算,《潜虚》筮法如果仍然以基础符号总数10数过揲,且采用同余原理,则需要让筮算具有10、20、30、40、50、60、70、80、90、100共10种结果才足以囊括其10个基本符号。欲产生10种结果,分两、过揲的次数必定为9次(每经1次,可能结果数目加1),每次的归奇余数总和非10即20,这样需要实际用到的蓍草总数至少是190,才能满足9次之后过揲数最小为10(每次皆余20),最大为100(每次皆余10)。

② 只有在运用同余原理的前提下,筮法才能通过过揲之数确定占筮欲得的数与象。如大衍筮法的6、7、8、9,《太玄》筮法的7、8、9,都来自过揲数。《潜虚》没有应用同余原理,只能通过三轮独立过揲步骤中揲以10或7的挂扐余数来直接对应《潜虚》符号或《变图》序数。

第八章　从《潜虚》易学宇宙观的哲学品质看司马光道学家身份的争议问题

在前几章中，我们以《潜虚》诸图为单元，较为细致地考察了司马温公是如何构建其庞大的《潜虚》易学宇宙观系统，并于其中实现以天道为儒家人世价值奠基的思想宗旨的。现在，我们需要回到本书最开始提出的那个疑问：为何与北宋道学五子共享着同样的问题意识和思想意图，而且同样建立起相当完善的形上天道理论体系的司马光，却未能在后世流传的道学谱系中切实地占有一席之地呢？全祖望在《宋元学案·涑水学案序录》中指出，北宋道学谱系的总结者朱子，尽管曾一度将司马温公与北宋五子并列于"六先生之目"，却又在《伊洛渊源录》这部重要的道学典籍中将温公排除在外，一个关键因素是"微嫌其格物之未精"。① 这便提示出，朱子之所以对司马光的道学家身份存有疑虑，主要是不满于其在穷格天地万物之理方面的粗疏不精。换句话说，在朱子看来，温公的形上理论建构在哲学品质上面是有不足之处的。我们这里的工作，即是要将前文讨论的《潜虚》易学体系的特质及其与北宋五子易学宇宙观的比较加以总结，来看一看双方是否确有哲学品质上的差距，以期为司马光道学家身份的争议问题提出解答。

---

① 《宋元学案》卷七《涑水学案上》，第275—276页。

第一节 《潜虚》作为象数易学系统与易学宇宙观建构的总体特质

如前文所论,温公之《潜虚》本质上说是一套利用各种象数易学元素构筑起来的拟易系统。这一系统尽管内容十分庞杂繁复,但其赖以建立的骨干却始终融贯一致,那就是我们反复提及的五行生成之数。从"象数"之"数"的层面来说,《易》数取自阴阳之"两",《玄》数取自三才之"三",《虚》数则取自五行之"五",以五行生成衍之而为天地十数,整个《潜虚》体系皆依此数字序列展开。在《气图》中,五行生成数被图象化为《潜虚》十个基础符号,并以宋代图书学之《河图》图式的排布式样展现了气化宇宙的时空方向性与总体格局。在《体图》中,《潜虚》十基础符号按五行生成数之序配合为十行、五十五对符号组合,展现了气聚成体之时自然形成的尊卑(上下)、主客(左右)"纲纪"秩序,并为象数易学传统中一直存在的序数与量数之张力问题提供了一种巧妙的解决思路。在《性图》中,《潜虚》符号对依五行生成数由纯至杂逐次排列,表征五行之气构成万物之后的物性别异、物类分化过程,并确定了《潜虚》符号组合必须满足的数学条件。在《名图》中,五十五名符号右数按五行生成之序依次挨排,象征着周岁气运的具体阶次,复与诸名左数按五行相生运行之序排列所象征的四时迁换、土王四季的整体模式结合,共同构成《名图》所示天运周回循环不息的宇宙运化图景,并通过精巧的象数安排将"中和"之价值原则蕴寓其中;同时,五十五名符号右数的五行属性与其所属十一分组结合,又构成了符号之得"名"的根据。在《行图》(含《变图》《解图》)与《命图》中,五行生序与五十二《行》(《元》《余》《齐》除外)三百六十四《变》的整体序列依次对应,与一《变》所属之《行》(《名》)符号右位五行数一道构成了《命图》依五行王相判定《变》辞吉凶的依据。虽然相比《周易》经传本身,《潜虚》易学体系尚存在重数轻象、文辞不古、占法过简等诸多弊病,但与温公仿拟的直接范本——汉代扬雄之《太玄》相较,以五行生成数为主干建立的《潜虚》系统不仅扭转了象、数、义割裂的局面(《潜虚》五十五《名》以右数五行象征义得名,《太玄》玄首符号、名义不相干涉),并且引入了更多复杂丰富的变化,更贴近易道"不可为典要"的特征(《潜虚·命图》以五行王相断诸《变》吉凶,《太玄》诸《赞》仅有昼吉夜凶交替的机械安排),可谓成就斐然。总体上考察温公《潜虚》的象数易学体系,其理论思路是十分清晰明确的,所有图式的设计、符号的排列都可经由五行生成数这一贯穿始终的线索加以合理解读,并无任何神秘怪异的内容掺杂其间。朱伯崑先生曾指出,宋易象数之学相对汉易的重要特质,就在于"回避或排斥阴阳灾异说和天人感应的迷信,将汉易中的象数之学进一步哲理化,特别是数理化"①。主于五行之数的温公《潜虚》,正可谓是鲜明体现这一宋易象数学特质的典范之作。

不仅如此,即使将温公依托《潜虚》拟易体系建构起来的易学宇宙观系统,与周、邵、张、程"五子"之易学做一番整体比较,我们仍能发现前者的诸多优点。在形上宇宙观建构方面,《潜虚》是以五行生成数为统一基础建立的一套宇宙生成论系统。相较于周敦颐以"阴阳动静"为基础构建的《太极图》,以及邵雍以阴阳"加一倍法"为基础构建的《先天图》这两种同样具有宇宙生成论内核的易学图式,《潜虚》诸图自然是不遑多让的。在人世价值奠基方面,温公于《潜虚》之《体图》明确运用了以自然秩序为人世价值秩序奠基的方式,这正是周、邵易学宇宙观的主要价值奠基思路;《名图》则运用了以气运内在趋于"中和"之根本倾向,即天道层面的客观应然性为人世之价值应然性奠基的方式,又是在张载太虚气本论、二程天理本体论中大放光彩的价值奠基思路。这样看来,道学"五子"易学在宇宙观建构、人世价值奠基等层面的多种思想要素,于温公《潜虚》体系中都可觅得其踪,使得温公的易学宇宙观呈现出一种"大而全"的理论面貌。

---

① 《易学哲学史》第二卷,第8—9页。

第二节 《潜虚》的宇宙生成论图式相对周敦颐、邵雍的不足

以上总结出的温公《潜虚》体系相对北宋"五子"易学呈现出的"大而全"的面貌，尽管确实称得上是一个优点，但如果我们深入比较的细节，《潜虚》体系的许多不足之处便无从遁形了。我们这里首先将《潜虚》诸图与同样具有宇宙生成论内核的周敦颐之《太极图》、邵雍之《先天图》做一比较。正如前文已经论述过的，温公之图相较周、邵之图的一个明显的缺憾，就是其图式设计不够简洁、自然。我们在第二章提到过，宋代易图之学的勃兴，与人世价值之天道奠基这一时代问题意识是紧密关联的。儒家提倡的生活态度与伦理价值想要立根，必须在天道层面上找寻其自然本有的秩序基础，而图式正是直观展现天地自然之方向性、秩序性的极佳思想表达方式。这一关联同时也构成了易学图式设计上的一个关键要求，即好的易学图式必须在象数特征上尽量简约，在数理原则上始终一致，这样才能避免人为安排的嫌疑，符合自然秩序的特征，也才足以构成对于人世价值秩序之牢靠自然基础的摹写。周敦颐《太极图》其上下、左右方位完全是依照阳上阴下（天上地下）、阳左阴右（日东月西）的阴阳秩序特征制定的；邵雍的《先天八卦圆图》《先天六十四卦圆图》也完全可以按照"加一倍法"的统一数理原则逐步描画出来①，且《先天八卦圆图》中亦自然呈现了天上地下（乾南坤北）、日东月西（离东坎西）的宇宙秩序。显然，周、邵之易学图式均具有简明、一贯的特征，皆符合上述对于易学图式的要求。相比之下，温公《潜虚》体系中的部分图式，不仅形式上不够简洁，其设计原则也没有真正做到一致。如《体图》五十五符号左右数排序的原则本来是五行生成次序，但从第七行开始出现了左右数颠倒的"诎"的情况，引入了变例；《名图》五十五《名》符号本来应是左数按照五

---

① 邵雍《先天八卦圆图》《先天六十四卦圆图》如何通过"加一倍法"逐步成图，参见拙作《北宋道学的易学哲学基础》第二章第一节第三小节。

行之行序、右数按照五行之生序严格排布,却同样引入变例,出现大量生成数跳转的情形,令人目眩。尽管《体图》变例可以用《性图》确立的《潜虚》条件式给出"自然"的解释,《名图》变例可以说是为凸显"中和"原则而做的变通安排,但毕竟变例的引入本身就已经使易学图式在形式上显得过于繁冗,难掩其人为造作的痕迹了。

《潜虚》诸图的这种人造痕迹过重的弊病,不仅体现在部分图式的形式上,还体现在其秩序性价值奠基的方式上。我们在讨论《体图》时已经说过,相较周之《太极图》、邵之《先天图》图式所蕴涵的明确自然秩序依据(天上地下、日东月西),《体图》五十五符号分十行排布的形制,并没有反映出它是根据何种自然秩序制定的,反倒更像一个人为设计的人世等级或爵位体系。在讨论《性图》一章,我们也拿具有物类划分意蕴的《潜虚·性图》,与邵雍的先天分类系统做过比较。邵雍先天学将按照阴阳"加一倍法"不断分化出的八卦卦象,依分类学原则与具体物类对应,并且藉由天地万物的分类秩序直接昭示出自然的价值等次秩序。而《潜虚·性图》没有显示任何与具体物类的相应关系,因而也不具备任何明确的价值奠基意义,使之同样难逃人为安排之嫌。

实际上,对于与《潜虚》体系类似的有失简洁、自然的宇宙论或形而上学建构,朱子有一个精妙的评判。《朱文公文集》所录其写给胡广仲的一封答信中说:

> 大抵天下事物之理,亭当均平,无无对者。……究观来教,条目固多,……左右偏枯,首尾断绝,位置重叠,条理交并。凡天下之理势,一切畸零赘剩、侧峻尖斜,更无齐整平正之处。凡此所论阴阳、动静、善恶、仁义等说,皆此一模中脱出也。常安排此个意思规模,横在胸中,窃恐终不能到得中正和乐广大公平底地位。①

这段话表明,在朱子看来,一种优秀的理论体系,其形式特征必然是

---

① 《朱文公文集》卷四十二《朱子全节》(修订本)第22册,第1904页。

"亭当均平,无无对者",即呈现出一种简洁均衡、一以贯之、自然而然的美感。周、邵之图学、数学,朱子本人之理学,无不具备这样的特质。而朱子这里批评的胡广仲的思想体系,一方面是"条目固多"但却"畸零赘剩、侧峻尖斜",也就是太过赘冗、不够简洁;另一方面是"常安排此个意思规模,横在胸中",也就是人为痕迹太重、不够自然。这段批评虽然与温公无涉,但观《潜虚》诸图之弊,恐仍不能免于"畸零赘剩""安排意思"之讥,未能达于朱子所云"中正和乐广大公平"的思想境界。

第三节 《潜虚》基于"中和"原则的价值奠基方式相对张载、二程的不足

我们下面再来将温公于《潜虚·名图》中着力凸显的本于"中和"之客观应然性原则的价值奠基方式,与运用了相同价值奠基思路的张载、二程易学加以比较。我们说过,相较于传统易学宇宙观单纯以实然的天道秩序为人世价值秩序奠基的方式,以天地运化中呈现的**客观应然性**(本质倾向性)为人世价值应然性立根的思路弥合了应然与实然之间的鸿沟,是一种思想上的进步。温公在其哲学思想中将"中和"理解为阴阳气运之"质的",即其出于本性自发趋向的价值目标,正是引入了客观应然性奠基这一新的价值奠基思路,并将其巧妙地彰显在《潜虚》易学图式中,在此方面可谓与张、程站在同一思想高度之上。而对于"中和"观念内涵的思考,温公亦不乏洞见。比如,其在《温公易说》中把"中"与"一"关联起来,将"中和"把握为包含各差异部分之"无过不及"的合宜关联的整体性原则,这层意思为张、程所未及,不可谓不深刻。但温公的真正问题,在于未能将理论思考的深度贯彻到底,由此导致了一系列难以克服的矛盾。

我们在论《名图》一章已述,温公"中和"观念的第一重矛盾在于抽象原则与具体事物的混淆不清。显然,具有价值意义的观念、原则必定是完全抽象的,而不可能是任何具体实在的事物。张载和二程的易学宇宙观

系统尽管存在"气本"与"理本"的本质差别,在这一点上却都毫无含糊之处。对于张载来说,宇宙的本原是太虚之气,是一种纯粹的实在物;而气化世界的价值根源则在于气运中体现的"两一"关系,即阴阳之气由差异朝向合一的本质倾向,这是为气运所遵循的、具有客观应然性特征的抽象原则,并不能与太虚之气本身混同。对于二程来说,宇宙的本原是天理,是纯粹的抽象原理;天理自身就是具体化的客观应然性,不仅是人世价值应然性的基础,而且是依理而生之气构成的全部现实世界的基础,抽象之理与实在之气之间有着"形上"与"形下"的截然区分。而温公却在《易说》中将"太极"与"中"含混界定为"物之未分,混而为一者",这就让思想中"未分"的抽象整体原则与现实中未分的实在事物,都可以享有"中"的名号。这种混淆,导致温公在《易说》对于"太极"的举例论证中,一会儿将之类比于某个抽象整体(如以"太极"为"天""地""岁"及"宫室"之喻),一会儿又将其直接等同于某个具体人物(如以"太极"为"王"之喻)。而结合其《道德真经论》对《老子》四十二章"道生一"一段的宇宙生成论诠释,温公在其宇宙观中似又确实倾向于把由"道"(即《潜虚》体系之宇宙本原"虚")所生之混沌未分的"一"(阴阳未分之气)这一实在物看作是"太极"与"中",不过这样又将引发超言绝象、无内在差异之本体"虚"或"道",与"自无入有"、阴阳未分的"太极"或"中"到底如何区分,以及"太极"作为阴阳未分之气,究竟是否含有阴阳差异等一系列问题。① 类似的存在于温公易学宇宙观中的种种疑难,均可归结为二程所批评的将"中"把捉为一物的弊病,反映出温公在抽象思维能力方面相较张、程的欠缺。

而温公"中和"观念的第二重矛盾,则在于具有客观应然性特征的

---

① 按《道德真经论》注《老子》五十一章"道生之"云:"宗本无形谓之道","德畜之"云:"气象变化谓之德"。(《道德真经论》卷三,第268页下)在"道"与"气"之间做出了划分。不过,气在处于"气象变化"之时一定已经有了阴阳差别的分化,所以这一区分似仍不能用于不可名象之"道"与"混而为一"、阴阳未分的"太极"之间。而以太极为阴阳未分之元气,又将落入扬雄《太玄》体系即已面临的元气是否含阴阳这一两难问题中。

"中和"观念与《潜虚》体系之宇宙生成论内核的互不兼容。所谓客观应然性,即是天地万物内在本然具有的自发的、不可遏制的本质倾向,故朱子于《四书或问》中以"所当然而不容已"①这一精辟之语表述之。这意味着,应然性之为应然性,必定伴随着实现其本质倾向的永恒不息的活动变化,因而不能在任何时刻与变化脱离,处于现成不变的状态。活动变化的前提在于差异,因此应然性之实现活动的恒久不息,又必然推导出差异的永恒存在,故在以客观应然性为价值奠基思路的宇宙论体系中,不可能存在无差别的生成起点,这一思路与生成论的宇宙观建构是根本相悖的。同样采用应然性奠基思路的张载、二程之易学宇宙观,都着重论述了阴阳差异之永存。张载在《横渠易说》中指出,"一"生"两"不具必然性,合理的"两一"关系只能是"无两则安用一"②,即以差异为前提理解统一,从而揭示出差异朝向合一的永恒活动趋向就是气化世界的根本应然性原则。二程哲学中作为本原的天理观念也并非空疏无内容的同一者,而是一理涵具万理,本身即具有无限丰富的差异性内涵;程颐在《程氏经说·易说》中更明确提出"动静无端,阴阳无始"之说③,认为阴阳之气的差异永恒存续,依理而生的气化世界绝无阴阳未分的起点。由此可见,张、程的本体论易学宇宙观系统,均承认差异的永存,因此与其基于客观应然性的价值奠基思路是融贯无碍的。而温公的《潜虚》体系,却在宇宙生成论的骨架中添入了应然性价值奠基的血肉,引发矛盾是在所难免的。前文已述,温公在《道德真经论》与《易说》中,既将处于阴阳差异未分之先的"一"或"太极"称为"中",又将处于阴阳差异已分之后"济以中和"④的状态(即《老子》"二生三"之"三")称为"中"。《潜虚·名图》在三层次上对"中和"原则的象征,即居全图正中之《齐》名,春夏秋冬每时所属十一名中居正中的左右生成数相配之名,以及五十五名十一分组每一组居中、

---

① 朱熹:《四书或问》,《朱子全书》(修订本)第6册,第528页。
② 《横渠易说·说卦》,第233页。
③ 《河南程氏经说》卷一,《二程集》,第1029页。
④ 《道德真经论》卷三,《正统道藏》第12册,第268页上。

右数属土之一名,其实取的都是逻辑上后于阴阳差异、作为差异性之合宜统一的"中和"之义。① 但是,"中"既处阴阳之先、又在阴阳之后的宇宙论模式却无法回答:如果在阴阳差异出现之前世界已经现成完满地处在"太极"之"一"之"中"的状态,那么此"一"此"中"究竟为何还要偏离其完满状态、分化出阴阳差异,再使阴阳重新趋向于一种后于阴阳差异而有的"中和"状态呢?可以说,温公易学宇宙观的这种理论困难,正落入张载所谓"有两亦一在,无两亦一在"②的逻辑陷阱中:在"一生两"的逻辑前提下,无差别之"一"如果自身就具有现成的价值意义,那么无论其是否分化为阴阳之两,其价值意义都不受影响,这就无法解释阴阳之分化、天地万物之生成的必然性何在。如是的理论困难不能解决,无论温公再以多么精妙的象数安排在《潜虚》图式中体现其"中和"原则,恐怕都是于事无补的。

当然,与温公《潜虚》同样具有宇宙生成论内核的周敦颐、邵雍的易学宇宙观,也会面临张载的类似批评。不过,周、邵在价值奠基思路上完全承继了汉代以来的易学传统,即采用以实然天道秩序为人世价值秩序奠基的方式③,因此其宇宙观建构方式与价值奠基方式仍是完全兼容的。而温公却可谓是手持一种崭新的价值奠基思路(客观应然性奠基)之圆凿,试图纳入旧有的易学思想体系(宇宙生成论)之方枘,但并未察觉二者之龃龉不合。总结来说,温公之《潜虚》易学体系在宇宙生成论图式方面相比周、邵,存在形式不够简洁、人为安排痕迹过重的弊病;其基于"中

---

① 我们在第六章中讨论区分的《名图》蕴涵之两类"中和"观念:作为总名包含各对于部分之合宜规定的"中",以及与他者并列、居间调和之"中",均以差异性为其逻辑前提,逻辑上是后于差异性的。这与温公《易说》所论"太极"之为"一""中",时间上出现于阴阳分化之前的主张存在难以调和的矛盾。
② 《横渠易说·说卦》,《张载集》,第233页。
③ 按,周敦颐以太极本体为"诚",具有价值意义,但其以"诚"为天道人世全部价值意义的来源,而并非天地万物本质上共同趋向的价值目标,因此这种价值奠基思路仍不属于客观应然性奠基的范畴。当然,太极作为超言绝象的本原如何具有价值属性,在周敦颐的体系中也是难以解释的。

和"原则的应然性价值奠基方式相比张、程,又存在抽象原则与具体事物混淆不分、宇宙观建构方式与价值奠基方式自相矛盾的缺陷。这正是温公《潜虚》与北宋道学"五子"易学在哲学品质上的差距所在。

第四节 司马光未被纳入北宋道学谱系的思想原因

以上我们已经通过总结和对比,揭示出了司马光《潜虚》易学宇宙观相较北宋"五子"易学思想在哲学品质上的差距,下面我们回过头来,讨论北宋道学谱系中为何没有确定地列入温公之名的原因。尽管通常认为南宋朱子是北宋道学谱系的最终确定者,但此谱系的定立并非朱子个人的意见,而更是同时代学者间的某种共识。在朱子之前,两宋之际的胡安国曾上书云:"本朝自嘉祐以来,西都有邵雍、程颢及弟颐,关中有张载,此四人者,皆道学德行名于当世。"①胡宏也在《张子正蒙序》中提出:"易穷则变,变则通,是以我宋受命,贤哲仍生,舂陵有周子敦颐,洛阳有邵子雍、大程子颢、小程子颐,而秦中有横渠张先生。"②另外,朱震在《进周易表》中提到的宋易从陈抟开始的传授谱系③,虽然有很大的臆造成分,却也试图将周邵程张五子归纳到同一学派中。朱子去世之后,李道传上书请定"周邵程张五先生从祀"④,同样反映了当时学者对于北宋道学学派归属的一致认识。

值得注意的是,以上罗列的南宋学者对于北宋道学家名录的种种追

---

① 朱熹:《伊洛渊源录》卷四,《朱子全书》(修订本)第12册,第975页。
② 胡宏:《胡宏集·杂文》,中华书局1987年版,第162页。
③ 朱震《进周易表》云:"国家龙兴,异人间出。濮上陈抟以《先天图》传种放,放传穆修,修传李之才,之才传邵雍。放以河图、洛书传李溉,溉传许坚,坚传范谔昌,谔昌传刘牧。修以《太极图》传周敦颐,敦颐传程颐、程颢。是时张载讲学于二程、邵雍之间,故雍著《皇极经世》之书,牧陈天地五十有五之数,敦颐作《通书》,程颐述《易传》,载造《太和》、《三两》等篇。"(朱震:《汉上易传》,《儒藏》精华编第三册,第629页)
④ 李心传:《道命录》卷八《李仲贯乞下除学禁之诏颁朱子四书定周邵程张五先生从祀》,《丛书集成初编》第3343册,商务印书馆1937年版,第94—96页。

溯全部落在北宋"五子"的范围之内，而无一人提及司马光。不过在朱子那里又确乎出现过北宋道学"六先生"的说法。全祖望在《宋元学案·涑水学案序录》中分析说，朱子"六先生之目"实际来自二程的一条语录。《二程遗书》卷二引程颐云：

> 某接人多矣，不杂者三人：张子厚、邵尧夫、司马君实。①

这条语录将张载、邵雍与司马光并提，并赞赏其为"不杂者"，即坚持儒家价值立场与生活方式、毫不掺杂释老异端的真正儒者。表面上看，小程此语似确有将温公与己归为一派的意味。但细品其意，小程所言"不杂"似乎更多是指人格、修养，而并未及于学术。在学术方面，二程对温公一向是批评多于赞扬的。② 有趣的是，朱子在其揭出道学"六先生之目"的《六先生画象赞》中，于周、邵、程、张之象赞均语及其学术成就：如于周敦颐赞其"书不尽言，图不尽意"（指《太极图》），大程赞其"浑然天成"，小程赞其"展也大成"（指二程之理学成就），邵雍赞其"手探月窟，足蹑天根"（指《先天图》），张载赞其"精思力践，妙契疾书"（指《正蒙》）。唯独对于司马光，赞其"笃学力行，清修苦节"，"深衣大带，张拱徐趋"，只言其工夫之笃实、气象之可法，而对其学问未置一言。③ 由此可见，无论程子还是朱子，均是对温公之学持保留意见的。

众所周知，朱子编定的重要道学文献《伊洛渊源录》将温公排除在

---

① 《河南程氏遗书》卷二上，《二程集》，第21页。原书未标明此为谁语，全祖望《宋元学案》定为程颐语，并转述为："小程子谓：'阅人多矣！不杂者，司马、邵、张三人耳。'故朱子有'六先生'之目。"（《宋元学案》卷七《涑水学案上》，第275页）
② 二程对司马光学术的批评，除前引"为中系缚"一段（《河南程氏遗书》卷二下，《二程集》，第53页），《二程外书》另载有明道拿司马光注《中庸》开玩笑的一则材料："明道闻司马温公解中庸，至人莫不饮食，鲜能知味，有疑遂止，笑曰：'我将谓从天命之谓性便疑了。'"（《河南程氏外书》卷十二，《二程集》，第442页）这一条其实是在指摘温公的学术思辨能力。又《二程遗书》载二先生语云："今日卓然不为此学者，惟范景仁与君实尔，然其所执理，有出于禅学之下者。"（《河南程氏遗书》卷二上，《二程集》，第25页）这是批评司马光之学在讲道理方面有时尚不及释氏，可见对二程其学术颇有微词。
③ 朱熹：《六先生画象赞》，《朱文公文集》卷八十五，《朱子全书》（修订本）第24册，第4001—4003页。

外,而同时被排除的还有邵雍①,这似乎让邵雍的道学家身份与温公一道陷入争议之中。全祖望在《涑水学案序录》中分析朱子在《渊源录》中"祧"去二人的原因,于温公是"微嫌其格物之未精",于邵雍则是"微嫌其持敬之有歉"。② 也就是说,与对司马光在学术方面的疑虑相反,朱子对邵雍的不满无关学术,而主要在其生活态度上。实际上,关于温公与康节两人之学,朱子是有明确的评价的。《朱文公文集》载朱子答复汪应辰的一封书信说:

> 程邵之学固不同,然二先生所以推尊康节者至矣,盖以其信道不惑,不杂异端,班于温公、横渠之间,则亦未可以其道不同而遽贬之也。……抑康节之学抉摘窈微,与佛老之言岂无一二相似?而卓然自信,无所污染,此其所见必有端的处。比之温公欲护名教而不言者,又有间矣。③

这封信中也提到程子曾将邵雍与温公、张载并举,并指出邵雍与二程之学固然不同,但二程在学术上对邵雍仍是推尊备至。朱子本人亦肯定"康节之学抉摘窈微""卓然自信",对其学术大加赞赏。相比而言,朱子对温公的评价却是"欲护名教而不言",也就是想讲明儒家的道理却讲不出,相较邵雍之学仍相"有间"。朱子在其自身的理学体系尤其是易学哲学中大量吸收了邵雍先天学的内容,其《周易本义》卷首即列先天八卦横图和圆图,以为"伏羲之易",而温公的《潜虚》体系在朱子这里则基本没

---

① 今本《伊洛渊源录》中虽然五子具备,但《朱子语类》载"问:'《渊源录》中何故有《康节传》?'曰:'书坊自增耳。'"(《朱子语类》卷六十,第1447页)可见《渊源录》之原貌是不含邵雍在内的。
② 《宋元学案》卷七《涑水学案上》,第275页。按《朱子语类》载朱子对邵雍的评语云:"似老子。只是自要寻个宽闲快活处,人皆害它不得。"(《朱子语类》卷一百,第2544页)此正可谓批评其生活态度上"持敬之有歉"。
③ 朱熹:《答汪尚书》,《朱文公文集》卷三十,《朱子全书》(修订本)第21册,第1302页。

有造成什么影响。由此可见,尽管《渊源录》将邵雍与司马光一道排斥在外①,但在学术上朱子其实是完全肯定邵雍的道学家地位的,而对司马光的态度则并非如此。《六先生画象赞》将温公与"五子"并提,或许更多是出于人格、气象方面的考虑;但论及学问,朱子似乎始终未曾肯认温公之学足以使之成为道学家之一员。朱子同时之学者在追溯北宋道学谱系时亦不及于温公,其原因恐大抵如是。

如上所论,我们便可为司马光道学家身份的争议做一判断:基于学术思想方面的衡量,朱子及同时代学者均未明确将司马光列入北宋道学的谱系中。而我们前文分析的温公《潜虚》易学宇宙观相较"五子"易学在哲学品质上的差距,正佐证了这一点。不过,指出温公并非道学家,以及其学术距离道学有相当差距这一点,并不意味着对温公的全然贬损。实际上,温公之学所以给人"格物未精"的印象,与其整体的学问风格和取向是紧密相关的。温公是史学家出身,而史学的特征是关注现实具体问题、讲究实事求是、反对空谈玄思。长期从事史学研究,自然会形成一种朴实无华、切近实际的学风。对温公的这种学问风格,程子、朱子早有清楚的认识。如二程曾说:"君实之能忠孝诚实,只是天资,学则元不知学。"②朱子的学生评价温公"力行处甚笃,只是见得浅",朱子亦点头称"是"。③ 可见程、朱都承认温公为人忠厚笃实,但偏于力行实践,其对于道学家喜谈的抽象高深的学理有所"不知"或"见得浅",自然是可以理解的了。

温公思想的现实化、质朴化的特征,在《潜虚》易学宇宙观的建构中

---

① 也有学者分析指出,《渊源录》未含邵雍,其原因在于此书主要"以师承授受关系作为选录的标准"。邵雍因与程门无明确师承,故未被列入;虽未被列入,却不害其与四子"共同传道"。(赖纪伟:《〈伊洛渊源录〉编纂渊源考》,北京大学 2012 届硕士学位论文,第 33 页)而在朱子与吕祖谦合编的北宋道学家语录汇编《近思录》中,尽管也未收录邵雍之语,朱子却在《语类》中感叹"康节煞有好说话,《近思录》不曾取入。"(《朱子语类》卷一百,第 2553 页)这也从侧面反映出朱子对邵雍道学家身份的肯定。
② 《河南程氏遗书》卷二上,《二程集》,第 27 页。
③ 《朱子语类》卷一百三十,第 3103 页。

也多有体现。如展示天地"纲纪"秩序的《体图》,即有学者分析指出其金字塔结构的政治等级设计"并非纯粹思考的结果,而是为了回应政治现实"①。在讨论《性图》时,我们提到司马光以"性"为气性,赋予这一道学家极为看重的哲学观念以十分朴拙的内涵,遭到了朱子学生陈淳的批评。实际上,对于北宋道学易学的三个核心概念"理""性""命",温公于《迂书》中仅以"是不是""才不才""遇不遇"②释之,更是其质朴学风的集中体现。

另外,从《潜虚·名图》中五十五《名》十一分组的排序中,也可窥见温公朴实具体的思想特色。在《名图》所附图说罗列十一分组,有云:"性然后动,动然后情,情然后事,事然后德"③,对于"性""情""事""德"几个概念的排序与道学家的理解颇为不同。黄宗羲在《易学象数论》中对此批评说:

> 有性而后有情,有情而后有视听言动,有德而后有事。以动先于情,以事先于德,失其次矣。④

---

① 见方诚峰:《司马光〈潜虚〉的世界》,第181页。方诚峰在这篇文章中敏锐发现了《潜虚·体图》与司马光熙宁二年所上《体要疏》中"为政有体,治事有要"观点的紧密关联,提出《体图》背后的政治考量在于对其"晚年所面临的最大政治困境——王安石变法——的回答"(同上文,第182页),其论点十分可采。不过,方氏在解释《体图》自第七"卿"一行开始出现的所谓"诎"的情况时,将"诎"训为"不正",认为其象征义在于"处于政治体顶端的王、公、岳、牧之影响力不是绝对的,尤其是王(君主)在卿以下的政治等级中始终居于从位",正体现了《体要疏》所云"治事有要"的原则(同上文,第180—181页),则有待商榷。我们在第四章讨论《体图》时已借助张敦实《发微论》的注解做过分析,所谓"诎"是指因尊卑差距过大而不敢直接自居客位侍奉主上之意。如果将此意进一步阐释为卿以下之人只能直接侍奉较低级官员(对卿来说即公、岳、牧等),接受其领导,不必由王亲自下达命令,王者亦不必插手卿以下之人的基层事务,从而体现《体要疏》之"治事有要",尚可讲通。但认为在卿以下的基层治理中王者反而处于"从位",则是没有道理的。因为"诎"之左右颠倒仅仅意味着卑者不敢自居客位,绝不意味让尊者让出主位降于客位。司马光在《体图》中持有的仍是一种十分严格的等级秩序观念,象征王者的符号在位序上最高(处第一行),数量最寡(仅有一个),都表明王权的不可动摇。
② 司马光:《迂书》,《司马光集》卷七十四,第1509页。
③ 《潜虚·名图》,《四部丛刊》三编第218册,第6页右至左。
④ 黄宗羲:《易学象数论》卷四《潜虚》,中华书局2010年版,第177页。

黄氏认为四者正确的次序应该是情后于性、事后与德，因为在道学的概念体系中，"性"是人的内在本质，性体发用而为情；"德"是人的内在品德，行事是品德的外在表现。这可谓是道学话语经由朱子确立之后在后世学者思想中形成的定式。而温公《名图》并未照此安排，恰恰反映出其与道学家十分不同的致思方式："动然后情"，表明温公并不以"情"为人的抽象本性的内在发用，而是体现在人之"视听言动"的现实活动中的情感、欲求；"事然后德"，表明温公也并不把"德"单纯理解为内在的"德性"，而是体现在现实具体行事当中的"德行"。可以说，温公这里所谓的"失其次"，并非在思想上有什么过错，而仅是其贴合现实的朴实思想特质的反映罢了。

这种朴实学风固然是温公的思想特色，但面对抽象、精微的哲学思考，其劣势便呈现出来了。比如，温公较喜用譬喻讲道理，但譬喻的一个问题在于，一旦喻体列举不当，道理就会出现偏差。如《温公易说》欲以"天""地""岁""王""宫室"等喻说明"太极"与"中和"的含义，其中以"王"为"太极"之喻便出现了偏差。温公在"中和"观念上没有辨明抽象观念与具体事物的区别，与譬喻这种质朴的思维方式怕是脱不了干系的。再如其开始构建《潜虚》宇宙观时，直接引入《易传》"太极生两仪"，《老子》"道生一，一生二"等对于宇宙运化过程的惯常理解，没有像张载、二程那样对"两"与"一"、差异与同一的关系做深刻的反思、探讨，最终导致了生成论的建构方式与"中和"价值原则的冲突，也体现出其质朴思想中思辨性的缺乏所带来的弊端。①

当然，温公本人对其质朴学风也是有过辩护的。在《迂书》中温公说到，自己之所以只肯给"理""性""命"这些概念以最朴实的解读，是为了防范"世之高论者，竞为幽僻之语以欺人，使人跂县而不可及，愦瞀而不能

---

① 魏涛即指出，司马光思想中思辨性的缺失，是其不能被纳入理学范围的重要原因之一。见《司马光与理学关系问题辨析》，第32—34页。

知"①的危险倾向,其中实有抵制佛老空谈、捍卫儒家价值的思想考量在。然而,以道学为代表的宋代儒学发展的趋势,却是不断向抽象化、内在化、精微化的方向挺进。相比于温公以质朴笃厚的传统儒家态度应对佛老,大程所言"自明吾理"②,即力图通过深刻的形而上学思考使儒学在理论上超越佛老的态度,反而更成为主流。温公的质朴之学则偏离了这一思想发展的大势,其形上宇宙论系统因哲学品质的欠缺而不得立于北宋道学之林,《潜虚》之学亦因此流传不广,殊为可叹。

温公为《潜虚》所作后序云:"《玄》以准《易》,《虚》以拟《玄》,《玄》且覆瓿,而况《虚》乎?"③似乎已经预见到其苦心极力创制的《潜虚》终将在后世湮没无闻的命运。但从另一个角度看,温公毕竟发挥自身的思想特色,仿拟《易》《玄》构筑了宏大《潜虚》易学宇宙观系统,并为自己始终坚持的儒家价值立场提供了天道层面的论证。无论如何,温公之创《潜虚》,作为北宋时期一次值得敬佩的思想探索,已然在哲学史与易学史上留下了浓墨重彩的一笔。

---

① 《迂书》,《司马光集》卷七十四,第1509页。
② 《河南程氏遗书》卷二上,《二程集》,第38页。
③ 《潜虚》卷末,《四部丛刊》三编第218册,第36页左。

参考文献

一、古　籍

（一）司马光著作

［宋］司马光:《潜虚》,《四部丛刊》三编第218册,上海:商务印书馆,1936年;

［汉］扬雄撰,［宋］司马光集注:《太玄集注》,北京:中华书局,1998年;

［宋］司马光:《温公易说》,《儒藏》精华编第3册,北京:北京大学出版社,2009年;

［宋］司马光:《道德真经论》,《正统道藏》第12册,上海:上海书店,1988年;

［宋］司马光编著,［元］胡三省音注:《资治通鉴》,北京:中华书局,1956年;

［宋］司马光:《司马光集》,成都:四川大学出版社,2010年。

（二）易学典籍

［汉］扬雄撰,［晋］范望注:《太玄经》,《四部丛刊》初编影印万玉堂翻宋本,上海:商务印书馆,1936年;

［汉］扬雄著,郑万耕校释:《太玄校释》,北京:北京师范大学出版社,1989年;

［汉］杨雄撰,刘韶军校注:《太玄校注》,武汉:华中师范大学出版社,1996年;

［魏］王弼注、［晋］韩康伯注,［唐］孔颖达疏:《南宋初刻本周易注疏》,郭彧汇校,上海:上海古籍出版社,2014年;

［唐］李鼎祚:《周易集解》,王丰先点校,北京:中华书局,2016年;

［宋］刘牧:《易数钩隐图》,影印《正统道藏》第3册,上海:上海书店,1988年;

［宋］李觏:《删定易图序论》,《李觏集》,北京:中华书局,1981年;

［宋］胡瑗:《周易口义》,《儒藏》精华编第3册,北京:北京大学出版社,2009年;

［宋］王湜:《易学》,《景印文渊阁四库全书》第805册,台北:台湾商务印书馆,1986年;

［宋］司马光撰,［清］苏天木述:《潜虚述义》,《丛书集成初编》第697册,上海:商务印书馆,1939年;

［宋］张敦实:《潜虚发微论》,《四部丛刊》三编第218册,上海:商务印书馆,1936年;

［宋］朱震:《汉上易传》,《儒藏》精华编第3册,北京:北京大学出版社,2009年;

［宋］朱熹:《宋刊周易本义》(影印宋咸淳元年吴革刻本),福州:福建人民出版社,2008年;

［清］黄宗羲:《易学象数论》(外二种),郑万耕点校,北京:中华书局,2010年。

(三) 其他典籍

［汉］孔安国传,［唐］孔颖达正义:《尚书正义》,上海:上海古籍出版社,2007年;

［汉］班固:《汉书》,北京:中华书局,1962年;

［汉］郑玄注,［清］王应麟辑:《周易郑康成注》,《四部丛刊》三编第

12册,上海:商务印书馆,1936年;

[汉]郑玄注:《礼记》,宋淳熙四年抚州公使库刻本;

[汉]郑玄注,[唐]孔颖达疏:《礼记正义》,龚抗云整理,北京:北京大学出版社,2000年;

[汉]郑玄注,[唐]贾公彦疏:《周礼注疏》,赵伯雄整理,北京:北京大学出版社,2000年;

[魏]王弼著,楼宇烈校释:《王弼集校释》,北京:中华书局,1980年;

[晋]杜预注,[唐]孔颖达疏:《春秋左传正义》,浦卫忠等整理,北京:北京大学出版社,2000年;

[隋]萧吉撰:《五行大义》,马新平、姜燕点校,北京:学苑出版社,2014年;

[宋]石介:《徂徕先生文集》,陈植锷点校,北京:中华书局,1984年;

[宋]周敦颐:《元公周先生濂溪集》,长沙:岳麓书社,2006年;

[宋]邵雍:《邵雍集》,郭彧整理,北京:中华书局,2010年;

[宋]张载:《张载集》,北京:中华书局,1978年;

[宋]程颢、程颐:《二程集》,王孝鱼点校,北京:中华书局,2004年;

[宋]晁公武撰:《郡斋读书志校证》,孙猛校证,上海:上海古籍出版社,2011年;

[宋]胡宏:《胡宏集》,北京:中华书局,1987年;

[宋]洪迈:《容斋随笔》,孔凡礼点校,北京:中华书局,2005年;

[宋]朱熹:《晦庵先生朱文公文集》,《朱子全书》(修订本),上海:上海古籍出版社,合肥:安徽教育出版社,2010年;

[宋]黎靖德编:《朱子语类》,王星贤点校,北京:中华书局,1986年;

[宋]楼钥:《攻媿集》,《四部丛刊》初编本,上海:商务印书馆,1919年;

[宋]陈淳:《北溪先生大全文集》,《宋集珍本丛刊》第70册,北京:线装书局,2004年;

[宋]李心传:《道命录》,《丛书集成初编》第3343册,上海:商务印书馆,1937年;

[宋]林希逸:《竹溪鬳斋十一稿续集》,《宋集珍本丛刊》第83册,北京:线装书局,2004年;

[清]黄宗羲著,[清]全祖望补修:《宋元学案》,陈金生、梁运华点校,北京:中华书局,1986年;

[清]朱彝尊著:《经义考新校》,林庆彰等点校,上海:上海古籍出版社,2010年;

[清]纪昀总纂:《四库全书总目提要》,石家庄:河北人民出版社,2000年;

[清]卢文弨:《群书拾补》,《抱经堂丛书》影印版,北京:直隶书局,1932年;

[清]钱大昕:《潜研堂集》,上海:上海古籍出版社,1989年;

[清]周中孚撰:《郑堂读书记》,《清人书目题跋丛刊》第八辑,北京:中华书局,1993年;

[清]瞿镛编纂:《铁琴铜剑楼藏书目录》,上海:上海古籍出版社,2000年;

[清]陈立撰:《白虎通疏证》,吴则虞点校,北京:中华书局,1994年;

[清]赵在翰辑:《七纬》,北京:中华书局,钟肇鹏、萧文郁点校,2012年;

章太炎:《章太炎全集·齐物论释定本》,上海:上海人民出版社,2014年;

余嘉锡:《四库提要辨证》,北京:中华书局,1980年;

杨伯峻:《列子集释》,北京:中华书局,1979年;

杨伯峻编著:《春秋左传注》,中华书局,1990年;

何宁撰:《淮南子集释》,北京:中华书局,1998年;

黄怀信撰:《鹖冠子校注》,北京:中华书局,2014年。

二、研究著作

(一)易学研究

林忠军:《象数易学发展史》(第一卷),济南:齐鲁书社,1994年;

潘雨廷:《读易提要》,上海:上海古籍出版社,2003年;

朱伯崑:《易学哲学史》,北京:昆仑出版社,2005年;

王铁:《宋代易学》,上海:上海古籍出版社,2005年;

叶福翔:《易玄虚研究》,上海:上海古籍出版社,2005年;

余敦康:《汉宋易学解读》,北京:华夏出版社,2006年;

郑万耕:《扬雄及其太玄》,北京:北京师范大学出版社,2009年;

刘韶军:《杨雄与〈太玄〉研究》,北京:人民出版社,2011年。

(二)哲学史研究及其他

张岱年:《中国哲学大纲》,北京:中国社会科学出版社,1982年;

陈克明:《司马光学述》,武汉:湖北人民出版社,1990年;

董根洪:《司马光哲学思想述评》,太原:山西人民出版社,1993年;

李昌宪:《司马光评传》,南京:南京大学出版社,1998年;

张晶晶:《司马光哲学研究——以荀学与自然气本论为进路》,新北:花木兰文化出版社,2013年;

杨立华:《宋明理学十五讲》,北京:北京大学出版社,2015年;

任蜜林:《汉代"秘经"——纬书思想分论》,北京:中国社会科学出版社,2015年;

陈遵妫:《中国天文学史》,上海:上海人民出版社,1980年;

王力:《诗经韵读》,北京:中华书局,2014年;

〔德〕海德格尔:《存在与时间》(修订译本),陈嘉映、王庆节译,北京:生活·读书·新知三联书店,2006年。

三、研究论文

（一）期刊论文

刘蔚华：《略论司马光的〈潜虚〉》，《中州学刊》1984年第1期；

董光璧：《"大衍数"和"大衍术"》，《自然辩证法研究》1988年第3期；

赵瑞民：《论司马光〈易〉学思想的两个支点》，《山西大学学报》（哲学社会科学版）1992年第4期；

胡可先：《张敦颐及其著作考》，《古籍研究》1999年第2期；

董根洪：《"动化天下，莫尚于中和"——论扬雄的中和哲学》，《社会科学研究》1999年第6期；

王兆立、于成宝：《〈太玄〉的筮法和天道观略论》，《周易研究》2009年第4期；

张民权：《司马光〈潜虚图〉用韵与宋代语音史问题》，《民俗典籍与文字研究》第8辑，北京：商务印书馆，2011年；

张立文：《司马光潜虚之学的价值》，《晋阳学刊》2012年第2期；

魏涛：《司马光与理学关系问题辨析》，《郑州大学学报》（哲学社会科学版）2013年第6期；

陈睿超：《邵雍〈观物内篇〉元会运世之数的价值意涵》，《周易研究》2015年第5期；

方诚峰：《司马光〈潜虚〉的世界》，《清华大学学报》（哲学社会科学版）2017年第1期。

（二）学位论文

谷颖：《伏生及〈尚书大传〉研究》，南京大学2005届硕士学位论文；

田小中：《〈太玄〉易学思想研究》，山东大学2009届博士学位论文；

陈睿超：《北宋道学的易学哲学基础》，北京大学2012届博士学位论文；

赖纪伟：《〈伊洛渊源录〉编纂渊源考》，北京大学2012届硕士学位论文。

附録　《潛虛·行圖》文字校勘及用韵考訂

説明：

一、本文校勘今傳《潛虛》全本《行圖》（含《變圖》《解圖》）文字並考察其用韵情況，以嘗試在後人續補之《行圖》中甄别出溫公原作與贗續僞作。

二、校勘所用底本爲中華書局1986年版《宋元學案》所録《潛虛》本，參校版本爲《四部叢刊》收鐵琴銅劍樓影宋鈔本、《知不足齋叢書》重雕宋本（收於《叢書集成初編》）、《文淵閣四庫全書》本、清蘇天木《潛虛述義》本（收於《叢書集成初編》）。各本異同以腳註形式標出，偶加辯正。范氏《天一閣奇書》《唐宋叢書》兩明刻本，盧文弨《群書拾補·潛虛校正》已與宋本作過校對，此不復出；中華版《學案》所録《潛虛》也與《叢刊》本、《述義》本作過校勘，其校記亦不復出，唯兩處以《述義》本改《學案》原文有誤，特加指正。本文未按宋本體例將《行圖》列爲圖表，而是將《變》《解》辭分散至相應《行》辭之下，以便校勘與閱讀。

三、《行》《變》《解》辭皆舉出韵脚字，並依《廣韵》韵部判定是否有韵。間有依上古音部叶韵者，亦加説明。其特殊用韵現象，如一韵攝同用、兩韵攝同用、止蟹二攝合流、上去聲混押、二尾混押、入聲混押及少數合韵字等，基本參照張民權《司馬光〈潛虛圖〉用韵與宋代語音史問題》一文總結的韵字表與韵譜加以判别，其少數擅改原文以求韵脚的做法則不取。由於參校本與底本的文字差異基本不影響韵字（參校本存在文字訛誤導致落韵的現象，底本則未見），故用韵判斷全依底本即中華版《學案》本。

四、《變》《解》辭叶韵情況，分別在句首以不同符號加以標識，以方便統計。《變》辭有韵者標◇，無韵者標◆；《解》辭有韵者標〇，無韵者標●。對是否有韵存疑者（如一《行》七《解》辭僅兩句有韵，或爲補者無意爲之），則標||。《變》《解》辭爲單句無需押韵者，仍計在有韵之列。由於《潛虛》原本《變》多於《解》，故若《變》辭不韵爲僞，則相應《解》辭必僞，亦判爲不韵。《變》《解》皆韵（◇與〇相應）者，則可斷爲溫公原作。

五、林希逸《潛虛精語》所引闕本之文皆前加＊，其部分引用者加下畫橫綫以別之。《精語》引文與各本有差者，亦以脚註出校記。《變》辭爲《精語》所引，必爲溫公真作，然對應《解》辭或爲續補而不韵，則在句首標以△，亦計入原作《變》辭之數。

六、《行圖》用韵統計結果如下：五十五《行》辭至少部分押韵者51條，全无韵者4條，能定爲真作者僅《精語》所引六條。《元》《餘》《齊》三《行》對應《變圖》《解圖》之文皆有韵，爲原作。其餘五十二《行》中，《變》辭有韵者351條，單句無韵者4條，不韵者8條，存疑者1條；《解》辭有韵者155條，無韵者137條，存疑者36條。《變》辭爲《精語》所引，而對應《解》辭不韵者15條。故可初步甄別爲溫公原作之《潛虛》之《變》辭者共計170條，《解》辭155條。其中，《哀》《柔》《容》《憯》《蚩》《卻》《訒》《隸》《林》《準》《興》《泯》《隆》十三《行》，七《變》七《解》皆有韵，共計91條；《庸》《昧》《湛》《暌》四《行》，有連續四至六句《變》《解》辭押韵，共計18條。算上《精語》所引《變》辭有韵《解》辭無韵者15條，總計《變》124條、《解》109條，可最有把握地判定爲溫公原作。其餘一《行》或僅二、三條《變》《解》辭有韵，或《解》辭雖多句有韵但分散不連續，用韵判斷恐有所失，仍有待進一步考訂。

⚏ 元　＊元,始也①。夜半,日之始也。朔,月之始也。冬至,歲之始也。好學,智之始也。力行,道德之始也。任人,治亂之始也。

(行辭同始字叶韵)

◇　＊慎于舉趾,差則千里,機正其矢。

(趾、里,上六止韵;矢,上五旨韵。止攝同用)

○　慎于舉趾,差則遠也。

(單句無韵)

⚏ 衺　＊衺,聚也。氣聚而物,宗族聚而家,聖賢聚而國。

(物,入八物韵;國,入二五德韵;臻攝、曾攝入聲混押[t、k韵尾])

◇初　進而逡而,俟其信而,利用正。

(逡,上平十八諄韵;信,讀伸,上平十七真韵。臻攝同用)

○　聚不可苟,必進逡也。

◇二　＊人倮而繁,獸猛而殫。②

(繁,上平二二元韵[臻攝韵轉入山攝];殫,上平二五寒韵。山攝同用)

○　人倮而繁,善以道羣也。

◇三　＊百毒之聚,勝者爲主,惟物之蠱。

(聚、主,上九麌韵;蠱,上十姥韵。遇攝同用)

○　百毒之聚,止害人也③。

◇四　羽毛鱗介,各從其彙。

(介,去十六怪韵;彙,去八未韵。止攝、蟹攝合流)

○　羽毛鱗介,聚以倫也。

◇五　＊菟絲之棼,附草絶根。

(棼,上平二十文韵;根,上平二四痕韵。臻攝同用)

○　菟絲之棼,不知固根也。

---

① 蘇天木《潛虛述義》本此段行辭句末均脱也字。
② 《潛虛精語》本二作六。按《命圖》《衺》之六當爲吉、二爲平,此變之辭非全吉,其意近於平,故當從《學案》本。
③ 《潛虛述義》本止作祇。

◇六　八音和鳴,神祇是聽。

（鳴,下平十二庚韵；聽,下平十五青韵。梗攝同用）

○　八音之哀,感人神也。

◇上　雲還于山①,冰泮于川②。

（山,上平二八山韵；川,下平二仙韵。山攝同用）

○　雲還冰泮,聚極必分也。

（解辭：逡、倫,上平十八諄韵；群、分,上平二十文韵；人、神,上平十七真韵；根,上平二四痕韵。臻攝同用）

┃┃┃柔　柔,地之德也,臣之則也。天爲剛矣,不逆四時；君爲剛矣,不卻嘉謀③；金爲剛矣,從人所爲。故剛而不柔,未有能成者也。

（德、則,入二十五德韵。時、謀,上古音之部；爲,上古音歌部；之歌合韵）

◇初　馬牛服役,左右殫力。

（役,入二二昔韵；力,入二四職韵。梗攝、曾攝同用）

○　馬牛服役,臣職宜也。

◇二　蓬蓀戚施,盜跖之祈,或得其答。

（施,上平五支韵；祈,上平八微韵；上平七支韵。止攝同用）

○　盜跖之祈,靡不爲也。或得其答,爲主所知也。

◇三　齒剛必缺,久存者舌。

（缺,入十六屑韵；舌,入十四黠韵。山攝同用）

○　齒缺舌存,久剛必危也。

◇四　＊蠆石之落,抗之以幕。

（落、幕,入十九鐸韵）

○　蠆石之落,強不能支也。

◇五　大柔如水④,利物無已。

---

① 《四部叢刊》本于(央居切)作於,後文同。
② 《四庫》本冰作氷,後文同。
③ 《四庫》本卻誤作卻,以下卻字皆訛。《潛虛述義》本卻作却。
④ 《潛虛述義》本大作太,解辭同。

(水,上五旨韵;已,上六止韵。止攝同用)

○　大柔如水,不與物違也。

◇六　＊蒲梁柳轂,傾楔脱輻①。

(轂、輻,入一屋韵)

○　蒲梁柳轂,任重力微也②。

◇上　綴旒靡委,政不在己。

(委,上四紙韵;已,上六止韵。止攝同用)

○　綴旒靡委,君道非也。

(解辭:宜、爲、知、危、支,上平五支韵;違、微、非,上平八微韵。止攝同用)

| ☰ 剛　剛,天之道也,君之守也③。地爲柔矣,負載山岳;臣爲柔矣,正直諤諤;水爲柔矣,頹崖穿石④。故柔而不剛,未有能立者也。

(道、守,上古音幽部。岳,上古音屋部;諤、石,上古音鐸部。屋鐸合韵)

◇初　偃王無骨,莫之自立。

(骨,入十一没韵;立,入二六緝韵。臻攝、深攝入聲混押[t、p韵尾])

●　人之有骨,以自立也。

◇二　不忍小辱,自經溝瀆。

(辱,入三燭韵;瀆,入一屋韵。通攝同用)

●　自經溝瀆,小人決也。

△三　＊目瞑耳塞,拔木觸石⑤。一跌而踣,螻蟻之食。

(石,入二二昔韵;食,入二四職韵。梗攝、曾攝同用)

●　一跌而踣,不復振也。

◇四　金輿玉軸,歷險不覆⑥。

(軸、覆,入一屋韵)

---

① 《四庫》本楔訛作攘,《潛虛述義》本訛作壤。
② 《四庫》本脱也字,《潛虛述義》本脱微字。
③ 《四庫》本、《潛虛述義》本君後衍子字。
④ 《四庫》本、《潛虛述義》本崖作厓。
⑤ 《四部叢刊》本木訛作水。
⑥ 《潛虛述義》本歷作履。

● 金輿玉軸,任重載也。

◇五　介潔自守①,其要無咎②。

（守、咎,上四四有韵）

● 其要無咎,由寡欲也③。

◇六　精金百鍊④,有折無卷。

（鍊,去三二霰韵;卷,去三三線韵。山攝同用）

● 有折無卷,質不渝也。

◆上　歐冶鑄劍,利用加錫。

（劍,去五七豔韵;錫,入二三錫。不叶）

● 利用加錫,過剛則折也⑤。

（解辭:二、上:決,入十六屑韵;折,入十七薛韵;叶韵,但上變不韵。餘解:立,入二十六緝韵;振,上平十七真韵;載,上十五海韵;欲,入三燭韵;渝,上平十虞韵。不叶）

|×雍　雍,*和也。天地萬物之性,不剛則柔,不晦則明。通而行之⑥,其在和乎⑦！

（性,去四五勁韵;明,下平一二庚韵。梗攝去聲、平聲合韵）

◆初　匪飛匪潛,出門交有功。

（潛,下平二四鹽韵;功,上平一東韵。不叶）

● 出門交有功,尚和也。

◆二　柳下惠不易其介,伯夷怨是用希。

（介,去十六怪韵;希,上平八微韵。不叶）

---

① 《潛虛述義》本介潔作介然。
② 《四部叢刊》本无作無。
③ 《潛虛述義》本由作中,欲作慾。
④ 《潛虛述義》本精金二字倒。
⑤ 《四庫》本、《潛虛述義》本過剛二字倒。
⑥ 《四庫》本通而二字倒。
⑦ 《四庫》本乎詑作乎。

● 夷清不偏,惠和不流也①。

◇三　玉質金聲,利用陳于帝庭。

　　（聲,下平十四清韵;庭,下平十五青韵。梗攝同用）

● 玉質金聲,有嘉德也。

◇四　狺狺頷頷,無施而適。搏沙雜礫②,舒席卷棘。

　　（適,入二二昔韵;棘,入二四職韵。梗攝、曾攝同用）

○ 狺狺頷頷,不可如何也。

◇五　鬻者減,求者增,卒會于平。

　　（增,下平十七登韵;平,下平十二庚韵。梗攝、曾攝同用）

○ 鬻減求增,益寡損多也③。

◇六　＊鹽梅不適,羹棄不食。

　　（適,入二二昔韵;食,入二四職韵。梗攝、曾攝同用）

○ 鹽梅不適,性有頗也。

◇上　天地融融,萬物雍雍④。

　　（融,上平一東韵;雍,上平三鍾韵。通攝同用）

○ 天地融融,萬物和也。

　　（解辭:初至三,和,下平八戈韵;流,下平十八尤韵;德,入二五德韵;不叶。四至上,何、多,下平七歌韵;頗、和,下平八戈韵;果攝同用）

丨丁昧　＊昧,晦也。日之晦,晝夜以成;月之晦,弦望以生;君子之晦,與時偕行。

　　（成,下平十四清韵;生、行,下平十二庚韵。梗攝同用）

△初　＊取足于己,不知外美。

　　（己,上六止韵;美,上五旨韵。止攝同用）

● 取足于己,所以昧也。

---

① 《四部叢刊》本、《四庫》本、《潛虛述義》本脱也字。
② 《四部叢刊》本搏作搏。搏爲集聚意,作搏是。
③ 《潛虛述義》本"益寡""損多"前後顛倒,落韵,誤。
④ 《四部叢刊》本萬訛作爲。

◇二　日匿其光,徯于東方①。

(光,下平十一唐韵;方,下平十陽韵。宕攝同用)

〇　日匿其光,德未耀也②。

◇三　鐵目石耳,蹈于淵水。

(耳,上六止韵;水,上五旨韵。止攝同用)

〇　鐵目石耳,不可導也③。

◇四　＊冥行失足,或導之燭。

(足、燭,入三燭韵)

〇　或導之燭,能受教也。

◇五　＊無相之瞽,闔户而處。

(瞽,上十姥韵;處,上八語韵。遇攝同用)

〇　闔户而處,未失道也。

◇六　不習而斲,敗材毀樸。

(斲、樸,入四覺韵)

〇　不習而斲,不免咎也。

◇上　＊偶人守金,衆盗攸侵。

(金、侵,下平二一侵韵)

〇　以昧居上④,必有盗也。

(解辭:初,昧,去十八隊韵,與餘解不叶。二至七:耀,去三五笑韵;導、盗,去三七號韵;教,去三六效韵;道,上三二皓韵;以上效攝上去混押;咎,與道同上古音幽部,皆叶)

×　⊓昭　昭,＊明也。天地之明,靡不察也;日月之明,靡不燭也;人君之明,官羣材也。怛有辜也,懋有功也。

(察,入十五鎋韵;燭,入三燭韵;材,上平十六咍韵;功,上平一東韵。不叶)

---

① 《四庫》本于(央居切)訛作于,《潛虚述義》本于作於,後文同。
② 《四庫》本德訛作日,《潛虚述義》本脱德字。
③ 《潛虚述義》本可訛作時。
④ 《四部叢刊》本、《四庫》本居作其。盧文弨《潛虚校正》云"疑當作居上",當從之。

◇初　區其鑑①,拂其塵,覼其形。

（塵,上平十七真韵；形,下平十五青韵。臻攝、梗攝二尾混押）

●　區鑑拂塵,以自照也。

◆二　隨珠照夜②,不如膏燭。

（夜,去四十禡韵；燭,入三燭韵。不叶）

●　珠能照夜,不可常也。

△三　＊察窮秋毫,物駭而逃。

（毫、逃,下平六豪韵。）

| |　察窮秋毫,物所駭也。

◆四　鑿隙偷光③,厥志唯勤,爭界之燭。

（光,下平十一唐韵；勤,上平二一欣韵；燭,入三燭韵。不叶）

●　鑿隙偷光,善借明也。爭界之燭,遂光大也。

△五　＊循牆不蹶,秉燭而跌。

（蹶,入十月韵[臻攝轉入山攝]；跌,入十六屑韵。山攝同用）

| |　秉燭而跌,恃明懈也。

◇六　日麗于天,萬物粲然。

（天,下平一先韵；然,下平二仙韵。山攝同用）

●　日麗于天,無不照也。

◇上　宿火于灰④。

（單句無韵）

●　宿火于灰,善養明也。

（解辭：三、五：駭,上十三駭韵；懈,去十五卦韵；蟹攝上去混押,存疑。餘解：照,上三十小韵；常,下平十陽韵；明,下平十二庚韵；大,去十四泰韵[與三、五叶,但四解句中不叶韵]；不叶）

---

① 《四部叢刊》本、《四庫》本、《潛虛述義》本區作盦,解辭同。
② 隨,他本皆作隋。按隋珠指隋侯所得之夜明珠,《學案》本作"隨"誤。
③ 《潛虛述義》本隙作壁,解辭同。
④ 《潛虛述義》本宿火二字倒,解辭同。

☷☷容　容，*貌也。尊卑有儀，軍國有容，舍之則厖①。

　　（容、厖，上古音東部）

◇初　修而貫而，久而安而。

　　（貫，上平二六桓韵；安，上平二五寒韵。山攝同用）

○　修容有常，久則貫也。

◇二　葆首夷俟，不若遄死。

　　（俟，上六止韵；死，上五旨韵。止攝同用）

○　葆首夷俟，不可忍見也。

◇三　頯面不飾。

　　（單句無韵）

○　頯面不飾，質不變也。

◇四　褧衣錦裏，君子養美。

　　（裏，上六止韵；美，上五旨韵。止攝同用）

○　褧衣錦裏，不自絢也。

◇五　如圭如璋，以和以莊。

　　（璋、莊，下平十陽韵）

○　以和以莊，容之善也。

◇六　朱襮紫裏，服久必敝②。

　　（裏，上六止韵；敝，去十三祭韵。止攝、蟹攝合流）

○　朱襮之敝，其裏見也。

◇上　*櫌木之垂③，甘瓠之纍。

　　（垂，上平五支韵；纍，上平六脂韵。止攝同用）

○　木垂瓠纍④，貴下賤也。

---

① 《四庫》本、《潛虛述義》本舍作捨，後文同。
② 《四部叢刊》本敝作獘，後文同。
③ 《潛虛述義》本垂作乘，落韵，誤。
④ 《四部叢刊》本、《知不足齋》本、《四庫》本、《潛虛述義》本垂作之。按解辭以兩字概述"櫌木之垂"之意，似作"木垂"更妥，亦與下句概述"甘瓠之纍"之"瓠纍"對應，故當從《學案》本。

(解辭:貫[古玩切],去二九換韵;見[二解,古電切]、絢、見[六解,胡甸切],去三二霰韵;變、賤,去三三線韵;善,上二八獮韵。山攝上去混押)

☲☱言　言,辭也。有雷有風,天心始通。有號有令,君心無隱。有話有言①,中心乃宣。

(風、通,上平一東韵。令,下平十四清韵;隱,上十九隱韵;梗攝、臻攝二尾混押。言,上平二二元韵[臻攝轉入山攝];宣,下平二仙韵;山攝同用)

◇初　壺囊之口,可用以受。瘖者之食,稻粱之賊。

(口,上四五厚韵;受,上四四有韵;流攝同用。食,入二四職韵;賊,入二五德韵;曾攝同用)

● 　稻粱之賊,言不可已也。

△二　*人不我知,饋金而疑。

(知,上平五支韵;疑,上平七之韵。止攝同用)

● 　饋金而疑,人弗信也。

◇三　不固其關②,禍溢浮天。

(關,上平二七刪韵;天,下平一先韵。山攝同用)

● 　禍溢浮天,不可收也。

◇四　天信其時,萬物攸期。

(時、期,上平七之韵)

● 　萬物攸期,素信之也。

◇五　庸言之謹,必顧其行。

(謹,上十九隱韵;行,下平十二庚韵。臻攝、梗攝二尾混押。)

● 　庸言之謹,以立誠也。

◇六　時言之利,上下攸賴。

(利,去六至韵;賴,去十四泰韵。止攝、蟹攝合流)

● 　上下攸賴,其利溥也③。

---

① 《四庫》本話作語。
② 《四庫》本固訛作國。
③ 《四部叢刊》本、《知不足齋》本、《四庫》本溥作博。

◇上　言由于德,弗思而得,萬世之式。

（德、得,入二五德韵;式,入二四職韵。曾攝同用）

● 言由于德,非意之也。萬世之式,當于理也。

（解辭:已,上六止韵;信,去二一震韵;收,下平十八尤韵;之,上平七之韵;誠,下平十四清韵;溥,上十姥韵;理,上六止韵[理字與上解句内之字不叶,故不得與初解已字叶];不叶）

|||×慮　慮,＊思也。聖人無思,自合于宜。賢者之思,以求其時。臨事不思,不能研幾①。學道不思,不能造微。

（思、時,上平七之韵;宜,上平五支韵;幾、微,上平八微韵。止攝同用）

◇初　秋毫差機,矢不可追。

（機,上平八微韵;追,上平六脂韵。止攝同用）

○　秋毫差機,不可不慎也②。

◇二　旁瞻千里,卻顧百世。

（里,上六止韵;世,去十三祭韵。止攝、蟹攝合流）

○　旁瞻卻顧,所慮遠也。

◇三　＊澄源正本,執天之鍵。

（本,上二一混韵;鍵,上二十阮韵。臻攝同用）

○　澄源正本,萬術盡也。

◇四　林甫月室,慍入笑出,匪躬之益。

（室,入五質韵;出,入六術韵;益,入二二昔韵。臻攝、梗攝入聲混押[t、k 韵尾]）

● 匪躬之益,終自及也。

△五　＊萬物之神,出天入塵。

（神、塵,上平十七真韵）

---

① 《四部叢刊》本、《知不足齋》本、《四庫》本研作言。另《四庫》本幾作機。按《周易·繫辭上》云"聖人所以極深而研幾也",故當從《學案》作"研幾"爲是。
② 《潛虛述義》本此句作"切宜慎也"。

● 出天入塵,無不臻也①。

◇六　謀利忘寢,商賈之任。

(寢,上四七寑韵;任,去五二沁韵。深攝上去混押)

○　謀利忘寢,思不遠也②。

◆上　孔子從心③,不踰矩。

(心,下平二一侵韵;矩,上九麌韵。不叶)

● 孔子從心,從容中道也。

(解辭:初至三、六:慎,去二一震韵;远,上二十阮韵;尽,上十六軫韵;臻攝上去混押。四、五、上:及,入二六緝韵;臻,上平十九臻韵;道,上三二晧韵;不叶)

||| 丁 聆　聆,*聽也④。天下其耳,舜達四聰。聽而不聞,是謂耳聵。聞而不擇,是謂心聾⑤。所以王者聽德惟聰,學者非禮不聽⑥。

(聰、聋,上平一東韵;聽,下平十五青韵。通攝、梗攝合韵)

◇初　聽德惟聰,否不若聾⑦。

(聰、聾,上平一東韵)

● 否不若聾,聞無益也。

◇二　黈纊弗徹,舜聰四達。

(徹、達,上古音月部)

● 舜聰四達,聰不蔽也。

◇三　甘言便耳,没于淵水。

(耳,上六止韵;水,上五旨韵。止攝同用)

---

① 《四部叢刊》本臻作輳。按臻通臻,達至之義,"無不臻"即言萬物之神無所不至,故作臻語義較洽。
② 《四部叢刊》本遠作利。"思不利"義不可通,當從《學案》。
③ 《四部叢刊》本、《知不足齋》本從作縱,解辭同。盧文弨《潛虛校正》案《論語》古本皆作"縱心"。
④ 《潛虛精語》本聽作聞。
⑤ 《潛虛述義》本心訛作耳。
⑥ 《四庫》本、《潛虛述義》本不作勿,後《觀》行辭"不視"亦作"勿視"。
⑦ 《四庫》本、《潛虛述義》本聾訛作聵。

● 甘言便耳,不可悦也。

△四 ＊苦言刺耳,惟身之利。①

　　(耳,上六止韵;利,去六至韵。止攝上去混押)

● 苦言利身,不可惡也。

◇五　卑聽惟順,擇其利病。

　　(順,去二二稕韵;病,去四三映韵。臻攝、梗攝二尾混押)

● 擇其利病,由乎心也。

◇六　蟻鬭聞聲,惟邇言是聽②。

　　(聲,下平十四清韵;聽,下平十五青韵。梗攝同用)

● 邇言是聽,心不逮耳也③。

◇上　聖人無擇,惡聲不入。

　　(擇,入二十陌韵;入,入二六緝韵。梗攝、深攝入聲混押[k、p 韵尾])

● 惡聲不入,耳不順非也。

　　(解辭:益,入二二昔韵;蔽,去十三祭韵;悦,入十七薛韵;惡,去十一暮韵;心,下平二一侵韵;耳,上六止韵;非,上平八微韵;不叶)

☰☳覩　覩,＊視也④。天高其目,舜明四目。視而弗見⑤,是謂目盲;見而弗擇,是謂心瞽。所以王者視遠惟明,學者非禮不視。

　　(目,入一屋韵;瞽,上十姥韵。入聲作去聲叶韵)

△初　＊粉澤之暉⑥,覆穽埋機⑦。昧者不知,明者識微。

　　(暉、機、微,上平八微韵;知,上平五支韵。止攝同用)

● 昧者不知,目誘之也。

---

① 《潛虛精語》本四作二。按依《命圖》《聆》二爲吉,四爲臧。觀此名七變,其辭最吉者顯然爲二變"舜聰四達",四變辭爲苦言刺耳利身,僅爲次吉,合於《命圖》之臧。故仍當以《學案》爲是。
② 《四部叢刊》本邇作迩,後文同。
③ 《四部叢刊》本脱也字。
④ 《潛虛精語》本視作見。
⑤ 《四庫》本弗作不。
⑥ 《四庫》本、《潛虛述義》本暉作輝,後文同。
⑦ 《四部叢刊》本、《四庫》本作埋詭作理。

◇二　項楚、姚虞,形似心殊。

（虞、殊,上平十虞韵）

● 　形似心殊,明不在目也。

◇三　馳車擊轂,自掩其目,坦途猶覆。

（轂、目、覆［芳福切］,入一屋韵）

● 　自掩其目,不能見也①。

◇四　虎視耽耽,其心潭潭②。

（耽、潭,下平二二覃韵）

● 　其心潭潭,審所視也。

◇五　蘧蒢戚施,俯仰相疑。

（施,上平五支韵;疑,上平七之韵。止攝同用）

● 　俯仰相疑,任偏見也。

◇六　漆器象箸,因微知著③。離婁之目④,視細猶巨。

（箸、著［陟慮切］,去九御韵;巨,上八語韵。遇攝上去混押）

● 　視細猶巨,明辨晢也⑤。

◇上　凝旒十二,惟目之蔽,同仁一視。

（二、視,去六至韵;蔽,去十三祭韵。止攝、蟹攝合流）

● 　凝旒之蔽,不用目也。

（解辭:之,上平七之韵;目,入一屋韵;見,去三二霰韵;視,去六至韵;晢,入二三錫韵。不叶）

||| 𦡺 訢　訢,喜也。天地同春,萬物訢訢⑥。聖賢相逢,四海歸仁。

（春,上平十八諄韵;訢,上平二一欣韵;仁,上平十七真韵。臻攝同用）

◇初　凱風怡怡,萬物熙熙。

---

① 《潛虛述義》本見作視。
② 《四庫》本、《潛虛述義》本潭作譚,解辭同。
③ 《四部叢刊》本"因微"二字顛倒。從語義看作"因微"爲是。
④ 《四庫》本、《潛虛述義》本目作明。
⑤ 《四部叢刊》本晢作哲。按《周易·大有》九四《象傳》即云"明辨晢也",《叢刊》本或訛。
⑥ 《四部叢刊》本、《潛虛述義》本訢作欣。

（怡、熙,上平七之韵）

● 凱風怡怡,怒氣散也。萬物熙熙,無疾憊也。

◇二　悅之匪人,涉于幽榛①,覆車陷輪。

（人,上平十七真韵;榛,上平十九臻韵;輪,上平十八諄韵。臻攝同用）

● 悅之匪人,徇所愛也②。

◇三　爰笑爰語,神清心與③,弗喪其斧。

（語、與［余吕切］,上八語韵;斧,上九麌韵。遇攝同用）

● 弗喪其斧,未失則也。

◇四　聞謗而喜,反求諸己。

（喜、己,上六止韵）

● 聞謗而喜,以從道也。

◇五　喜怒以律,愛惡不失,大人元吉。

（失、吉,入五質韵）

● 大人元吉,不失律也。

◇六　賞溢于喜,重器是委,或顛而毀。

（喜,上六止韵;委、毀,上四紙韵。止攝同用）

● 賞溢于喜,愛人從政也。

◇上　爵祿錫予,飾喜之具。惜印吝金,人委而去。

（予［余吕切］,上八語韵;具,去十遇韵;去,去九御韵。遇攝上去混押）

● 爵祿飾喜,不虛拘也。惜印吝金,人失望也。

（解辭:散,上二三旱韵;憊,去十六怪韵［初解句內不叶］;愛,去十九代韵;則,入二五德韵;道,上三二晧韵;律,入六術韵;政,去四五勁韵;拘,上平十虞韵;望,去四一漾韵。不叶）

☷☲ 憎　憎,*怒也。天地之怒,風霆橫飛。王者之怒,爰整六師。

---

① 《四庫》本、《潛虛述義》本涉作步。
② 《四庫》本徇作狗。
③ 《四部叢刊》本、《四庫》本、《潛虛述義》本清作親。按"與"有"親"義,變辭蓋言兩人笑語歡喜、心神相親,戒其勿失準則也。當從《叢刊》等本。

君子之怒,暴亂是夷①。小人之怒,適爲身菑。

（飛,上平八微韵;師、夷,上平六脂韵;菑,上平七之韵。止攝同用）

◇初　＊匪怒之遒②,必理之求,拔刃難收③。

（遒、求、收,下平一八尤韵）

○　必理之求,先慮後斷也。

◇二　＊自怒自解,人不之畏④。

（解[古隘切],去十五卦韵;畏,去八未韵;止攝、蟹攝合流）

○　自怒自解,威已玩也。

◇三　＊快心一朝,忘其宗祧,失不可招。鯀䲡之浮⑤,烏鳶之求。

（朝、招,下平四宵韵;祧,下平三蕭韵;效攝同用。浮、求,下平十八尤韵）

○　快心一朝,忘後患也。

◇四　雷霆赫赫,亂是用息,狼瞫死國。

（赫,入二十陌韵;息,入二四職韵;國,入二五德韵;梗攝、曾攝同用）

○　雷霆赫赫,以止亂也。

◇五　有稟有形⑥,怒然後興。

（形,下平十五青韵;興,下平十六蒸韵。梗攝、曾攝同用）

○　無形而怒,衹取嫚也⑦。

◇六　＊忍之少時,福禄無期。

（時、期,上平七之韵）

○　忍之少時,迺免難也⑧。

◇上　雷風既息,繼以沛澤。

---

① 《四部叢刊》本亂作乱,後文同。
② 《潛虛精語》本遒作道。若作道則此句落韵,故仍當從《學案》本。
③ 《潛虛述義》本刃作劍。
④ 《潛虛精語》本"不之"作"之不"。作"不之"更符合古人語法習慣。
⑤ 《四部叢刊》本䲡作鮂。《潛虛述義》本鯀作鯤鯀。
⑥ 《四部叢刊》本、《知不足齋》本、《四庫》本、《潛虛述義》本形作刑,解辭同。
⑦ 《四部叢刊》本、《知不足齋》本、《四庫》本衹作祇,後文同。《潛虛述義》本衹作止。
⑧ 《四庫》本、《潛虛述義》本迺作乃。

（息，入二四職韵；澤，入二十陌韵。梗攝、曾攝同用）

○ 風息而雨，羣群物澣也。

（解辭：斷、玩、亂，去二九換韵；患、嫚，去三十諫韵；難，去二八翰韵；澣，上二四緩韵。山攝上去混押）

Ⅲ十得　得，欲也。牝牡飲食，禽獸之識。官爵財利，僕隸之志①。欲仁求仁，入自聖門。

（食、識，入二四職韵。利，去六至韵；志，去七志韵；止攝同用。仁，上平十七真韵；門，上平二三魂韵；臻攝同用）

◇初　耳目鼻口，外交中誘，惟心之咎。

（口，上四五厚韵；誘、咎，上四四有韵。流攝同用）

● 外交中誘，心不君也。

◇二　以禮制心，成湯之德。漢高入關，弗徇貨色②。

（德，入二五德韵；色，入二四職韵。曾攝同用）

｜｜ 弗徇貨色，智之事也。

◇三　聖人徇理③，百物不廢，其心無累。

（理，上六止韵；累，上五紙韵；廢，去二十廢韵。止攝、蟹攝合流）

｜｜ 其心無累，過不留也。

△四　＊豨腹饕餮，爲人益膏。

（饕、膏，下平六豪韵）

● 豨腹饕餮，貪欲不厭也。

◇五　守常知足，不危不辱。

（足、辱，入三燭韵）

｜｜ 不危不辱，又何求也。

◇六　不學無義，惟飲食、牝牡之嗜，禽獸之斃。

（義，去五寘韵；嗜，去六至韵；斃，去十三祭韵。止攝、蟹攝合流）

---

① 《四庫》本志訛作忌。
② 《四部叢刊》本徇作狥，後文同。《四庫》本變、解辭亦皆作狥。
③ 《四庫》本、《潛虛述義》本徇作循。

● 禽獸之斃,猶可食也。

◇上　鴟争腐鼠,鵷雛弗顧。

（鼠,上八語韵;顧,去十一暮韵。遇攝上去混押）

|| 腐鼠弗顧,乃可貴也。

（解辭:二、上:事,去七志韵;貴,去八未韵;止攝同用叶韵。三、五:留、求,下平十八尤韵,叶韵。存疑。餘解:君,上平二十文韵;厭,去五五豔韵;食,入二四職韵;不叉）

Ⅲ|　罹　罹,憂也。知命樂天,無憂則賢。樂天知命,有憂則聖。若夫涉世應事,則有常理。始于憂勤,終于逸樂。人無遠慮,必有近憂。

（首兩句:天、賢,下平一先韵。命,去四三映韵;聖,去四五勁韵;梗攝同用。餘句不叶韵）

◇初　飽食無憂,襟裾馬牛①。

（憂、牛,下平十八尤韵）

● 襟裾馬牛,人必有憂也。

◇二　巨艦之艤,衝風激波,濟于江河,先哭後歌②。

（艤、河、歌,下平七歌韵;波,下平八戈韵。果攝同用）

○ 先哭後歌,憂則有喜也。

◇三　火在薪下,安寢不懼。

（下、懼,上古音魚部）

● 安寢不懼,無所知也。

◇四　德誼不積,惟躬之戚。

（積,入二二昔韵;戚,入二三錫韵。梗攝同用）

● 德誼不積,賢者之憂也。

◇五　嫠婦之悴③,匪知其緯。

---

① 《潛虛述義》本襟作衿。按"襟裾"可並稱,指衣裳的前襟和後襟。"衿"爲衣領,一般不與"裾"並稱,故《述義》本訛誤。
② 《潛虛述義》本歌作謌,解辭同。
③ 《四庫》本嫠訛作嫠,解辭同。

(悴,去六至韵;緯,去八未韵。止攝同用)

● 嫠不恤緯,知所憂也。

◇六　杞人蚩蚩,憂天之墮。

(蚩,上平七之韵;墮,讀爲隳,上平五支韵。止攝同用)

○　憂天之墮,亦過計也。

◇上　周規孔制,後世之計。

(制,去十三祭韵;計,去十二霽韵。蟹攝同用)

○　周規孔制,憂萬世也①。

(解辭:初、六、上:喜,上六止韵;計,去十二霽韵;世,去十三祭韵;止攝、蟹攝合流,叶韵。餘解:憂,下平十八尤韵;知,上平五支韵;不叶)

☷☶湛　湛,*樂也。以欲忘道,惑而不樂②。以道制欲,樂而不亂。去欲從道,其樂也誠。情有七而虛其五③,何也? 人喜斯愛之,怒斯惡之,故喜怒所以兼愛惡也。④

(行辭不叶韵)

◇初　利用作室,罔憚于勤,大厦以成,婦子欣欣⑤。

(勤、欣,上平二一欣韵)

● 婦子欣欣,享其安也。

◇二　萬民不區,守業安居,形苦心愉。

(區、愉,上平十虞韵;居,上平九魚韵。遇攝同用)

---

① 《四部叢刊》本萬作万,後文同。《潛虛述義》本萬世作後世。
② 《四庫》本惑作戚。
③ 《四庫》本五作二。盧文弨《潛虛校正》云當作"情有七而虛其二","二"指下文之"愛惡"。此文之意,蓋云古有七情之說,《潛虛》於"情"一組僅列五情,因䜣(喜)、憤(怒)可兼愛惡,虛此二情。故盧氏之說可從。
④ 按《湛》行辭"情有七而虛其五"之後,及《林》行辭"夫民之所資者道也"之後,於《四部叢刊》本、《知不足齋》本、《四庫》本中皆與《林》行辭之上文間隔兩行,不相連屬。盧文弨《潛虛校正》已發現此情況。一個可能的解釋是此兩段皆爲註釋混入正文,由其不叶韵可推知。另《潛虛述義》本"情有七而虛其五"之後一段文字全缺。
⑤ 《四部叢刊》本婦作父,解辭同。按變辭意爲丈夫作室安家,妻子和樂,當從《學案》作"婦子"。

○　形苦心愉,内自適也。

◇三　＊醉飽之惛①,歌舞之紛,突火將焚,盜倚其門。

（惛[《廣韵》未收],上平十七真韵;紛、焚,上平二十文韵;門,上平二三魂韵。臻攝同用）

○　醉飽之惛,忘躬之戚也。

◇四　＊酒食衎衎,威儀反反,繩墨不遠。

（衎,上二三旱韵;反、遠,上二十阮韵[臻攝轉入山攝]。山攝同用）

○　酒食衎衎,以禮自飭也②。

◇五　不勤厥畝,喪其稷黍。

（畝(《廣韵》未收),上十姥韵;黍,上八語韵。遇攝同用）

○　不勤厥畝,無以食也。

◇六　＊家有韶、濩,外忘其慕。

（濩、慕,去十一暮韵）

○　家有韶、濩,樂道德也。

◇上　王用宴于鎬京。

（單句無韵）

●　鎬京之宴,樂以天下也。

（解辭:二至五:適,入二二昔韵;戚,入二三錫韵;飭、食,入二四職韵;德,入二五德韵;梗攝、曾攝同用叶韵。初、上:安,上平二五寒韵;下,去四十禡韵;與餘解不叶）

☷☷　𦫼　𦫼,＊進也。駑馬日進,騏驥可及。學者日進,聖門可入。爲國日進,功業可得。險途冒進,或至于踣③。

（及、入,入二六緝韵。得、踣,入二五德韵。）

◇初　𦫼非獲已,進寸退咫,飾其金履。

（已,上六止韵;咫,上四紙韵;履,上五旨韵。止攝同用）

---

① 《潛虛述義》本惛作𢘐,解辭同。
② 《四部叢刊》本禮作礼。《四庫》本、《潛虛述義》本飭作防,落韵,訛誤。
③ 《潛虛述義》本踣作踣,落韵,訛誤。

○　茡進之初,不可不慎也。

◇二　盲人操舟,乘彼湍流。

（舟、流,下平十八尤韵）

○　盲人操舟,禍在不振也。

◇三　日出而征,日没而息,君子之則。

（息,入二四職韵;則,入二五德韵。曾攝同用）

○　君子之則,出處順也。

◇四　*兔跳而踚,鳥飛而伏①,弧張肘縮。

（踚,入三燭韵;伏、縮,入一屋韵。通攝同用）

○　兔跳而踚,以退爲進也。

◇五　主人三宿②,日中必暴,失時不逐。

（宿、暴、逐,入一屋韵）

○　主人三宿,征勿問也③。

◇六　*駑馬之疲,驥馬之追。觳羽强蜚④,墜于藩籬。

（疲、籬,上平五支韵;追,上平六脂韵;蜚,讀爲飛,上平八微韵。止攝同用）

○　駑馬追驥,力疲盡也。

◇上　*日没而征,力憊而登,遇棹逢兵⑤。

（征,下平十四清韵;兵,下平十二庚韵;登,下平十七登韵;梗攝、曾攝同用）

○　日没而征,危辱近也。

（解辭:慎、振、進,去二一震韵;順,去二二稕韵;問,去二三問韵;盡,上十六軫韵;近,上十九隱韵。臻攝上去混押）

╳▥卻　卻,*退也。日月進退,晦明以成。寒暑進退,品物以生。

---

① 《四部叢刊》本、《知不足齋》本飛作蜚。
② 《四庫》本、《潛虛述義》本宿訛作速,解辭同。
③ 《四庫》本、《潛虛述義》本征作往。
④ 《四部叢刊》本、《四庫》本、《潛虛述義》本蜚作飛。
⑤ 《潛虛精語》本棹作淖。按棹爲船槳,淖爲泥淖,上變言危辱之事,遇泥淖方爲危辱,故作"淖"爲佳。另《潛虛述義》本逢作反。按"逢"與"遇"相對應,作"反"誤。

君子進退,功名以彰。

（成,下平十四清韵;生,下平十二庚韵;彰,下平十陽韵。梗攝、宕攝合韵）

◇初　＊一葉于蜚①,木陰未稀,我心傷悲。

（蜚[讀爲飛]、稀,上平八微韵;悲,上平六脂韵。止攝同用）

○　一葉于蜚,陰始長也。

◇二　＊納履而顧,心留迹去。

（顧,去十一暮韵;去,去九御韵。遇攝同用）

○　納履而顧,心有望也。

◇三　＊唾面不辱,叱嗟不縮②,或擠諸谷。

（辱,入三燭韵;縮、谷,入一屋韵。通攝同用）

○　唾面不辱,顏之強也。

◇四　＊雲蜚于江,舟藏于浦。雷出于山,車税于宇。

（浦,上十姥韵;宇,上九麌韵。通攝同用）

○　雲蜚于江,識微象也。

◇五　揖之則耑,麾之則止,無慍無喜。

（止、喜,上六止韵）

○　揖耑麾止,動不妄也。

◇六　＊膳珍不御,致鼎而去,勿須其飫③。

（御、去、飫,去九御韵）

○　膳珍不御,志不享也。

◇上　＊龍登于雲,垂尾之卷,下人式瞻。

（雲,上平二十文韵;卷,下平二仙韵;瞻,下平二四鹽韵。臻、山、咸攝合韵）

○　垂尾之卷,終可卬也。

（解辭:长[知丈切]、强[其兩切]、象、享、卬,上三六養韵;望、妄,去四一漾韵;宕攝上去混押）

---

① 《四庫》本蜚作飛,解辭同。
② 《四庫》本、《潛虚述義》本嗟作咤。
③ 《四庫》本、《潛虚述義》本飫訛作沃。

×十庸　庸，*常也。日月運行，不差旦暮。四時變化，不忒寒暑。君能下下，不失其尊。聖賢達節，不亂其經。

（暮，去十一暮韵；暑，上八語韵；遇攝上去混押。尊，上平二三魂韵；經，下平十五青韵；臻攝、梗攝二尾混押）

◇初　天地之德，變化無極，四時不忒。

（德、忒，入二五德韵；極，入二四職韵。曾攝同用）

● 變化無極，終有常也。

◇二　井泉之渫，汲者不絕。

（渫、絕，入十七薛韵）

● 井泉之渫，常可久也。

◇三　嶽鎮之巍①，無增無虧。

（巍，上平八微韵；虧，上平五支韵。止攝同用）

● 嶽鎮之巍，善保常也。

◇四　樹楊沃水，一日十徙。

（水，上五旨韵；徙，上四紙韵。止攝同用）

● 一日十徙，不能以榮也。

◇五　晝作夜息，寒耕暑織，小人其職。

（息、織、職，入二四職韵）

● 小人其職，君子治也。

△六　*井污而久②，蟲幕其口③。

（久，上四四有韵；口，上四五厚韵。效攝同用）

● 井污而久，不知變也。

◇上　魚跳失水，困于螻蟻。

（水，上五旨韵；蟻，上四紙韵。止攝同用）

● 魚跳失水，不安常也。

---

① 《四庫》本、《潛虛述義》本嶽作岳，解辭同。
② 《四庫》本污作汙，後文同。
③ 《潛虛精語》本幕作羃。

（解辭：常，下平十陽韵；久，上四四有韵；榮，下平十二庚韵；治，去六至韵；變，去三三線韵。不叶）

×丁妥　妥，静也，息也。日息于夜，月息于晦。鳥獸息于蛰，草木息于根。爲此者誰？曰天地。天地猶有所息，而况于人乎！

（行辭不叶韵）

◇初　藏心于虚，非有非無，其樂于于。

（虚，上平九魚韵；無、于，上平十虞韵。遇攝同用）

● 藏心于虚，不假物也。

◇二　止水之清，鑑物而明①。

（清，下平十四清韵；明，下平十二庚韵。梗攝同用）

○ 鑑物而明，得所止也。

◇三　窮瀆之腐②，衆惡攸聚③。

（腐、聚，上九麌韵）

● 窮瀆之腐，不能擇居也。

◇四　馴鹿籠鸚，由習得成④。

（鸚，下平十三耕韵；成，下平十四清韵。梗攝同用）

● 由習得成，制而心也。

◇五　居則鬱鬱，動則愈屈。吉人之得，躁人之失。

（鬱、屈，入八物韵；失，入五質韵。臻攝同用）

○ 吉人之得，静以待也⑤。

◇六　鼰匍于泥，不能鳴蜚⑥。

（泥，上平十二齊韵；蜚［讀爲飛］，上平八微韵。止攝、蟹攝合流）

● 鼰匍于泥，志在污也。

---

① 《四庫》本、《潛虚述義》本鑑作鋻，解辭同。
② 《四庫》本、《潛虚述義》本瀆作黷。按原文"瀆"爲臭水溝，衆惡所集之地，兩本訛誤。
③ 《四庫》本惡作汙。《潛虚述義》本衆惡作種污，訛。
④ 《四部叢刊》本成作誠。
⑤ 《四庫》本脱静字。《潛虚述義》本此句作"以待時也"，落韵，誤。
⑥ 《潛虚述義》本蜚作飛。

◇上　雷伏于地,或震于天。火伏于灰,或燎于原。

（天,下平一先韵;原,上平二二元韵［臻攝轉入山攝］。山攝同用）

○　雷震火燎,因時勢也。

（解辭:二、五、上:止,上六止韵;待,上十五海韵;勢,去十三祭韵;止攝、蟹攝合流,上去混押,叶韵。餘解:物,入八物韵;居,上平九魚韵;心,下平二一侵韵;污,去十一暮韵;不叶）

☷ 蠢　蠢,*動也。天之動,晝夜以行。地之動,草木以生。聖賢之動,功業以成。

（行、生,下平十二庚韵;成,下平十四清韵。梗攝同用）

◇初　陽氣潛萌,品彙咸生,充牣乾坤。

（萌,下平十三耕韵;生,下平十二庚韵;坤,上平二三魂韵。梗攝、臻攝二尾混押）

●　陽氣潛萌,動在中也。

◇二　新居之徙,舊居之棄,不如其已。

（徙,上四紙韵;棄,去六至韵;已,上六止韵。止攝上去混押）

●　新居之徙,未有利也①。

◇三　狙入于罔,跳梁仆仰②。

（罔、仰,上三六養韵）

○　狙入于罔,躁益纏也③。

◇四　據于蒺藜,欲去何之。不去何爲,去或得岐。

（藜,上平十二齊韵;之,上平七之韵;爲、岐,上平五支韵。止攝、蟹攝合流）

●　雖無所之,不可處也。

◇五　*鑿凍樹稷,勞而無得。

（稷,入二四職韵;得,入二五德韵。曾攝同用）

---

① 《四部叢刊》本未作大。按變辭言徙新棄舊之不利,故作未爲是,《叢刊》本訛誤。
② 《四庫》本、《潛虛述義》本仆作俯。三變之意爲狙陷網中,仆倒翻仰,故兩本訛誤。
③ 《四部叢刊》本、《知不足齋》本、《四庫》本、《潛虛述義》本纏作躔。按纏爲被繩索纏繞義,躔爲足跡之義,從《學案》作"纏"語意較恰。

○　鑿凍樹稷,徒自勤也。

◇六　*樹穀于雨,拔草于暑。

（雨,上九麌韵;暑,上八語韵。遇攝同用）

○　樹穀于雨,貴及辰也①。

◇上　洗心藏密,龍蛇其蟄②,利用無極。

（密,入五質韵;蟄,入二六緝韵;極,入二四職韵。臻、深、曾攝入声混押[t、p、k韵尾]）

○　龍蛇之蟄,以存神也。

（解辭:三、五至上:纏,下平二仙韵;勤,上平二一欣韵;辰、神,上平十七真韵;山攝、臻攝合韵。餘解:中,上平一東韵;利,去六至韵;處,上八語韵;不叶）

‖‖訒　訒,*仁也。天地好生,秋不先春。王者尚恩,德先于刑。人無惻隱③,虎狼奚異？擴而充之,同仁一視。

（生,下平十二庚韵;春,上平十八諄韵;恩,上平二四痕韵;刑,下平十五青韵;臻攝、梗攝二尾混押;異,去七志韵;視,上五旨韵;止攝同用）

◇初　牽牛虆鐘,惻于厥心。

（鐘,上平三鍾韵;心,下平二一侵韵。通攝、深攝二尾混押）

○　牽牛惻心,仁之祖也。

◇二　*養虺縱蝗,匪仁之方。

（蝗,下平十一唐韵;方,下平十陽韵。宕攝同用）

○　養虺縱蝗,失所與也。

◇三　工不踰闌,車成轍轍。

（闌、轍,入十七薛韵）

○　工不踰闌,冥中度也。

◇四　青鋬白刃,利以征亂。

---

① 《潛虛述義》本辰作時,落韵,誤。
② 《四部叢刊》本、《知不足齋》本洗作説。另《四部叢刊》本蟄作勢,解辭同。按《周易·繫辭》云"龍蛇之蟄,以存身也",又云"是以聖人洗心退藏於密",故從《學案》本爲是。
③ 《四庫》本、《潛虛述義》本惻隱訛作惻心。

(刃,去二一震韵;亂,去二九换韵。臻攝、山攝合韵)

○　青鋈白刃,斷以義也①。

◇五　赤子在谷,丈人濡足②。

(谷,入一屋韵;足,入三燭韵。通攝同用)

○　赤子在谷,濡不避也。

◇六　推輿濟人,不如杠梁之成③。

(人,上平十七真韵;成,下平十四清韵。臻攝、梗攝二尾混押)

○　推輿濟人,惠不大也。

◇上　至德如春,浹于無垠,莫知其然。

(春,上平十八諄韵;垠,上平十七真韵;然,下平二仙韵;臻攝、山攝合韵)

○　仁道大成,萬物遂也。

(解辭:初至三:祖,上十姥韵;與,上八語韵;度,去十一暮韵;遇攝上去混押,叶韵。四至上:義、避,去五寘韵;大,去十四泰韵;遂,去六至韵;止攝、蟹攝合流,叶韵。解辭换韵)

∥∷宜　宜,義也④。君子有義,利以制事。事無常時,務在得宜。知宜而通,惟義之功。闇宜而執,亦義之賊。所以天地當秋⑤,不廢肅殺;聖人用刑,不害慈愛。

(行辭兩句一韵:義,去五寘韵;事,去七志韵;止攝同用。時,上平七之韵;宜,上平五支韵;止攝同用。通、功,上平一東韵。執,入二六緝韵;賊,入二五德韵;曾、深攝入聲混押[k、p韵尾]。殺[所拜切],去十六怪韵;愛,去十九代韵;蟹攝同用)

---

① 《四部叢刊》本、《知不足齋》本、《四庫》本、《潛虛述義》本義作誼。作誼爲宋時避太宗名諱。
② 《四庫》本丈訛作文。
③ 《四部叢刊》本、《知不足齋》本成作辰。按作辰語意不可通。解辭或典出柳宗元《興州江運記》"杠梁已成,人不履危"之語,故當從《學案》作"成"。另《潛虛述義》本如訛作知。
④ 《四部叢刊》本此句義作誼。《知不足齋》本此段《行辭》義皆作誼,後文出現"義"字處亦大多諱爲"誼"。《四庫》本此段前二義字作誼,末一義字作义。《潛虛述義》本次段僅前兩義字作誼。
⑤ 《四部叢刊》本、《知不足齋》本、《四庫》本、《潛虛述義》本秋作就。按四時之中秋爲肅殺,作就義不可通,四本或皆訛誤。

◇初　盜跖、莊蹻,諱聞其惡①。

(蹻[其虐切],入十八藥韵;惡[烏各切],入十九鐸韵。宕攝同用)

● 跖、蹻諱惡,有羞惡也。

◇二　守爾庖魚,喪爾囊珠,匪愚則迂。

(魚,上平九魚韵;珠、迂,上平十虞韵。遇攝同用)

∥ 喪爾囊珠,所失大也。

◇三　徇利遺節,託名以說,污于斧鉞②。

(節,入十六屑韵;說,入聲十七薛韵;鉞,入十月韵[臻攝轉入山攝]。山攝同用)

∥ 託名以說,以欺世也。

◇四　名駒大輅,安行正路,疾徐中度。

(輅、路、度,去十一暮韵)

● 疾徐中度,不失節也。

◇五　李傕殺身③,無所成名。

(身,上平十七真韵;名,下平十四清韵。臻攝、梗攝二尾混押)

● 李傕殺身,不可爲名也。

◇六　斷臂納肝,毀形殘生,惟心所安④。

(肝、安,上平二五寒韵)

● 毀形殘生,義无咎也。

◇上　徇義之大,手足無愛。

(大,去十四泰韵;愛,去十九代韵。蟹攝同用)

● 手足無愛,大得宜也。

---

① 《四部叢刊》本諱作忌。
② 《四部叢刊》本、《潛虛述義》本于訛作予。另《潛虛述義》本污作汙。
③ 《四部叢刊》本、《知不足齋》本傕作瓘。盧文弨《潛虛校正》云:"案,傕爲董卓之黨,至不足道,宋本作李瓘,當考。"按史上名李瓘者僅有唐宗室一人,且未見記載有殺身之事。李傕則確因爭權奪利、內訌身死、夷滅三族。依《命圖》宜之三爲凶,李傕正爲無道義至大凶下場之典型,與《命圖》合。故似仍當從《學案》本、《四庫》本作"李傕"。
④ 《四部叢刊》本於六變辭脫去"惟心所安"四字,衍入上變辭"手足無愛"句後。

(解辭:二、三:大,去十四泰韵;世,去十三祭韵;蟹攝同用叶韵,存疑。餘解:惡,入十九鐸韵;節,入十六屑韵;名,下平十四清韵;咎,上四四有韵;宜,上平五支韵;叶)

‖×忱　忱,*信也。天地信而歲功成,日月信而曆象明,人君信而號令行,人臣信而邦家榮。苟爲舍之,未見其能久長者也。

(成,下平十四清韵;明、榮、行[戶庚切],下平十二庚韵。梗攝同用)

◇初　可用交,勿恤其孚,後有徒。

(孚,上平十虞韵;徒,上平十一模韵。遇攝同用)

● 勿恤其孚,自誠也。

◇二　言無夸善,懼不能踐①。

(善、踐,上二八獮韵)

● 言無夸善,省華求實也②。

◇三　天道難測,四時不忒,下土之式。

(測、式,入二四職韵;忒,入二五德韵。曾攝同用)

● 下土之式,人信之也。

△四　*父子乖離,吐心而疑,禍不在辜③。

(離,上平五支韵;疑,上平七之韵;止攝同用。又疑,上古音歌部;辜,上古音魚部;魚歌合韵)

● 父子乖離,不知其可也。

◇五　硜硜之信,小夫之謹。

(信,去二一震韵;謹,上十九隱韵。臻攝上去混押)

○ 小夫之謹,可爲民也。

◇六　*小信之必,大義之失④,君子不由。

(必、失,入五質韵。由,下平十八尤韵,末句不韵)

---

① 《四部叢刊》本懼作俱。
② 《潛虛述義》本求字缺。
③ 《四庫》本禍作亂。
④ 《四庫》本義作誼。

○　君子不由,輕重權也。

◇上　堅城捍外,彊隄遏水①,革囊浮海,漏不在大。

（外、大,去十四泰韵;海,上十五海韵;水,上五旨韵。止攝、蟹攝合流）

○　城隄浮囊,不可不完也。

（解辭:初至四:誠,下平十四清韵;實,入五質韵;之,上平七之韵;可,上三三哿韵;不叶。五至上:民,上平十七真韵;權,下平二仙韵;完,上平二六桓韵;臻攝、山攝合韵）

∥丁喆　喆,智也。經天緯地,必有其理②,智者見之,心閑事濟③。鑿以爲巧,詐以爲姦④,聖門論智,其説不然。

（地,去六至韵;理,上六止韵;濟,上十一薺韵;止攝、蟹攝合流。姦,上平二七刪韵;然,下平二仙韵;山韵同用）

◇初　益薪火發,滌穢泉洌。

（發,入十月韵[臻攝轉入山攝];洌,入十七薛。山攝同用）

○　益薪滌穢,務學祛蔽也。

◇二　斤斧顒顒⑤,梓匠之從。

（顒、從,上平三鍾韵）

○　梓匠之從,小役大也。

◇三　盜兵利,吏不制。

（利,去六至韵;制,去十三祭韵;止攝、蟹攝合流）

○　盜兵利,祇益害也⑥。

◇四　動若流水,惟物之利。

（水,上五旨韵;利,去六至韵。止攝同用）

---

① 《四部叢刊》本彊作强,《四庫》本作疆,誤。另《四部叢刊》本、《四庫》本、《潛虛述義》本隄作堤,解辭同。
② 《四庫》本、《潛虛述義》本有作存。
③ 《四庫》本、《潛虛述義》本閑作間。
④ 《四庫》本、《潛虛述義》本姦作奸,後文同。
⑤ 《潛虛述義》本斤斧二字倒。
⑥ 《潛虛述義》本祇作祇,後文同。

● 流水之動,以利物也。

◇五　務本安分,金玉其命①。

(分[扶問切],去二三問韵;命,去四三映韵。臻攝、梗攝二尾混押)

● 務本安分,知保身也。

◇六　狙鼠狡譎,志在竊食。

(譎,入十六屑韵;食,入二四職韵;山攝、曾攝入声混押[t、k 韵尾])

● 狙鼠狡譎,以竊食也。

◇上　神禹濬川,行其自然。

(川、然,下平二仙韵)

● 行其自然,不爲鑿也。

(解辭:初至三:蔽,去十三祭韵;大、害,去十四泰韵;蟹攝同用,叶韵。四至上:物,入八物韵;身,上平十七真韵;食,入二四職韵;鑿,入一屋韵;不叶)

⚋⚌ 戛　戛,＊禮也。天高地下,制禮之經。尊隆卑殺,飾禮之文。人不知禮,進退無度,手足罔措。國不用禮②,紀綱不舉,四鄰之侮。

(經,下平十五青韵;文,上平二十文韵;梗攝、曾攝二尾混押。度、措,去十一暮韵;舉,上八語韵;侮,上九麌韵;遇攝上去混押)

◇初　仰天俯地,正名辨位,以定民志。

(地、位,去六至韵;志,去七志韵。止攝同用)

● 仰天俯地,名位判也③。

◇二　敝衣蔽形,猶愈裸裎。

(形,下平十五青韵;裎,下平十四清韵。梗攝同用)

● 敝衣蔽形,猶愈無也。

◇三　衣冠周、孔,揖遜發冢。

(孔,上一董韵;冢,上二腫韵。通攝同用)

---

① 《四庫》本、《潛虛述義》本金玉作金石。按"金石"多形容心志堅定,"金玉"方形容命運美好,故二本訛誤。
② 《四庫》本、《潛虛述義》本用作罔。
③ 《四庫》本、《潛虛述義》本判作辨。依解辭"正名辨位",當作"辨"爲宜。

● 揖遜發冢,以飾姦也。

◇四 ＊掣牛之狂,服畝遵場。

(狂、場,下平十陽韵)

○ 掣牛之狂,能自制也。

◇五 偶人粉澤。

(單句無韵)

○ 偶人粉澤,徒飾外也。

◇六 ＊斐如煌如①,紀如綱如,四海王如。

(煌、綱,下平十一唐韵;王,下平十陽韵。宕攝同用)

○ 斐如煌如,王者事也。

◇上 男女貴辨,嫂溺則援。

(辨,上二八獮韵;援[王眷切],去三三線韵。山攝上去混押)

● 嫂溺則援,禮有權也。

(解辭:四至六:制,去十三祭韵;外,去十四泰韵;事,去七志韵;止攝、蟹攝合流,叶韵。餘解:判,去二九換韵;無,上平十虞韵;奸,上平二五寒韵;權,下平二仙韵;不叶)

∏ ⅲ 特 特,夫也②。天氣下降,地資以生。日光旁燭,月借以明。夫和而正,婦聽以行。是謂天地之終,陰陽之義,人道之始。

(生、明、行[戶庚切],下平十二庚韵。義,去五寘韵;始,上六止韵;止攝上去混押)

◇初 桃李之衰③,情懌心悲④,松筠之思。

(衰,上平五支韵;悲,上平六脂韵;思,上平七之韵。止攝同用)

● 松筠之思,晚無及也。

◇二 有豵在牢,或投之刀,先笑後號。

———

① 《潛虛精語》本煌作蝗。
② 《四部叢刊》本、《知不足齋》本夫訛作天。
③ 《四部叢刊》本衰作襄,義不可通,且於後句悲、思不韵,誤。
④ 《四部叢刊》本懌作斁。

(牢、刀、號,下平六豪韵)

● 先笑後號,不永終也①。

◇三　夫剛而令,婦順而聽②。

(令,下平十四清韵;聽,下平十五青韵。梗攝同用)

● 夫剛婦順,未失常也。

◇四　閨門雍穆,靡歌靡哭。

(穆、哭,入一屋韵)

● 靡歌靡哭,得中節也。

◇五　德禮不貳,舜嬪嬀汭。

(貳,去六至韵;汭,去十三祭韵。止攝、蟹攝合流)

● 德禮不貳,以身先也。

◇六　鉛刀析薪,折齒餘斷。

(薪,上平十七真韵;斷,上平二一欣韵。臻攝同用)

● 折齒餘斷,不可用制也。

◇上　枯楊生華,老夫得其女妃③。蛇入燕巢,惟雛之悲④。

(妃,上平八微韵;悲,上平六脂韵。止攝同用)

●枯楊生華,何可久也。蛇入燕巢,必敗家也。

(解辭:及,入二六緝韵;終,上平一東韵;常,下平十陽韵;節,入十六屑韵;先,下平一先韵;制,去十三祭韵;久,上四四有韵;家,下平九麻韵;不叶)

𝍓 偶　偶,妃也。天能始事,地實終之⑤。陽能生物,陰實成之。有夫無婦,中饋孰主？所以咸先于恆⑥,男下于女。

(終,上平一東韵;成,下平十四清韵;通攝、梗攝合韵。婦,上四四有韵;主,上九麌韵;女,上八語韵;流攝音變與遇攝合韵)

---

① 《四庫》本永作求。按"永終"爲易《象傳》語,《四庫》本訛。
② 《四庫》本順聽二字誤倒。
③ 《四庫》本、《潛虛述義》本妃作妻,落韵,誤。
④ 《四庫》本、《潛虛述義》本脫惟雛二字。
⑤ 《四庫》本、《潛虛述義》本實後衍以字,下句"陰實成之"同。
⑥ 《四部叢刊》本、《知不足齋》本恆作常。此爲避宋真宗名諱。

◇初　嗜酒之甘,不知沈酗①。虺蛇是長,末或成蟒②。

　　(甘、酗,下平二三談韵。長,上三六養韵;蟒,上三七蕩韵;宕攝同用)

||　末或成蟒,不早辨也。

◇二　忌疾貪鄙,徇情黜理。

　　(鄙,上五旨韵;理,上六止韵;止攝同用)

||　徇情黜理,不服訓也。

◆三　牝雞司晨,惟家之索。

　　(晨,上平十七真韵;索,入十九鐸韵;不叶)

●　牝雞司晨,反常也。

◇四　墜柔而静③,品物咸正。

　　(静,上四十静,正,去四五勁;梗攝上去混押)

●　墜柔而静,順承天也。

◇五　無非無儀,中饋攸司。

　　(儀,上平五支韵;司,上平七之韵。止攝同用)

●　中饋攸司,未失道也。

◇六　康王晏起④,姜后請罪。

　　(起,上六止韵;罪,上十四賄韵。止攝、蟹攝合流)

●　姜后之請,警戒相成也。

||上　君王后治齊,不可用正,吕、武用□⑤。

　　(末字缺,存疑)

●　不可用正,婦人從子也。

　　(解辭:初、二:辨,上二八獮韵;訓,去二三問韵;臻攝、山攝合韵,存疑。餘

---

① 《四庫》本、《潛虛述義》本酗作醉,落韵,誤。
② 《四部叢刊》本未作未,解辭同。按解辭"不早辨"之語,則是蛇終已成蟒,非未成。故《叢刊》本恐是訛誤。
③ 《潛虛述義》墜作地,解辭同。
④ 《四庫》本、《潛虛述義》本康王作宣王,晏作宴。按《列女傳》有周宣王常夜卧晏起,姜后請罪,戒君王勿樂色忘德之事,故此變辭似當作"宣王晏起"爲佳。
⑤ 《四庫》本武訛作可。

解:常,下平十陽韵;天,下平一先韵;道,上三二晧韵;成,下平十四清韵;子,上六止韵;不叶)

∏十暱　暱,＊親也。疏者必疏①,親者必親,事之常理,人之常情。苟違其常,心安可怙!② 識者畏之,如避豺虎。

（親,上平十七真韵;情,下平十四清韵;臻攝、梗攝二尾混押。怙、虎,上十姥韵）

◇初　九族咸序③,省躬之故。

（序,上八語韵;故,去十一暮韵;遇攝上去混押）

● 省躬之故,知所從也。

◇二　象封有庫,食而弗治。

（庫,上四紙韵;治,去六至韵;止攝上去混押）

● 食而弗治,弗私以政也。

◇三　＊竹枯不拔,蚿死不蹶。

（拔[房越切]、蹶,入十月韵）

○ 竹蚿之安,輔之多也。

◇四　＊條亡栜存,或斧之根。

（存,上平二三魂韵;根,上平二四痕韵。臻攝同用）

○ 條亡栜存,見者執柯也。

◇五　父母妻屬,等衰以睦。

（屬,入三燭韵;睦,入一屋韵。通攝同用）

● 等衰以睦,示不同也。

◇六　＊割臂斮足,易之金玉,其肌不屬。

（足、玉、屬,入三燭韵）

○ 割臂易玉,棄親卽它也④。其肌不屬,人于汝何也。

---

① 《四庫》本疏作疎,後文同。
② 《四部叢刊》本"心安可怙"作"心要可怙",義不可通,當爲訛誤。
③ 《四庫》本序作敘,《潛虛述義》本作聚。按變辭出自《史記》"敦序九族",二本誤。
④ 《潛虛述義》本它作他。

◇上　堯、舜親親,萬國興仁。

　　(親、仁,上平十七真韵)

● 　萬國興仁,大成仁也①。

　　(解辭:三、四、六:多、柯、它、何,下平七歌韵,叶韵。餘解:從,上平三鍾韵;政,去四五勁韵;同,上平一東韵;仁,上平十七真韵;不叶)

丌丨續　續,＊子也。堯父舜子,二者難全。與其父智,寧若子賢。所以舜生商均,虞祚不延;鯀生神禹,祀夏配天②。

　　(全、延,下平二仙韵;賢、天,下平一先韵。山攝同用)

◇初　絡馬首,穿牛鼻,利用以早。

　　(首、早,上古音幽部)

丨丨　絡馬穿牛,(幼)[初]易馴也③。

◇二　父墢其土,子終厥畝。

　　(土、畝[《廣韵》未收],上十姥韵)

丨丨　子終厥畝,能紹先也。

△三　＊鱉子滿腹④,不如螺蠃之不育⑤。

　　(腹、育,入一屋韵)

● 　鱉子滿腹,害厥生也。

◇四　飯菽羹藜,父母怡怡。

　　(藜,上平十二齊韵;怡,上平七之韵;止攝、蟹攝合流)

○　父母怡怡,善承意也⑥。

◇五　鷹雛匪鷙,不爲鴟鳶。

　　(鷙,上平二六桓韵;鳶,下平二仙韵。山攝同用)

───────

① 《四庫》本、《潛虛述義》本脱仁字。
② 《四部叢刊》本祀夏作夏祖。按作"夏祖"則正與上句"虞祚"對應,當從之。
③ 《四部叢刊》本、《知不足齋》本、《四庫》本幼作初。按《學案》本校記云此字原作初,依《潛虛述義》改,恐不妥,當從他本作初。
④ 《四庫》本、《潛虛述義》本鱉訛作罄,解辭同。
⑤ 《四庫》本螺蠃訛作蝶蠃。
⑥ 《潛虛述義》本意作志。

● 不爲鴟鳶,亦似宗也。

◇六　酒膳紛如①,父母頻如。

（紛,上平二十文韵;頻,上平十七真韵。臻攝同用）

○　父母頻如,不養志也。

◇上　體完不隳,德備不虧,祖考之暉②。

（隳、虧,上平五支韵;暉,上平八微韵。止攝同用）

○　體完德備,終子事也。

（解辭:初、二:馴,上平十八諄韵;先,下平一先韵;臻攝、山攝合韵叶韵,存疑。四、六、上:意、志、事,去七志韵,叶韵。餘解:生,下平十二庚韵;宗,上平二冬韵;不叶）

ⅡⅡ考　考,＊父也。君爲尊矣,患于不親③。母爲親矣,患于不尊。能盡二者④,其惟父乎！慈而不訓,失尊之義。訓而不慈,害親之理。慈訓曲全,尊親斯備。

（親,上平十七真韵;尊,上平二三魂韵;臻攝同用。義,去五寘韵;理,上六止韵;備,去六至韵;止攝上去混押）

◇初　老牛舐犢,不如燕引其雛。

（犢,入一屋韵;雛,上平十虞韵。入聲作平聲叶韵）

● 燕引其雛,教之飛也⑤。

◇二　作室無資,勿壞其基,以俟能爲。

（資,上平六脂韵;基,上平七之韵;爲,上平五支韵。止攝同用）

○　作室無資,不可強也。勿壞其基,亦可尚也。

◇三　愛馬益粟,肥溢而陸,終不可服,或授之槊。

（粟、陸、服,入三燭韵;槊,入四覺韵;通攝、江攝合韵）

---

① 《四部叢刊》本、《知不足齋》本膳作饍。
② 《四庫》本祖考作父母。
③ 《四庫》本此處以下于(央居切)皆作於。
④ 《四庫》本"能盡二者"作"能尊親者"。
⑤ 《潛虛述義》本之作其。

○　愛馬益粟,祇益害也。

◇四　散而金珠,聚而《詩》《書》。賢不喪志,否不益愚。

　　(珠、愚,上平十虞韵;書,上平九魚韵。遇攝同用)

●　散而金珠,賢于人也。

◇五　＊囊金匣玉①,不界之燭,盜守之屋。

　　(玉、燭,入三燭韵;屋,入一屋韵。通攝同用)

○　不界之燭,失義誨也。

◇六　薪火不滅,錫汝圭蓺,貽汝聖喆②,無疆之慶。

　　(滅、喆,入十七薛韵;蓺,入十六屑韵;山攝同用。末句不韵)

○　薪火不滅,明有繼也。

◇上　丹朱、商均,利用作賓。

　　(均,上平十八諄韵;賓,上平十七真韵。臻攝同用)

●　利用作賓,知子明也。

　　(解辭:二:強、尚,下平十陽韵,句內叶韵。三、五、六:害,去十四泰韵;誨,去十八隊韵;繼,去十二霽韵;蟹攝同用叶韵。餘解:人,上平十七真韵;飛,上平八微韵;明,下平十二庚韵;不叶)

×Ⅲ范　范,師也。天垂日星,聖人象之。地出圖、書,聖人則之。漁叟之微,文、武是資。郯子之陋,孔子所咨。若之何其無師!

　　(之,上平七之韵;微,上平八微韵;資、咨、師,上平六脂韵。止攝同用)

◇初　易子之義,責善是爲,惟嚴之利。

　　(義、爲[于僞切],去五寘韵;利,去六至韵。止攝同用)

●　惟嚴之利,人知畏也。

◇二　衡不平,繩不直,大斝短尺③,民莫之則。

　　(直,入二四職韵;則,入二五德韵。曾攝同用)

---

① 《四庫》本匣作篋。
② 《四庫》本、《潛虛述義》本"錫汝圭蓺""貽汝聖喆"兩句倒,且錫訛作蕩,蓺訛作執。另《潛虛述義》本"貽汝聖喆"之"汝"訛爲"如"。
③ 《潛虛述義》本斝作斗。

○　衡不平,不足由也。

◇三　章句之見,授其訓傳,以鑰投鍵。

（見,去三二霰韵;傳[直戀切],去三三線韵;鍵,上二八獼韵;山攝上去混押）

●　以鑰投鍵,發蒙也。

◇四　北指燕,南指楚,惟爾之取。

（楚,上八語韵;取,上九麌韵。遇攝同用）

○　北燕南楚,使自謀也。

◇五　準矩繩規,裒法攸資。

（規,上平五支韵;資,上平六脂韵。止攝同用）

○準矩繩規①,先自修也。

◇六　投璧于闇,或按之劍。

（闇,去五三勘韵;劍,去五七釅韵。咸攝同用）

||　投璧于闇,人不見也。

◇上　聖作六經,萬世典型②,如見其人。

（經、型,下平十五青韵;人,上平十七真韵。梗攝、臻攝二尾混押）

||　萬世典型,言作訓也。

（解辭:二、四、五:由、謀、修,下平十八尤韵,叶韵。六、上:見,去三二霰韵;訓,去二三問韵;臻攝、山攝合韵叶韵,存疑。餘解:畏,去八未韵;蒙,上平一東韵;不叶）

||||徒　徒, *裒也。薪以續火,益之愈光。江、漢承流,達于遐方。顏、閔傳業③,聖道以彰。

（光,下平十一唐韵;方、彰:下平十陽韵。宕攝同用）

△初　*出門擇術,跬步之失,之晉而粵。

（術,入六術韵;失,入五質韵;粵,入十月韵[臻攝轉入山攝]。臻攝、山攝

---

① 《四部叢刊》本規矩二字倒錯。
② 《四庫》本型作刑。
③ 《四庫》本、《潛虛述義》本傳訛作博。

合韵)

|| 出門擇術,慎所從也。

◇二　巧心妙手,木不雕朽①。

（手、朽,上四四有韵）

● 　木不雕朽,其質陋也②。

◇三　虎豹之能,千人莫當,不可服箱。

（當,下平十一唐韵;箱,下平十陽韵。宕攝同用）

● 　不可服箱,不可馴也③。

◇四　驊騮騏驥,造父授轡,一日千里。

（驥、轡,去六至韵;里,上六止韵。止攝上去混押）

● 　一日千里,天才異也④。

◇五　中人不惰⑤,可以寡過。

（惰、過,去三九過韵）

● 　中人不惰,志務學也。

◇六　樛木之曲,惟材之辱,爲輪轉轂。

（曲、辱,入三燭韵;轂,入一屋韵。通攝同用）

● 　曲木爲輪,性可揉也。

◇上　仲尼之道,三傳不替⑥,以克永世。

（替,去十二霽韵;世,去十三祭韵。蟹攝同用）

|| 以克永世,道大明也。

（解辭:初、上:從,上平三鍾韵;明,下平十二庚韵;通攝、梗攝合韵叶韵,存

---

① 《四部叢刊》本雕作凋。按解辭意爲即使能工巧匠也不能雕琢朽木,故從《學案》作"雕"爲是。
② 《四庫》本陋訛作漏。
③ 《潛虛述義》本訓作馴。
④ 《四庫》本才訛作木,《潛虛述義》本訛作本。
⑤ 《四部叢刊》本、《知不足齋》本惰作墮,解辭同。
⑥ 《四部叢刊》本替作習;《四庫》本不替作之習;《潛虛述義》本脱不字,替作習。《知不足齋》本替作瞽,同替,廢止之意。變辭言孔子之道三傳不廢,故《叢刊》本、《四庫》本、《述義》本均訛誤。

疑。餘解:陋,去五十候韵;訓,去二三問韵;異,去七志韵;學,入四覺韵;揉,下平十八尤韵;不叶)

☰×醜　醜,＊友也。天地相友,萬彙以生。日月相友,羣倫以明。風雨相友,草木以榮。君子相友,道德以成。

(生、明、榮,下平十二庚韵;成,下平十四清韵。梗攝同用)

◇初　素絲縞如①,適緇適朱。

(如,上平九魚韵;朱,上平十虞韵。遇攝同用)

○　適緇適朱,惟所擇也。

◇二　意氣相許,不以利取。

(許,上八語韵;取,上九麌韵。遇攝同用)

●　取不以利,能擇交也。

◇三　水石相親,石潔水清。蓬麻共植,惟蓬亦直。

(親,上平十七真;清,下平十四清;臻攝、梗攝二尾混押。植、直,入二四職韵)

●　惟蓬亦直,近賢也。

◇四　＊總角綢繆,膠而漆投。半途分流②,注矢操矛。

(繆、流、矛,下平十八尤韵;投,下平十九侯韵。流攝同用)

○　注矢操矛,反相賊也。

◇五　春耕秋穫,易力並作,游惰勿諾③。

(穫、作、諾,入十九鐸韵)

●　游惰勿諾,不如已也。

◇六　毛羣羽聚,糧食之蠹④。

(聚,上九麌韵;蠹,去十一暮韵。遇攝上去混押)

○　糧食之蠹,無所益也。

---

① 《四庫》本縞作皜。
② 《四庫》本、《潛虛述義》本途作涂。另《四庫》本流作汴,古文流字。
③ 《四庫》本勿作弗。
④ 《四部叢刊》本、《四庫》本糧作粮,解辭同。

◇上　＊一首三尾,先完後毁,惟初之皋。

（尾,上七尾韵;毁,上四紙韵;皋,上十四賄韵。止攝、蟹攝合流）

○　惟初之皋,不早識也。

（解辭:初、四、六、上:擇,入二十陌韵;賊,入二五德韵;益,入二二昔韵;識,入二四職韵;梗攝、曾攝同用。餘解:交,下平五肴韵;賢,下平一先韵;己,上六止韵;不叶）

⦀丁隷　隷,＊臣也。地不天,不能以生。月不日,不能以光。臣不君,不能以功①。

（生,下平十二庚韵;光,下平十一唐韵;功,上平一東韵。通攝、梗攝合韵）

◇初　木養其材,工則劂之②。玉潛于石,人則琢之。

（劂,入十九鐸韵;琢,入四覺韵;宕攝、江攝同用）

○　木養其材,以待用也。

◇二　玉馬金牛,惟邦之寶。

（牛,下平十八尤韵;寶,上三二晧韵。流攝音變與效攝合韵）

○　玉馬金牛,專所奉也。

◇三　＊一身三首,蜂蟻所醜。

（首、醜,上四四有韵）

○　一身三首,無所容也。

◇四　＊登丘而俛③,置膝而遠,百禄簡簡。

（俛,上二八獮韵;遠,上二十阮韵［臻攝轉入山攝］;簡,上二六産韵。山攝同用）

○　登丘而俛,不自崇也。

◇五　股肱綴體,没世不改④。

（體,上十一薺韵;改,上十五海韵。蟹攝同用）

---

① 《精語》本功作君。
② 《四庫》本劂作度。
③ 《潛虚述義》本丘作邱,解辭同。
④ 《潛虚述義》本世作身。

○　股肱不改,知所從也。

◇六　＊顏載其勞,口揚其高,挾恩以驕,或俜之刀。

（勞、高、刀,下平六豪韻；驕,下平四宵韻。效攝同用）

○　或俜之刀,恬其庸也。

◇上　秋穀既收,土田之休。

（收、休,下平十八尤韻）

○　穀收田休,不敢處功也。

（解辭：初至二：用,去三用韻；奉,上二腫韻；通攝上去混押。四至上：容、從、庸,上平三鍾韻；崇、功,上平一東韻；通攝同用）

⚏ 林　＊林,君也。三人無主,不能共處。一人元良,萬國以康。厥德惟何？仁武及明。備則蕃昌①,缺則衰亡。夫民之所資者②,道也,不可斯須去也。是以君臣相與議于朝,師友相與講于野,然後道存而國可治也。

（主,上九麌韻；處,上八語韻；遇攝同用。良、亡,下平十陽韻；康,下平十一唐韻；明,下平十二庚韻；宕攝、梗攝合韻。餘句無韻）

◇初　赤子之命,在厥初生③。

（命,去四三映韻；生,下平十二庚韻。梗攝平聲、去聲合韻）

○　赤子初生,性命繫也④。

◇二　循迹不失⑤,無喪無得。

（失,入五質韻；得,入二五德韻；臻攝、曾攝入声混押[t、k 韻尾]）

○　循迹不失,亦足繼也⑥。

◇三　姦賞忠誅,臧違否依,首足顛施。

---

① 《四庫》本、《潛虛述義》本則作其。
② 《四庫》本此句之後與上段相連,《四部叢刊》《知不足齋》本皆空行不相連。
③ 《潛虛述義》本初生二字倒,落韻,訛。
④ 《四庫》本、《潛虛述義》本繫作係。
⑤ 《四部叢刊》本、《知不足齋》本循作遁,解辭同。
⑥ 《四部叢刊》本足作不。按變辭"無喪無得"言守成之主無甚得失亦可繼國祚,且依《命圖》《林》之二爲平,若言不繼則有凶咎,故應從《學案》作足繼。

（依，上平八微韵；施，上平五支韵。止攝同用）

○　姦賞忠誅，庶事戾也。

◇四　巨舟峨峨①，濟于洪波。

（峨，下平七歌韵；波，下平八戈韵。果攝同用）

○　巨舟峨峨，賴賢以濟也。

◇五　鑑無光，斧無鋩，股肱不從，惟身之殃。

（光，下平十一唐韵；鋩、殃，下平十陽韵。宕攝同用）

○　光鋩之無，下不使也。

◇六　天日昭如，榱柱森如，忠進姦誅。

（如，上平九魚韵；誅，上平十虞韵。遇攝同用）

○　天日昭如，明無蔽也。

◇上　日中而移，山高而危，大人克終②。

（移、危，上平五支韵。末句不韵）

○　日中而移，不可不戒也。

（解辭：繫、繼、戾、濟，去十二霽韵；使，上六止韵；蔽，去十三祭韵；戒，去十六怪韵；止攝、蟹攝合流叶韵）

⦀Ⲙ禋　禋，＊祀也。豺知祭獸，獺知祭魚。忘先背本，傲忽狂愚。明而人責，幽則鬼誅。

（魚，上平九魚韵；愚、誅，上平十虞韵。遇攝同用）

◆初　聖人知幽明之故，死生之說，鬼神之情狀。

（故，去十一暮韵；說，入十七薛韵；狀，去四一漾韵；不叶）

●　祭祀之設，非虛文也。

◇二　謂祖無知，謂天可欺，謂祭何爲。

（知、爲，上平五支韵；欺，上平七之韵。止攝同用）

---

① 《潛虛述義》本峨作峩，解辭同。
② 《四庫》本、《潛虛述義》本終訛作中。

● 謂祭何爲,心徼忽也①。

◇三　豺獺之鑑,霜露之思,無失其時。

（思、時,上平七之韵）

● 無失其時,不忘本也。

◇四　匪隆匪殺,惟義所在。

（殺[所拜切],去十六怪韵;在,去十九代韵。蟹攝同用）

● 惟義所在,務適宜也。

△五　*繭栗之角,瓦登匏爵②,上帝是享。

（角,入四覺韵;爵,入十八藥韵;江攝、宕攝同用。末句不韵）

● 繭栗之角,誠不必豐也。

◇六　弗播而穀,弗攻而木,祀淫祭黷③。

（穀、木、黷,入一屋韵）

● 祀淫祭黷,佞神也④。

◇上　學匪干祿,祭匪求福,果時則熟。

（祿、福、熟,入一屋韵）

● 果時則熟,理必至也。

（解辭:初、六:文,上平二十文韵;神,上平十七真韵;臻攝同用叶韵,但初變不韵。餘解:忽,入十一没韵;本,上二一混韵;宜,上平五支韵;豐,上平一東韵;至,去六至韵;不叶）

⫶⫶ 準　準,*法也。爲農無法,黍稷不生。爲工無法,器用不成。用衆無法⑤,資敵喪兵。治國無法,長亂殃民。

（生、兵,下平十二庚韵;成,下平十四清韵;民,上平十七真韵。臻攝、梗攝二

---

① 《四部叢刊》本、《知不足齋》本、《四庫》本、《潛虛述義》本徼忽作徹息。按"徹息"語義不明,或爲"徼忽"之形訛。
② 《知不足齋》本登作𤮘。
③ 《四庫》本、《潛虛述義》本黷作瀆,解辭同。
④ 《四庫》本佞訛作妄。
⑤ 《四庫》本、《潛虛述義》本用作御。

尾混押）

◇初　＊菫荼之萌，薙則不榮。燎火熒熒，沃不盡瓶。

（萌，下平十三耕韵；榮，下平十二庚韵；熒、瓶，下平十五青韵。梗攝同用）

○　菫荼之萌，惡不可恣也。

◇二　＊瞽夫執銍，蘭艾同刜①。上罔下罼，獸駭而突。

（銍、罼，入五質韵；刜，音刷，入十四黠韵；突，入十一沒韵。臻攝、山攝合韵）

○　獸駭而突②，窮則悖也。

◇三　＊罔密而敝，徽逃魡繄，不如其棄。

（敝，去十三祭韵；繄，去十二霽韵；棄，去六至韵。止攝、蟹攝合流）

○　徽逃魡繄，制小失大也。

◇四　禽虎于穴③，百獸戰栗。罔目甚闊，冒不可脫。

（穴，入十六屑韵；栗，入五質韵；闊、脫，入十三末韵。臻攝、山攝合韵）

○　禽虎于穴，懾暴類也④。

◇五　槃水之盈⑤，小偏必傾。庭燎之明，繼其薪蒸。

（盈、傾，下平十四清韵；明，下平十二庚韵；蒸，下平十六蒸韵。梗攝、曾攝同用）

○　槃水之盈，偏則敗也。庭燎繼薪，明不可怠也⑥。

◇六　稂莠之鉏，嘉穀扶疏。

（鉏、疏，上平九魚韵）

○　稂莠之鉏，去物害也。

◇上　驅蠅去飯，毋使污案⑦，逐之勿遠⑧。

（飯、遠，上二十阮韵［臻攝轉入山攝］；案，去二八翰韵。山攝上去混押

---

① 《四庫》本、《潛虛述義》本刜訛作制。
② 《四庫》本突作逃。變辭云"獸駭而突"，解辭亦當作"突"，《四庫》本訛誤。
③ 《四庫》本、《潛虛述義》本禽作擒，解辭同。
④ 《四庫》本、《潛虛述義》本類作戾。按解辭意爲以擒虎震懾兇暴的獸類，二本訛誤。
⑤ 《四庫》本槃作盤，解辭同。
⑥ 《四庫》本、《潛虛述義》本怠作息，落韵，誤。
⑦ 《四庫》本污訛作汗。
⑧ 《四庫》本勿作不。按解辭"不足追皋"之義，變辭當作"勿遠"，爲告誡之辭。

○　驅蠅去飯，不足追皋也。

（解辭：恣、類，去六至韵；悖，去十八隊韵；大、害，去十四泰韵；敗，去十七夬韵；怠，上十五海韵；皋，上十四賄韵。止攝、蟹攝合流叶韵）

卌十資　資，用也。何以臨人？曰位。何以聚民？曰財。有位無財，斯民不來。所以洪範八政，食貨惟先①。天子四民，農商居半。

（財、來，上平十六咍韵；先[蘇佃切]，去三二霰韵；半，去二九換韵；山攝同用）

◇初　衣食貨賂，生養之具，爭怨之府。

（賂，去十一暮韵；具，去十遇韵；府，上九麌韵。遇攝上去通叶）

●　爭怨之府，當義治也。

◇二　子贏父單②，不憂饑寒。

（單、寒，上平二五寒韵）

●　子贏父單，厚于民也。不憂饑寒，必相養也。

◇三　務其耕桑，尊農卑商。疏原道委，上下均利。

（桑，下平十一唐韵；商，下平十陽韵；宕攝同用。委，上四紙韵；利，去六至韵；止攝上去混押）

●　尊農卑商，明本末也。疏原道委，通上下也。

◇四　山童澤涸，今笑後哭。

（涸，入十九鐸韵；哭，入一屋韵。江攝、宕攝同用）

∥　山童澤涸，其利窮也。

◇五　璞隨之富③，或興或仆。

（富、仆[敷救切]，去四九宥韵）

∥　或興或仆，道不同也。

◇六　大盈藏金，鄙夫之心。

（金、心，下平二一侵韵）

---

① 《四庫》本、《潛虛述義》本惟作爲。
② 《四庫》本、《潛虛述義》本贏訛作贏，解辭同。
③ 隨，他本皆作隋，《學案》本誤。另《四庫》本、《潛虛述義》本璞隋二字倒。

● 鄙夫之心,私積財也。

◇上　勤約成風,人不困窮。

(風、窮,上平一東韵)

● 勤約成風,身先之也。

(解辭:四、五:窮、同,上平一東韵,叶韵,存疑。餘解:治,去六至韵;民,上平十七真韵;養,上三六養韵;末,入十三末韵;下,上三五馬韵;財,上平十六咍韵;之,上平七之韵;不叶)

𝍓｜賓　賓,客也。君臣燕飲,有主有賓。諸侯朝聘,天子之賓。四夷朝貢,中國之賓。所以《周官》設行人之職,《行葦》歌序賓之禮。

(行辭前三句同賓字叶韵。末句不叶韵)

◇初　賓擇主人,有禮則親。

(人、親,上平十七真韵)

● 賓擇有禮,主宜謹也①。

◇二　三十輻,共一轂。天子雍雍,四門穆穆。

(輻、轂、穆,入一屋韵)

● 四門穆穆,無離心也。

◇三　蔑其塗②,拒其戶,四鄰攻之,莫之或助。

(戶,上十姥韵;助,去九御韵。遇攝上去混押)

● 蔑塗拒戶,不與物交也。

◇四　重禮輕幣,遠人畢至。

(幣,去十三祭韵;至,去六至韵。止攝、蟹攝合流)

○ 重禮輕幣,不爲利也。

◇五　伯父伯舅,惟賓惟友,禮循其舊。

(舅、友,上四四有韵;舊,去四九宥韵。流攝上去通叶)

---

① 《四部叢刊》本脱也字。
② 《四庫》本、《潛虛述義》本塗作途。

○　禮循其舊,國有制也①。

◇六　秦帝按劍,諸侯西馳,面服心違②。

（馳,上平五支韵;違,上平八微韵。止攝同用）

●　面服心違,威劫之也。

◇上　東鄰無客,西鄰之集。

（客,入二十陌韵;集,入二六緝韵。梗攝、深攝入声混押[k、p韵尾]）

○　西鄰之集,亦可畏也。

（解辭:四、五、上:利,去六至韵;制,去十三祭韵;畏,去八未韵;止攝、蟹攝合流叶韵。餘解:謹,上十九隱韵;心,下平二一侵韵;交,下平五肴韵;之,上平七之韵;不叶）

▥▮戎　戎,兵也。天生五材,民並用之,闕一不可③,孰能去兵? 儻憂生亂④,何以止亂? 所以樂有舞干,燕必有射⑤,佩劍卽禦敵之具,井田寓營陳之法。

（行辭不叶韵）

◇初　不利爲寇,利用禦寇⑥。

（同寇字韵）

○　利用禦寇,以自衛也。

◇二　利劍在手,不敢飲酒。

（手、酒,上四四有韵）

●　利劍在手⑦,不敢飲酒,知戒慎也。

---

① 《四部叢刊》本、《四庫》本、《潛虛述義》本國作固。按解辭句意,循舊禮爲本有之制,作"固"爲宜。
② 《四部叢刊》本服違二字倒錯。
③ 《四庫》本、《潛虛述義》本闕作缺。
④ 《四庫》本、《潛虛述義》本儻作倘。
⑤ 《四庫》本、《潛虛述義》本燕後脱必字。另《潛虛述義》本射後衍飲字,《四庫》本射後空一格,疑亦有衍字。
⑥ 《潛虛述義》本脱用字。
⑦ 《四庫》本、《潛虛述義》本無此四字。按《潛虛》解辭多於變辭兩句八字中引其半以解之,與《易》之爻辭、小象,《玄》之《贊》、《測》體例相類,故他本"利劍在手"四字或衍。

◇三　兵由貪忿,民殫國燼。

（忿,去二三問韵;燼,去二一震韵。臻攝同用）

● 　民殫國燼,終自焚也。

◇四　節制之兵,有死無犇①。

（兵,下平十二庚韵;犇,上平二三魂韵。梗攝、臻攝二尾混押）

○ 　兵死不犇,有節制也。

◇五　公孫建議,禁挾弓矢。

（議,去五寘韵;矢,上五旨韵。止攝上去混押）

○ 　公孫之議,不窮理也。

◇六　伐亂除凶②,修國省躬③。

（凶,上平三鍾韵;躬,上平一東韵。通攝同用）

● 　修國省躬④,以正人也。

◇上　戢戈囊矢,憂患方始。

（矢,上五旨韵;始,上六止韵。止攝同用）

● 　憂患方始,戒不虞也。

（解辭:初、四、五;衛、制,去十三祭韵;理,上六止韵;止攝、蟹攝合流叶韵。餘解:慎,去二一震韵;焚,上平二十文韵;人,上平十七真韵;虞,上平十虞韵;不叶）

Ⅲ∥敩　敩,教也。木有材,工則斲之。民有性,君則教之。生之者天,教之者人。教化既美,習俗乃成。習俗既成,運數莫奪。越千百年,風流不絕⑤。

（人,上平十七真韵;成,下平十四清韵;臻攝、梗攝二尾混押。奪,入十三末韵;絕,入十七薛韵;山攝同用）

---

① 《四庫》本、《潛虛述義》本犇作奔,解辭同。
② 《四庫》本凶作兇。
③ 《四部叢刊》本國作囯。
④ 《四部叢刊》本省作修,與變辭不符,訛誤。
⑤ 《四庫》本、《潛虛述義》本風流二字倒。

◇初　去母從父①,得其途路。

（父,上九麌韵;路,去十一暮韵;遇攝上去混押）

● 　得其途路,知向方也②。

◇二　虎狼養子,教之搏噬,秦人以斃。

（子,上六止韵;噬、斃,去十三祭韵。止攝、蟹攝合流）

● 　秦人以斃,不由義訓也。

◇三　建其師,立其規,執其笞。

（師,上平六脂韵;規,上平五支韵;笞,上平七之韵。止攝同用）

● 　建其師,擇師長也③。立其規,示軌物也④。執其笞,弼以刑也。

◇四　漢光厲俗⑤,幾亡婁續⑥。

（俗、續,入三燭韵）

● 　漢光厲俗,尚名節也。

◇五　直木不令,其影自正。

（令、正[之盛切],去四五勁韵）

● 　其影自正,身先之也。

◇六　飽食嘻嘻,禽犢之肥。

（嘻,上平七之韵;肥,上平八微韵。止攝同用）

● 　飽食嘻嘻,逸居無教也。

◇上　契敷五教,黎民時雍,比屋可封⑦。

（雍、封,上平三鍾韵）

● 　比屋可封,惡人盡也。

---

① 《四部叢刊》本作"去母從其父"。盧文弨《潛虛校正》於此句云"宋衍其字",可知《叢刊》本"其"爲衍文。
② 《潛虛述義》本向方二字倒。
③ 《四部叢刊》本作"擇其師長也",衍其字。
④ 《四庫》本軌訛作執。
⑤ 《潛虛述義》本漢光作光武,解辭同。
⑥ 《四部叢刊》本婁作幾,《四庫》本作屢。按婁爲屢之古字,變辭義爲漢祚接近滅亡而屢次延續,故《叢刊》本誤。
⑦ 《潛虛述義》本屋作戶,解辭同。

（解辭：方，下平十陽韵；訓，去二三問韵；長［知丈切］，上三六養韵；物，入八物韵；刑，下平十五青韵；節，入十六屑韵；之，上平七之韵；教，下平五肴韵；盡，上十六軫韵；皆不叶）

ⅢⅢ乂　乂，治也。農夫治地，種植耘除。王者治國，慶賞刑誅。衆而不治，其國無制①。無制之國，其民作慝。

（除，上平九魚韵；誅，上平十虞韵；遇攝同用。治，去六至韵；制，去十三祭韵；止攝、蟹攝合流。國、慝，入二五德韵）

◇初　刀斧椓器②，先必就礪③。

（器，去六至韵；礪，去十三祭。止攝、蟹攝合流）

● 　刀斧就礪，先自治也。

◇二　政令苛碎，遺大得細，上勞下敝。

（碎，去十八隊韵；細，去十二霽韵；敝，去十三祭韵。蟹攝同用）

● 　上勞下敝，不知要也。

◇三　卑人爲主，喪其資斧。

（主、斧，上九麌韵）

|| 喪其資斧，任匪人也。

◇四　欲罔之張④，引其綱。欲絲之治，振其紀。

（張，下平十陽韵；綱，下平十一唐韵；宕攝同用。治，去六至韵；紀，上六止韵；止攝上去混押）

|| 綱張紀舉⑤，賢愚從也。

◇五　量形製衣⑥，可用爲儀。

---

① 《四部叢刊》本國作国。
② 《潛虛述義》本刀斧作斧斤，解辭同。
③ 《四庫》本、《潛虛述義》本先必二字倒。
④ 《潛虛述義》本罔作網。
⑤ 《四部叢刊》本舉作治。《知不足齋》本、《四庫》本、《潛虛述義》本作"綱張紀治舉，賢愚從也"。按解辭以兩字概述變辭"欲絲之治，振其紀"，宜用"紀治"，故當從《叢刊》本。《知不足齋》本、《四庫》本、《潛虛述義》本衍舉字。
⑥ 《四部叢刊》本、《潛虛述義》本製作制，解辭同。《知不足齋》本變辭作製，解辭作制。

（衣,上平八微韵;儀,上平五支韵。止攝同用）

● 量形製衣,不好大也。

◇六　網闊而疏,鰆鰕其逋①,利以得魚。

（疏、魚,上平九魚韵;逋,上平十一模韵。遇攝同用）

∥　利以得魚,得民也。

◇上　熊魚科斗,惟萃于首。

（斗,上四五厚韵;首,上四四有韵。流攝同用）

∥　惟萃于首,不續終也。

（解辭:三、六:人、民,上平十七真韵,叶韵。四、上:從,上平三鍾韵;終,上平一東韵。通攝同用叶韵。存疑。餘解:治,去六志韵;要,去三五笑韵;大,去十四泰韵;不叶）

十十續　續,功也。事不見功,何以爲終。務學不在多能,以道成爲功。用兵不在多勝②,以亂靜爲功。是故物成秋冬,天地之功;時底隆平,帝王之功。

（功、終,上平一東韵。後句同功字韵。）

◇初　先春布穀,雖勞不育。忍以俟時,若遲若速。

（穀、育、速,入一屋韵）

● 若遲若速,善乘時也。

◇二　帝王君臣,務在安民。

（臣、民,上平十七真韵）

∥　務在安民,無奇功也。

◇三　六子奮庸③,萬物以豐,天地之功。

（庸,上平三鍾韵;豐、功,上平一東韵。通攝同用）

● 天地之功,不自爲也。

---

① 《四庫》本、《潛虛述義》本鰆鰕作蜻蝦。
② 《四庫》本勝訛作務,《潛虛述義》本訛作能。
③ 《四庫》本六作天。"六子"指八卦中的乾坤六子,即震、巽、坎、离、艮、兑六卦。六卦所象風、雷、水、火、山、澤生養萬物,佐成乾坤天地之功。故《四庫》本訛誤。

◇四　有鱣悦珠,人口之脾。

　　(珠、脾,上平十虞韵)

● 　有鱣悦珠,匪其人也。人口支脾①,祇取禍也。

◇五　項羽日勝而亡,高祖日敗而王。

　　(亡、王,下平十陽韵)

||　日敗而王,善要終也②。

◇六　生事要功,利己夸庸。

　　(功,上平一東韵;庸,上平三鍾韵。通攝同用)

● 　生事要功,好作爲也。

◇上　漢宣筭效③,優于孝文,日漓我醇。

　　(文,上平二十文韵;醇,上平十八諄韵。臻攝同用)

● 　日漓我醇,潛有損也。

　　(解辭:二、五:功,終,上平一東韵,叶韵,存疑。餘解:時,上平七之韵;爲,上平五支韵[有重複];人,上平十七真韵;禍,上三四果韵;損,上二一混韵;不叶)

十|育　育,養也。天地生物,人資以養。君陳一法④,人得其養。是故夫人,稺養于母,幼養于父,終身養于天地、人君。

　　(行辭前兩句同養字叶韵。末句:人,上平十七真韵;君,上平二十文韵;臻攝同用叶韵)

◇初　井渫勿羃⑤,遒邇之汲⑥。

　　(羃,入二三錫韵;汲,入二六緝韵。曾攝、深攝入聲混押[t、p韵尾])

||　遒邇之汲,養不窮也⑦。

---

① 《四部叢刊》本、《知不足齋》本、《四庫》本、《潛虛述義》本支作之。依變辭可知《學案》本誤,當從他本。
② 《四部叢刊》本作"善惡終",脱也字。按"善惡終"義不可通,當從《學案》本。
③ 《四部叢刊》本筭效作筭効,《知不足齋》本作筭効,《四庫》本作筭效。
④ 《四庫》本、《潛虛述義》本脱陳字。另《潛虛述義》本一後衍其字。
⑤ 《四庫》本、《潛虛述義》本羃作幂。
⑥ 《四庫》本遒邇二字誤倒。
⑦ 《四部叢刊》本、《知不足齋》本、《四庫》本養後有而字。

◇二　叕我黄牛,以耕則收,婦子無憂①。

　　(牛、收、憂,下平十八尤韵)

●　叕我黄牛,養賢也。

◇三　赤子啼饑②,觀我朵頤,載矜載嗤。

　　(饑,上平八微韵;頤、嗤,上平七之韵。止攝同用)

●　載矜載嗤,莫之恤也。

◇四　吐哺鋪兒③,母瘠子肥,母心之嘻。

　　(兒,上平五支韵;肥,上平八微韵;嘻,上平七之韵。止攝同用)

●　母瘠子肥,損上益下也。

◇五　燕雀之黨,自育自養,解而羅網。

　　(黨,上三七蕩韵;養、網,上三六養韵。宕攝同用)

●　解而羅網,勿擾之也。

◇六　發廩移粟,東歌西哭。

　　(粟,入三燭韵;哭,入一屋韵。通攝同用)

●　東歌西哭,不徧及也。

◇上　井田之行,何富何貧,萬國之均。

　　(貧,上平十七真韵;均,上平十八諄韵;行,下平十二庚韵。臻攝、梗攝二尾混押)

∥萬國之均,大成也。

　　(解辭:初、上、窮,上平一東韵;成,下平十四清韵;通攝、梗攝合韵,存疑。餘解:賢,下平一先韵;恤,入六術韵;下,上三五馬韵;之,上平七之韵;及,入二六緝韵;不叶)

十∥聲　聲,＊名也。無其實,聲不溢。無其聲,人不聞。聲溢而

---

① 《四部叢刊》本婦作父。按變辭句意爲丈夫耕田妻子無憂,故當從《學案》本。
② 《四庫》本饑作飢。
③ 《四庫》本、《潛虚述義》本鋪作伺。

崇,德之所以終。人聞而(廣)[至]①,業之所以始。故曰:"善不積,不足以成名。"又曰:"三代之王,必先令聞。"

(行辭兩句一韵。實、溢,入五質韵。聲,下平十四清韵;聞,上平二十文韵;梗攝、臻攝二尾混押。崇、終,上平一東韵。至,去六至韵;始,上六止韵;止攝上去混押。名,下平十四清韵;聞,上平二十文韵;臻攝、梗攝二尾混押)

◇初　擊磬撞鐘②,或清或洪。

(鐘,上平三鍾韵;洪,上平一東韵。通攝同用)

●　或清或洪,聲從實也。

◇二　慎守而身③,勿爲鴉鳴。

(身,上平十七真韵;鳴,下平十二庚韵;臻攝、曾攝二尾混押)

||　勿爲鴉鳴,無惡聲也。

△三　＊蔽葉之蜩④,其鳴曉曉,蜚鳥之招⑤。

(蜩、曉,下平三蕭韵;招,下平四宵韵。效攝同用)

||　蜚鳥之招,聲致殃也。

◇四　空谷來風,有聲颯颯。

(風、颯,上平一東韵)

●　有聲颯颯,匪求之也。

◇五　鬼嘯梁上⑥,弗見其象,人莫之享。

(上、象、享,上三六養韵)

●　弗見其象,無實也。

---

① "聞而"後《四部叢刊》本、《知不足齋》本皆作至,《四庫》本、《潛虛述義》本作廣。中華版《學案》誤依《述義》本改《學案》本原文至爲廣,作"至"方可與後句"始"字叶韵。
② 《四部叢刊》本、《知不足齋》本、《四庫》本磬作磐。
③ 《潛虛述義》本而作爾。
④ 《四庫》本蜩訛作鵑,《潛虛述義》本訛作雕。
⑤ 《四部叢刊》本鳥作鳴,解辭同。按變辭意爲蟬鳴招來飛鳥捕食,故當從《學案》作鳥,《叢刊》本疑訛誤。
⑥ 《潛虛述義》本嘯作笑。

◇六　非雷非霆①,四方是聞②,蟄者思亨。

（霆,下平十五青韵;聞,上平二十文韵;亨,下平十二庚韵;臻攝、梗攝二尾混押）

● 蟄者思亨,求自奮也。

◇上　金聲玉振③,始終惟令。

（振,去二一震韵;令,去四五勁韵。臻攝、梗攝二尾混押）

● 始終惟令,不寖消也。

（解辭:實,入五質韵;聲,下平十四清韵;泱,下平十陽韵;之,上平七之韵;奮,去二三問韵;消,下平四宵韵;不叶）

十 ⵊ 興　興,*起也。仆而復起④,衰而更興。前王之澤,後王之能。

（興,下平十六蒸韵;能,下平十七登韵。曾攝同用）

◇初　選馬修輿,辨道徐驅。

（輿,上平九魚韵;驅,上平十虞韵。遇攝同用）

○ 選馬修輿,審所寄也。

◇二　大饗無饔,撤木無工⑤。有初無終,喪其故宮。

（饔,上平三鍾韵;工、終、宮,上平一東韵。通攝同用）

○ 大饗無饔,力不副志也。

◇三　*澣垢縫裂,揩欹補缺。

（裂,入十七薛韵;缺,入十六屑韵。山攝同用）

○ 澣垢縫裂,且可衣也。

◇四　病危得醫,器敝得倕。

（醫,上平七之韵;倕,上平五支韵。止攝同用）

○ 病危得醫,佐以明智也。

---

① 《潛虛述義》本兩非字皆作匪。
② 《四庫》本、《潛虛述義》本是作之。
③ 《四部叢刊》本聲作声。
④ 《潛虛述義》本復作後。
⑤ 《四庫》本、《潛虛述義》本工作功。

◇五　榴有梽栽①,或爲棟材②。＊熒出于灰,可以焚萊。

（栽、材、萊,上平十六咍韵;灰,上平十五灰韵。蟹攝同用）

○　梽栽爲棟,天材異也③。

◇六　＊困烈而憩,望遠而唏。

（憩,去十三祭韵;唏,上七尾韵。止攝、蟹攝合流）

○　望遠而唏,志力憊也。

◇上　總轡操筞,左右在己。

（筞,上四紙韵;己,上六止韵）

○　總轡在己④,執興替也。

（解辭:寄、智,去五寘韵;志、異,去七志韵;衣[於既切],去八未韵;憊[《集韵》蒲計切]、替,去十二霽韵。止攝、蟹攝合流叶韵）

十 ⫶ 痛　痛,病也。官病于上,民病于下,國以陵夷。

（行辭不叶韵）

◇初　外强中懈,恃而不戒。

（懈,去十五卦韵;戒,去十六怪韵。蟹攝同用）

ǀǀ　外强中懈,虆所從也。

◇二　祛寒得熱,金石之孽⑤。

（熱、孽,入十七薛韵）

●　祛寒得熱,失中節也。

◇三　齒拔兒傷,治體得亡。

（傷、亡,下平十陽韵）

ǀǀ　治體得亡,其醫庸也。

---

① 《潛虛述義》本栽訛作栽,解辭同。
② 《四部叢刊》本、《知不足齋》本材作才,解辭同。
③ 《四庫》本材作才。
④ 《四部叢刊》本、《知不足齋》本、《四庫》本己作上。按"總轡""在己"皆變辭之語,故當從《學案》本。
⑤ 《四庫》本、《潛虛述義》本孽作櫱。

◇四　固本以静①,防微以慎,天不能病。

（静,上四十静韵;慎,去二一震韵;病,去四三映韵。梗攝、臻攝二尾混押）

● 天不能病,自治詳也。

◇五　弗益弗擊,輔根引日,以俟明術。

（擊,入二三錫韵;日,入五質韵;术,入六術韵。梗攝、臻攝入聲混押[k、t韵尾]）

● 輔根引日,未失也。

◇六　其亡其亡,劑審其方,醫用其良②。

（亡、方、良,下平十陽韵）

● 其亡其亡,戒慎不敗也③。

◇上　膏肓不治,世無良醫。

（治[直之切]、醫,上平七之韵）

● 膏肓之疾,不可如何也。

（解辭:初、三:從、庸,上平三鍾韵,叶韵,存疑。餘解:節,入十六屑韵;詳,下平十陽韵;失,入五質韵;敗,去一七夬韵;何,下平七歌韵;不叶）

丁十泯　泯,*滅也。熒出于灰,噓之實難。火燎于原,滅之則易。是故周之興也,十五王而不足;及其滅也,一襃姒而有餘④。可不戒哉！可不懼哉⑤！

（行辭不叶韵,且"熒出于灰"與《興》五變之辭重複,不似溫公之作）

◇初　*蜩鳴于林,綻衣絮衾⑥。

（林、衾,下平二一侵韵）

---

① 《四部叢刊》本静作㣏。按依變辭句意以安靜固持根本,《叢刊》本訛誤。
② 《四部叢刊》本脱"醫用其良"四字。
③ 《潛虛述義》本戒慎作敬慎。按"敬慎不敗"爲易《象傳》語,或當從之。
④ 《四部叢刊》本一作以。按"一襃姒"之"一"正與前句"十五王"之"十五"數對應,故當從《學案》本。
⑤ 《四部叢刊》本"可不"作"可以"。按行辭此兩句皆反問語氣,從《學案》作"可不"爲是。另《潛虛述義》本此兩句作"可不戒懼乎哉"。
⑥ 《四庫》本、《潛虛述義》本綻訛作綻。

○　蜩鳴絮衾,宜早防也。

◇二　微子前見,商祀不殄,其紹如綫。

（見,去三二霰韵;殄,上二七銑韵;綫,去三三線韵。山攝上去混押）

○　微子之祀,重存商也。

◇三　緒自寶亡,乃生少康。

（亡,下平十陽韵;康,下平十一唐韵。宕攝同用）

○　夏之不泯,得少康也。

◇四　躬顚血絕,廟夷隴滅①。

（絕、滅,入一七薛韵）

○　躬顚血絕,誠可傷也。

◇五　奭志蹙躬,惟運之從。

（躬,上平一東韵;從,上平三鍾韵。通攝同用）

○　奭志蹙躬,無以攘也。

◇六　水厭其原,木剸其根,波高葉繁,目昧心昏。

（原、繁,上平二二元韵[臻攝轉入山攝];根,上平二四痕韵;昏,上平二三魂韵。臻攝、山攝合韵）

○　水厭其原,何可長也。

◇上　前車已覆,瞻彼社屋。

（覆、屋,入一屋韵）

○　前車之覆,後所懲也。

（解辭:防、商、傷、攘、長,下平十陽韵;康,下平十一唐韵;懲,下平一六蒸韵。宕攝、梗攝合韵）

丁丁造　造,始也。雲雷方屯,開乾闢坤。肇有父子,始立君臣。倡之者聖,和之者賢。爲之者人,成之者天。

（屯,上平十八諄韵;坤,上平二三魂韵;臻韵同用。賢、天,下平一先韵）

---

① 《四庫》本、《潛虚述義》本隴訛作龍。

◇初　大虛測冥①,開乾闢坤。萬有咸斂,實惟其人。

（坤,上平二三魂韵;人,上平十七真韵;臻韵同用）

∥　萬有咸斂,人所爲也。

◇二　舜、禹之禪,湯、武之戰,天心人願。

（禪、戰,去三三線韵;願,去二五願韵[臻攝轉入山攝]。山攝同用）

∥　天心人願,非利之也。

◇三　用不擇術,功偕惡積②,成艱毀疾③。

（術,入六術韵;積,入二二昔韵;疾,入五質韵。臻攝、梗攝入聲混押[t、k韵尾]）

∥　成艱毀疾,不由德也。

◇四　依仁附義,乘時順理,誅暴誅姦,利物利己。

（義,去五寘韵;理、己,上六止韵。止攝上去混押）

∥　能利乎物,實自利也。

◇五　量時度力,田作言一④,規模可則。

（力,入二四職韵;一,入五質韵;則,入二五德韵。曾攝、臻攝入声混押[k、t韵尾]）

∥　規模可則,匪自棄也⑤。

◇六　方春不犂,洎秋而饑⑥,婦子號悲⑦。

（犂、悲,上平六脂韵;饑,上平八微韵。止攝同用）

∥　洎秋而饑,失時極也。

◇上　立德建名,惟天之命⑧,而贊之成⑨,否則禍生。

---

① 《四庫》本、《潛虛述義》本大作太。
② 《四庫》本偕訛作借。
③ 《四部叢刊》本艱作難,解辭同。
④ 《四庫》本脱言字,《潛虛述義》本言作方。
⑤ 《四部叢刊》本棄作弃。《四庫》本、《潛虛述義》本匪作不。
⑥ 《四部叢刊》本、《知不足齋》本、《四庫》本饑作飢,解辭同。
⑦ 《四庫》本號悲二字倒,落韵,誤。
⑧ 《四部叢刊》本此句末脱命字,下一行末生字竄入此行末,作"惟天之生而贊之成否則禍",誤。
⑨ 《四部叢刊》本、《四庫》本贊作贊。

（名、成，下平十四清韻；命，去四三映韻；生，下平十二庚韻。梗攝平聲、去聲合韻）

● 立德建名，天所命也①。

（解辭：初、二：爲，上平五支韻；之，上平七之韻；止攝同用叶韻。三、六：德，入二五德韻；極，入二四職韻；曾攝同用叶韻。四、五：利、棄，去六至韻；叶韻。存疑。上，命，去四三映韻，與餘解不叶）

丅丌隆　隆，＊盛也。一陽之進，必盛于夏，是謂隆暑，陰則生矣。一陰之進②，必底于寒，是謂隆冬，陽亦形焉。是故王者之業，必極盈成；盈成之時，必貴持守。可不念哉！

（生，下平十二庚韻；形，下平十五青韻；梗攝同用。餘句無韻）

◇初　其憂其勤，日昇于雲③。

（勤，上平二一欣韻；雲，上平二十文韻。臻攝同用）

○　其憂其勤，明日進也④。

◇二　百體四支⑤，勿增勿虧，守之以衹。

（支、虧，上平五支韻；衹，上平六脂韻。止攝同用）

○　體支已完⑥，勿增損也。善守其成，惟能謹也。

◇三　酒肉如陵，鐘鼓盈庭，鑠刃墮城。

（陵，下平十六蒸韻；庭，下平十五青韻；城，下平十四清韻。曾攝、梗攝同用）

○　鑠刃墮城，守備盡也。

◇四　視舟之濡，窒之用袽。

（濡，上平十虞韻；袽，上平九魚韻。遇攝同用）

○　視舟之濡，慮患于謹也。

---

① 《潛虛述義》本天前衍惟字。
② 《四部叢刊》本陰訛作陽。
③ 《四庫》本、《潛虛述義》本昇作升。
④ 《四部叢刊》本明作匪。按一之變、解言人之憂勤如日之升雲，光明日進之義，不當言"匪日進"，故當從《學案》本。
⑤ 《四部叢刊》本體作体，解辭同。
⑥ 《四部叢刊》本支作之。按解辭"體支"正爲變辭"百體四支"之略語，故當從《學案》本。

◇五 ＊暑至陰生,寒極陽萌。君子畏盈,小人怙成。

（生,下平十二庚韵;萌,下平十三耕韵;盈、成,下平十四清韵。梗攝同用）

○ 小人怙成,危禍近也①。

◇六 ＊盛不忘衰②,安不忘危,一日萬幾。

（衰、危,上平五支韵;幾,上平八微韵。止攝同用）

○ 萬事之微,不可不慎也③。

◇上 累土匪易,功虧一簣。④

（易,去五寘韵;簣,去六至韵。止攝同用）

○ [一]簣未成⑤,虧九仞也。

（解辭:進、仞,去二一震韵;損,上二一混韵;謹、近,上十九隱韵;盡,上十六軫韵。臻攝上去混押叶韵）

丅Ⅲ散 散,消也。氣散而竭,族散而絕,民散而滅。

（竭,入十月韵[臻攝轉入山攝];絕、滅,入一七薛韵。山攝同用）

◇初 敝弓之弨,益漆與膠。

（弨,下平四宵韵;膠,下平五肴韵。效攝同用）

○ 益漆與膠,結以禮信也。

◇二 心德之離,微子去之。

（離,上平五支韵;之,上平七之韵。止攝同用）

● 微子去之,親戚離也。

◇三 守業兢兢,朝露春冰。

（兢、冰,下平十六蒸韵）

○ 朝露春冰,雖凝易泮也。

◇四 倒廩虛庫,財散人聚。

---

① 《四庫》本、《潛虛述義》本禍近作偪近。
② 《潛虛述義》本此句及下句忘字皆訛作亡。
③ 《四部叢刊》本脱也字。
④ 《四庫》本、《潛虛述義》本功訛作勿。
⑤ 各本皆作"一簣未成"。中華版《學案》漏印"一"字,當補。

(庫,去十一暮韵;聚,去十遇韵。遇攝同用)

○　倒廩虛庫,知所散也。

◇五　雾闓而星,癱潰而平,盜棄其兵①。

(星,下平十五青韵;平、兵,下平十二庚韵。梗攝同用)

●　盜棄其兵,禍亂釋也。

◇六　積沙防水,水至沙潰。

(水,上五旨韵;潰,去十八隊韵。止攝、蟹攝合流,上去混押)

●　水至沙潰,不固結也。

◇上　長夜之宴,雖久必散,達者先見②。

(宴、見,去三二霰韵;散,去二八翰韵。山攝同用)

●　達者先見,明始終也。

(解辭:初、三、四;信,去二一震韵;泮,去二九换韵;散,去二八翰韵;臻攝、山攝合韵。餘解:離,上平五支韵;釋,入二二昔韵;結,入十六屑韵;終,上平一東韵;不叶)

丁Ⅲ餘　＊餘,終也。天過其度,日之餘也。朔不滿氣,月之餘也。日不復次,歲之餘也。功德垂後,聖賢之餘也。故天地無餘③,則不能變化矣;聖賢無餘,則光澤不遠矣。

(行辭同餘字韵)

◇　堯、舜之德,禹、稷之績,周規孔式,終天無斁。

(德,入二五德韵;績,入二三錫韵;式,入二四職韵;斁,入二二昔韵。梗攝、曾攝同用)

○　堯、舜、周、孔,垂世無窮也。

××齊　齊,＊中也。陰陽不中,則物不生。血氣不中,則體不平④。

---

① 《四部叢刊》本棄作弃,解辭同。
② 《四部叢刊》本脱"達者先見"四字。
③ 《四庫》本、《潛虛述義》本故前有是字。
④ 《四部叢刊》本體作体。

剛柔不中,則德不成。寬猛不中,則政不行。中之用,其至矣乎!

(生、平、行,下平十二庚韵;成,下平十四清韵;梗攝同用。末句不韵)

◇ ＊衆星拱極,萬矢奏的①,必不可易。

(極,入二四職韵;的,入二三錫韵;易,入二二昔韵;梗攝、曾攝同用)

○ 衆星萬矢,誰能易中也。

(余、齊解辭:窮、中,上平一東韵)

---

① 《四部叢刊》本、《知不足齋》本、《四庫》本、《潛虛述義》本奏作湊。